女职工劳动保护
法律法规汇编

国务院法制办社会管理法制司
人力资源和社会保障部法规司　编著
中华全国总工会女职工部

Nüzhigong Laodong Baohu Falüfagui Huibian

FAGUIHUIBIAN

中国工人出版社

图书在版编目（CIP）数据

女职工劳动保护法律法规汇编 / 国务院法制办社会管理法制司，人力资源和社会保障部法规司，中华全国总工会女职工部编著.—北京:中国工人出版社, 2015.5

ISBN 978-7-5008-6133-1

Ⅰ.①女… Ⅱ.①国… ②人… ③全… Ⅲ.①妇女劳动保护－劳动法－汇编－中国 Ⅳ.①D922.549

中国版本图书馆CIP数据核字（2015）第100904号

女职工劳动保护法律法规汇编

出 版 人	李庆堂
责任编辑	朱 鹏
责任校对	孙逦伟
责任印制	栾征宇
出版发行	中国工人出版社
地　　址	北京市东城区鼓楼外大街45号　邮编：100120
网　　址	http://www.wp-china.com
电　　话	（010）62350006（总编室）　（010）62005039（出版物流部） （010）82075935（工会与劳动关系分社）
发行热线	（010）62004002　（010）82081553（传真）
经　　销	各地书店
印　　刷	三河市万龙印装有限公司
开　　本	700毫米×1000毫米　1/16
印　　张	17
字　　数	300千字
版　　次	2015年6月第1版　2015年6月第1次印刷
定　　价	40.00元

本书如有破损、缺页、装订错误，请与本社出版物流部联系更换

目　录

CONTENTS

第一部分　法　律

第二部分　行政法规和规范性文件

第三部分　全总文件

第四部分　国际公约

第五部分　附　录

第一部分

法　律

中华人民共和国妇女权益保障法

（1992年4月3日通过，2005年8月28日修订）

第一章 总 则

第一条 为了保障妇女的合法权益，促进男女平等，充分发挥妇女在社会主义现代化建设中的作用，根据宪法和我国的实际情况，制定本法。

第二条 妇女在政治的、经济的、文化的、社会的和家庭的生活等各方面享有同男子平等的权利。

实行男女平等是国家的基本国策。国家采取必要措施，逐步完善保障妇女权益的各项制度，消除对妇女一切形式的歧视。

国家保护妇女依法享有的特殊权益。

禁止歧视、虐待、遗弃、残害妇女。

第三条 国务院制定中国妇女发展纲要，并将其纳入国民经济和社会发展规划。

县级以上地方各级人民政府根据中国妇女发展纲要，制定本行政区域的妇女发展规划，并将其纳入国民经济和社会发展计划。

第四条 保障妇女的合法权益是全社会的共同责任。国家机关、社会团体、企业事业单位、城乡基层群众性自治组织，应当依照本法和有关法律的规定，保障妇女的权益。

国家采取有效措施，为妇女依法行使权利提供必要的条件。

第五条 国家鼓励妇女自尊、自信、自立、自强，运用法律维护自身合法权益。

妇女应当遵守国家法律，尊重社会公德，履行法律所规定的义务。

第六条 各级人民政府应当重视和加强妇女权益的保障工作。

县级以上人民政府负责妇女儿童工作的机构，负责组织、协调、指导、督促有关部门做好妇女权益的保障工作。

县级以上人民政府有关部门在各自的职责范围内做好妇女权益的保障工作。

第七条 中华全国妇女联合会和地方各级妇女联合会依照法律和中华全国妇女联合会章程，代表和维护各族各界妇女的利益，做好维护妇女权益的工作。

工会、共产主义青年团，应当在各自的工作范围内，做好维护妇女权益的工作。

第八条 对保障妇女合法权益成绩显著的组织和个人，各级人民政府和有关部门给予表彰和奖励。

第二章 政治权利

第九条 国家保障妇女享有与男子平等的政治权利。

第十条 妇女有权通过各种途径和形式，管理国家事务，管理经济和文化事业，管理社会事务。

制定法律、法规、规章和公共政策，对涉及妇女权益的重大问题，应当听取妇女联合会的意见。

妇女和妇女组织有权向各级国家机关提出妇女权益保障方面的意见和建议。

第十一条 妇女享有与男子平等的选举权和被选举权。

全国人民代表大会和地方各级人民代表大会的代表中，应当有适当数量的妇女代表。国家采取措施，逐步提高全国人民代表大会和地方各级人民代表大会的妇女代表的比例。

居民委员会、村民委员会成员中，妇女应当有适当的名额。

第十二条 国家积极培养和选拔女干部。

国家机关、社会团体、企业事业单位培养、选拔和任用干部，必须坚持男女平等的原则，并有适当数量的妇女担任领导成员。

国家重视培养和选拔少数民族女干部。

第十三条 中华全国妇女联合会和地方各级妇女联合会代表妇女积极参

与国家和社会事务的民主决策、民主管理和民主监督。

各级妇女联合会及其团体会员，可以向国家机关、社会团体、企业事业单位推荐女干部。

第十四条 对于有关保障妇女权益的批评或者合理建议，有关部门应当听取和采纳；对于有关侵害妇女权益的申诉、控告和检举，有关部门必须查清事实，负责处理，任何组织或者个人不得压制或者打击报复。

第三章 文化教育权益

第十五条 国家保障妇女享有与男子平等的文化教育权利。

第十六条 学校和有关部门应当执行国家有关规定，保障妇女在入学、升学、毕业分配、授予学位、派出留学等方面享有与男子平等的权利。

学校在录取学生时，除特殊专业外，不得以性别为由拒绝录取女性或者提高对女性的录取标准。

第十七条 学校应当根据女性青少年的特点，在教育、管理、设施等方面采取措施，保障女性青少年身心健康发展。

第十八条 父母或者其他监护人必须履行保障适龄女性儿童少年接受义务教育的义务。

除因疾病或者其他特殊情况经当地人民政府批准的以外，对不送适龄女性儿童少年入学的父母或者其他监护人，由当地人民政府予以批评教育，并采取有效措施，责令送适龄女性儿童少年入学。

政府、社会、学校应当采取有效措施，解决适龄女性儿童少年就学存在的实际困难，并创造条件，保证贫困、残疾和流动人口中的适龄女性儿童少年完成义务教育。

第十九条 各级人民政府应当依照规定把扫除妇女中的文盲、半文盲工作，纳入扫盲和扫盲后继续教育规划，采取符合妇女特点的组织形式和工作方法，组织、监督有关部门具体实施。

第二十条 各级人民政府和有关部门应当采取措施，根据城镇和农村妇女的需要，组织妇女接受职业教育和实用技术培训。

第二十一条 国家机关、社会团体和企业事业单位应当执行国家有关规定，保障妇女从事科学、技术、文学、艺术和其他文化活动，享有与男子平等的权利。

第四章　劳动和社会保障权益

第二十二条　国家保障妇女享有与男子平等的劳动权利和社会保障权利。

第二十三条　各单位在录用职工时，除不适合妇女的工种或者岗位外，不得以性别为由拒绝录用妇女或者提高对妇女的录用标准。

各单位在录用女职工时，应当依法与其签订劳动（聘用）合同或者服务协议，劳动（聘用）合同或者服务协议中不得规定限制女职工结婚、生育的内容。

禁止录用未满十六周岁的女性未成年人，国家另有规定的除外。

第二十四条　实行男女同工同酬。妇女在享受福利待遇方面享有与男子平等的权利。

第二十五条　在晋职、晋级、评定专业技术职务等方面，应当坚持男女平等的原则，不得歧视妇女。

第二十六条　任何单位均应根据妇女的特点，依法保护妇女在工作和劳动时的安全和健康，不得安排不适合妇女从事的工作和劳动。

妇女在经期、孕期、产期、哺乳期受特殊保护。

第二十七条　任何单位不得因结婚、怀孕、产假、哺乳等情形，降低女职工的工资，辞退女职工，单方解除劳动（聘用）合同或者服务协议。但是，女职工要求终止劳动（聘用）合同或者服务协议的除外。

各单位在执行国家退休制度时，不得以性别为由歧视妇女。

第二十八条　国家发展社会保险、社会救助、社会福利和医疗卫生事业，保障妇女享有社会保险、社会救助、社会福利和卫生保健等权益。

国家提倡和鼓励为帮助妇女开展的社会公益活动。

第二十九条　国家推行生育保险制度，建立健全与生育相关的其他保障制度。

地方各级人民政府和有关部门应当按照有关规定为贫困妇女提供必要的生育救助。

第五章 财产权益

第三十条 国家保障妇女享有与男子平等的财产权利。

第三十一条 在婚姻、家庭共有财产关系中，不得侵害妇女依法享有的权益。

第三十二条 妇女在农村土地承包经营、集体经济组织收益分配、土地征收或者征用补偿费使用以及宅基地使用等方面，享有与男子平等的权利。

第三十三条 任何组织和个人不得以妇女未婚、结婚、离婚、丧偶等为由，侵害妇女在农村集体经济组织中的各项权益。

因结婚男方到女方住所落户的，男方和子女享有与所在地农村集体经济组织成员平等的权益。

第三十四条 妇女享有的与男子平等的财产继承权受法律保护。在同一顺序法定继承人中，不得歧视妇女。

丧偶妇女有权处分继承的财产，任何人不得干涉。

第三十五条 丧偶妇女对公、婆尽了主要赡养义务的，作为公、婆的第一顺序法定继承人，其继承权不受子女代位继承的影响。

第六章 人身权利

第三十六条 国家保障妇女享有与男子平等的人身权利。

第三十七条 妇女的人身自由不受侵犯。禁止非法拘禁和以其他非法手段剥夺或者限制妇女的人身自由；禁止非法搜查妇女的身体。

第三十八条 妇女的生命健康权不受侵犯。禁止溺、弃、残害女婴；禁止歧视、虐待生育女婴的妇女和不育的妇女；禁止用迷信、暴力等手段残害妇女；禁止虐待、遗弃病、残妇女和老年妇女。

第三十九条 禁止拐卖、绑架妇女；禁止收买被拐卖、绑架的妇女；禁止阻碍解救被拐卖、绑架的妇女。

各级人民政府和公安、民政、劳动和社会保障、卫生等部门按照其职责及时采取措施解救被拐卖、绑架的妇女，做好善后工作，妇女联合会协助和配合做好有关工作。任何人不得歧视被拐卖、绑架的妇女。

第四十条 禁止对妇女实施性骚扰。受害妇女有权向单位和有关机关投诉。

第四十一条 禁止卖淫、嫖娼。

禁止组织、强迫、引诱、容留、介绍妇女卖淫或者对妇女进行猥亵活动。

禁止组织、强迫、引诱妇女进行淫秽表演活动。

第四十二条 妇女的名誉权、荣誉权、隐私权、肖像权等人格权受法律保护。

禁止用侮辱、诽谤等方式损害妇女的人格尊严。禁止通过大众传播媒介或者其他方式贬低损害妇女人格。未经本人同意，不得以营利为目的，通过广告、商标、展览橱窗、报纸、期刊、图书、音像制品、电子出版物、网络等形式使用妇女肖像。

第七章 婚姻家庭权益

第四十三条 国家保障妇女享有与男子平等的婚姻家庭权利。

第四十四条 国家保护妇女的婚姻自主权。禁止干涉妇女的结婚、离婚自由。

第四十五条 女方在怀孕期间、分娩后一年内或者终止妊娠后六个月内，男方不得提出离婚。女方提出离婚的，或者人民法院认为确有必要受理男方离婚请求的，不在此限。

第四十六条 禁止对妇女实施家庭暴力。

国家采取措施，预防和制止家庭暴力。

公安、民政、司法行政等部门以及城乡基层群众性自治组织、社会团体，应当在各自的职责范围内预防和制止家庭暴力，依法为受害妇女提供救助。

第四十七条 妇女对依照法律规定的夫妻共同财产享有与其配偶平等的占有、使用、收益和处分的权利，不受双方收入状况的影响。

夫妻书面约定婚姻关系存续期间所得的财产归各自所有，女方因抚育子女、照料老人、协助男方工作等承担较多义务的，有权在离婚时要求男方予以补偿。

第四十八条 夫妻共有的房屋，离婚时，分割住房由双方协议解决；协议不成的，由人民法院根据双方的具体情况，按照照顾子女和女方权益的原则判决。夫妻双方另有约定的除外。

夫妻共同租用的房屋，离婚时，女方的住房应当按照照顾子女和女方权益的原则解决。

第四十九条　父母双方对未成年子女享有平等的监护权。

父亲死亡、丧失行为能力或者有其他情形不能担任未成年子女的监护人的，母亲的监护权任何人不得干涉。

第五十条　离婚时，女方因实施绝育手术或者其他原因丧失生育能力的，处理子女抚养问题，应在有利子女权益的条件下，照顾女方的合理要求。

第五十一条　妇女有按照国家有关规定生育子女的权利，也有不生育的自由。

育龄夫妻双方按照国家有关规定计划生育，有关部门应当提供安全、有效的避孕药具和技术，保障实施节育手术的妇女的健康和安全。

国家实行婚前保健、孕产期保健制度，发展母婴保健事业。各级人民政府应当采取措施，保障妇女享有计划生育技术服务，提高妇女的生殖健康水平。

第八章　法律责任

第五十二条　妇女的合法权益受到侵害的，有权要求有关部门依法处理，或者依法向仲裁机构申请仲裁，或者向人民法院起诉。

对有经济困难需要法律援助或者司法救助的妇女，当地法律援助机构或者人民法院应当给予帮助，依法为其提供法律援助或者司法救助。

第五十三条　妇女的合法权益受到侵害的，可以向妇女组织投诉，妇女组织应当维护被侵害妇女的合法权益，有权要求并协助有关部门或者单位查处。有关部门或者单位应当依法查处，并予以答复。

第五十四条　妇女组织对于受害妇女进行诉讼需要帮助的，应当给予支持。

妇女联合会或者相关妇女组织对侵害特定妇女群体利益的行为，可以通过大众传播媒介揭露、批评，并有权要求有关部门依法查处。

第五十五条 违反本法规定，以妇女未婚、结婚、离婚、丧偶等为由，侵害妇女在农村集体经济组织中的各项权益的，或者因结婚男方到女方住所落户，侵害男方和子女享有与所在地农村集体经济组织成员平等权益的，由乡镇人民政府依法调解；受害人也可以依法向农村土地承包仲裁机构申请仲裁，或者向人民法院起诉，人民法院应当依法受理。

第五十六条 违反本法规定，侵害妇女的合法权益，其他法律、法规规定行政处罚的，从其规定；造成财产损失或者其他损害的，依法承担民事责任；构成犯罪的，依法追究刑事责任。

第五十七条 违反本法规定，对侵害妇女权益的申诉、控告、检举，推诿、拖延、压制不予查处，或者对提出申诉、控告、检举的人进行打击报复的，由其所在单位、主管部门或者上级机关责令改正，并依法对直接负责的主管人员和其他直接责任人员给予行政处分。

国家机关及其工作人员未依法履行职责，对侵害妇女权益的行为未及时制止或者未给予受害妇女必要帮助，造成严重后果的，由其所在单位或者上级机关依法对直接负责的主管人员和其他直接责任人员给予行政处分。

违反本法规定，侵害妇女文化教育权益、劳动和社会保障权益、人身和财产权益以及婚姻家庭权益的，由其所在单位、主管部门或者上级机关责令改正，直接负责的主管人员和其他直接责任人员属于国家工作人员的，由其所在单位或者上级机关依法给予行政处分。

第五十八条 违反本法规定，对妇女实施性骚扰或者家庭暴力，构成违反治安管理行为的，受害人可以提请公安机关对违法行为人依法给予行政处罚，也可以依法向人民法院提起民事诉讼。

第五十九条 违反本法规定，通过大众传播媒介或者其他方式贬低损害妇女人格的，由文化、广播电影电视、新闻出版或者其他有关部门依据各自的职权责令改正，并依法给予行政处罚。

第九章　附　则

第六十条 省、自治区、直辖市人民代表大会常务委员会可以根据本法制定实施办法。

民族自治地方的人民代表大会，可以依据本法规定的原则，结合当地民族妇女的具体情况，制定变通的或者补充的规定。自治区的规定，报全国人民代表大会常务委员会批准后生效；自治州、自治县的规定，报省、自治区、直辖市人民代表大会常务委员会批准后生效，并报全国人民代表大会常务委员会备案。

第六十一条 本法自 1992 年 10 月 1 日起施行。

中华人民共和国劳动法

（1994 年 7 月 5 日通过，2009 年 8 月 27 日修订）

第一章　总　则

第一条　为了保护劳动者的合法权益，调整劳动关系，建立和维护适应社会主义市场经济的劳动制度，促进经济发展和社会进步，根据宪法，制定本法。

第二条　在中华人民共和国境内的企业、个体经济组织（以下统称用人单位）和与之形成劳动关系的劳动者，适用本法。

国家机关、事业组织、社会团体和与之建立劳动合同关系的劳动者，依照本法执行。

第三条　劳动者享有平等就业和选择职业的权利、取得劳动报酬的权利、休息休假的权利、获得劳动安全卫生保护的权利、接受职业技能培训的权利、享受社会保险和福利的权利、提请劳动争议处理的权利以及法律规定的其他劳动权利。

劳动者应当完成劳动任务，提高职业技能，执行劳动安全卫生规程，遵守劳动纪律和职业道德。

第四条　用人单位应当依法建立和完善规章制度，保障劳动者享有劳动权利和履行劳动义务。

第五条　国家采取各种措施，促进劳动就业，发展职业教育，制定劳动标准，调节社会收入，完善社会保险，协调劳动关系，逐步提高劳动者的生活水平。

第六条　国家提倡劳动者参加社会义务劳动，开展劳动竞赛和合理化建议活动，鼓励和保护劳动者进行科学研究、技术革新和发明创造，表彰和奖励劳动模范和先进工作者。

第七条 劳动者有权依法参加和组织工会。

工会代表和维护劳动者的合法权益，依法独立自主地开展活动。

第八条 劳动者依照法律规定，通过职工大会、职工代表大会或者其他形式，参与民主管理或者就保护劳动者合法权益与用人单位进行平等协商。

第九条 国务院劳动行政部门主管全国劳动工作。

县级以上地方人民政府劳动行政部门主管本行政区域内的劳动工作。

第二章 促进就业

第十条 国家通过促进经济和社会发展，创造就业条件，扩大就业机会。

国家鼓励企业、事业组织、社会团体在法律、行政法规规定的范围内兴办产业或者拓展经营，增加就业。

国家支持劳动者自愿组织起来就业和从事个体经营实现就业。

第十一条 地方各级人民政府应当采取措施，发展多种类型的职业介绍机构，提供就业服务。

第十二条 劳动者就业，不因民族、种族、性别、宗教信仰不同而受歧视。

第十三条 妇女享有与男子平等的就业权利。在录用职工时，除国家规定的不适合妇女的工种或者岗位外，不得以性别为由拒绝录用妇女或者提高对妇女的录用标准。

第十四条 残疾人、少数民族人员、退出现役的军人的就业，法律、法规有特别规定的，从其规定。

第十五条 禁止用人单位招用未满十六周岁的未成年人。

文艺、体育和特种工艺单位招用未满十六周岁的未成年人，必须依照国家有关规定，履行审批手续，并保障其接受义务教育的权利。

第三章 劳动合同和集体合同

第十六条 劳动合同是劳动者与用人单位确立劳动关系、明确双方权利和义务的协议。

建立劳动关系应当订立劳动合同。

第十七条 订立和变更劳动合同，应当遵循平等自愿、协商一致的原则，不得违反法律、行政法规的规定。

劳动合同依法订立即具有法律约束力，当事人必须履行劳动合同规定的义务。

第十八条 下列劳动合同无效：

（一）违反法律、行政法规的劳动合同；

（二）采取欺诈、威胁等手段订立的劳动合同。

无效的劳动合同，从订立的时候起，就没有法律约束力。确认劳动合同部分无效的，如果不影响其余部分的效力，其余部分仍然有效。

劳动合同的无效，由劳动争议仲裁委员会或者人民法院确认。

第十九条 劳动合同应当以书面形式订立，并具备以下条款：

（一）劳动合同期限；

（二）工作内容；

（三）劳动保护和劳动条件；

（四）劳动报酬；

（五）劳动纪律；

（六）劳动合同终止的条件；

（七）违反劳动合同的责任。

劳动合同除前款规定的必备条款外，当事人可以协商约定其他内容。

第二十条 劳动合同的期限分为有固定期限、无固定期限和以完成一定的工作为期限。

劳动者在同一用人单位连续工作满十年以上，当事人双方同意续延劳动合同的，如果劳动者提出订立无固定期限的劳动合同，应当订立无固定期限的劳动合同。

第二十一条 劳动合同可以约定试用期。试用期最长不得超过六个月。

第二十二条 劳动合同当事人可以在劳动合同中约定保守用人单位商业秘密的有关事项。

第二十三条 劳动合同期满或者当事人约定的劳动合同终止条件出现，劳动合同即行终止。

第二十四条 经劳动合同当事人协商一致，劳动合同可以解除。

第二十五条 劳动者有下列情形之一的，用人单位可以解除劳动合同：

（一）在试用期间被证明不符合录用条件的；

（二）严重违反劳动纪律或者用人单位规章制度的；

（三）严重失职，营私舞弊，对用人单位利益造成重大损害的；

（四）被依法追究刑事责任的。

第二十六条 有下列情形之一的，用人单位可以解除劳动合同，但是应当提前三十日以书面形式通知劳动者本人：

（一）劳动者患病或者非因工负伤，医疗期满后，不能从事原工作也不能从事由用人单位另行安排的工作的；

（二）劳动者不能胜任工作，经过培训或者调整工作岗位，仍不能胜任工作的；

（三）劳动合同订立时所依据的客观情况发生重大变化，致使原劳动合同无法履行，经当事人协商不能就变更劳动合同达成协议的。

第二十七条 用人单位濒临破产进行法定整顿期间或者生产经营状况发生严重困难，确需裁减人员的，应当提前三十日向工会或者全体职工说明情况，听取工会或者职工的意见，经向劳动行政部门报告后，可以裁减人员。

用人单位依据本条规定裁减人员，在六个月内录用人员的，应当优先录用被裁减的人员。

第二十八条 用人单位依据本法第二十四条、第二十六条、第二十七条的规定解除劳动合同的，应当依照国家有关规定给予经济补偿。

第二十九条 劳动者有下列情形之一的，用人单位不得依据本法第二十六条、第二十七条的规定解除劳动合同：

（一）患职业病或者因工负伤并被确认丧失或者部分丧失劳动能力的；

（二）患病或者负伤，在规定的医疗期内的；

（三）女职工在孕期、产期、哺乳期内的；

（四）法律、行政法规规定的其他情形。

第三十条 用人单位解除劳动合同，工会认为不适当的，有权提出意见。如果用人单位违反法律、法规或者劳动合同，工会有权要求重新处理；劳动者申请仲裁或者提起诉讼的，工会应当依法给予支持和帮助。

第三十一条 劳动者解除劳动合同，应当提前三十日以书面形式通知用人单位。

第三十二条 有下列情形之一的，劳动者可以随时通知用人单位解除劳动合同：

（一）在试用期内的；

（二）用人单位以暴力、威胁或者非法限制人身自由的手段强迫劳动的；

（三）用人单位未按照劳动合同约定支付劳动报酬或者提供劳动条件的。

第三十三条 企业职工一方与企业可以就劳动报酬、工作时间、休息休假、劳动安全卫生、保险福利等事项，签订集体合同。集体合同草案应当提交职工代表大会或者全体职工讨论通过。

集体合同由工会代表职工与企业签订；没有建立工会的企业，由职工推举的代表与企业签订。

第三十四条 集体合同签订后应当报送劳动行政部门；劳动行政部门自收到集体合同文本之日起十五日内未提出异议的，集体合同即行生效。

第三十五条 依法签订的集体合同对企业和企业全体职工具有约束力。职工个人与企业订立的劳动合同中劳动条件和劳动报酬等标准不得低于集体合同的规定。

第四章 工作时间和休息休假

第三十六条 国家实行劳动者每日工作时间不超过八小时、平均每周工作时间不超过四十四小时的工时制度。

第三十七条 对实行计件工作的劳动者，用人单位应当根据本法第三十六条规定的工时制度合理确定其劳动定额和计件报酬标准。

第三十八条 用人单位应当保证劳动者每周至少休息一日。

第三十九条 企业因生产特点不能实行本法第三十六条、第三十八条规定的，经劳动行政部门批准，可以实行其他工作和休息办法。

第四十条 用人单位在下列节日期间应当依法安排劳动者休假：

（一）元旦；

（二）春节；

（三）国际劳动节；

（四）国庆节；

（五）法律、法规规定的其他休假节日。

第四十一条 用人单位由于生产经营需要，经与工会和劳动者协商后可以延长工作时间，一般每日不得超过一小时；因特殊原因需要延长工作时间的，在保障劳动者身体健康的条件下延长工作时间每日不得超过三小时，但是每月不得超过三十六小时。

第四十二条 有下列情形之一的，延长工作时间不受本法第四十一条的限制：

（一）发生自然灾害、事故或者因其他原因，威胁劳动者生命健康和财产安全，需要紧急处理的；

（二）生产设备、交通运输线路、公共设施发生故障，影响生产和公众利益，必须及时抢修的；

（三）法律、行政法规规定的其他情形。

第四十三条 用人单位不得违反本法规定延长劳动者的工作时间。

第四十四条 有下列情形之一的，用人单位应当按照下列标准支付高于劳动者正常工作时间工资的工资报酬：

（一）安排劳动者延长工作时间的，支付不低于工资的百分之一百五十的工资报酬；

（二）休息日安排劳动者工作又不能安排补休的，支付不低于工资的百分之二百的工资报酬；

（三）法定休假日安排劳动者工作的，支付不低于工资的百分之三百的工资报酬。

第四十五条 国家实行带薪年休假制度。

劳动者连续工作一年以上的，享受带薪年休假。具体办法由国务院规定。

第五章 工 资

第四十六条 工资分配应当遵循按劳分配原则，实行同工同酬。

工资水平在经济发展的基础上逐步提高。国家对工资总量实行宏观调控。

第四十七条 用人单位根据本单位的生产经营特点和经济效益，依法自主确定本单位的工资分配方式和工资水平。

第四十八条 国家实行最低工资保障制度。最低工资的具体标准由省、自治区、直辖市人民政府规定，报国务院备案。

用人单位支付劳动者的工资不得低于当地最低工资标准。

第四十九条 确定和调整最低工资标准应当综合参考下列因素：

（一）劳动者本人及平均赡养人口的最低生活费用；

（二）社会平均工资水平；

（三）劳动生产率；

（四）就业状况；

（五）地区之间经济发展水平的差异。

第五十条 工资应当以货币形式按月支付给劳动者本人。不得克扣或者无故拖欠劳动者的工资。

第五十一条 劳动者在法定休假日和婚丧假期间以及依法参加社会活动期间，用人单位应当依法支付工资。

第六章 劳动安全卫生

第五十二条 用人单位必须建立、健全劳动安全卫生制度，严格执行国家劳动安全卫生规程和标准，对劳动者进行劳动安全卫生教育，防止劳动过程中的事故，减少职业危害。

第五十三条 劳动安全卫生设施必须符合国家规定的标准。

新建、改建、扩建工程的劳动安全卫生设施必须与主体工程同时设计、同时施工、同时投入生产和使用。

第五十四条 用人单位必须为劳动者提供符合国家规定的劳动安全卫生条件和必要的劳动防护用品，对从事有职业危害作业的劳动者应当定期进行健康检查。

第五十五条 从事特种作业的劳动者必须经过专门培训并取得特种作业资格。

第五十六条 劳动者在劳动过程中必须严格遵守安全操作规程。

劳动者对用人单位管理人员违章指挥、强令冒险作业，有权拒绝执行；对危害生命安全和身体健康的行为，有权提出批评、检举和控告。

第五十七条 国家建立伤亡事故和职业病统计报告和处理制度。县级以上各级人民政府劳动行政部门、有关部门和用人单位应当依法对劳动者在劳动过程中发生的伤亡事故和劳动者的职业病状况，进行统计、报告和处理。

第七章 女职工和未成年工特殊保护

第五十八条 国家对女职工和未成年工实行特殊劳动保护。

未成年工是指年满十六周岁未满十八周岁的劳动者。

第五十九条 禁止安排女职工从事矿山井下、国家规定的第四级体力劳动强度的劳动和其他禁忌从事的劳动。

第六十条 不得安排女职工在经期从事高处、低温、冷水作业和国家规定的第三级体力劳动强度的劳动。

第六十一条 不得安排女职工在怀孕期间从事国家规定的第三级体力劳动强度的劳动和孕期禁忌从事的劳动。对怀孕七个月以上的女职工，不得安排其延长工作时间和夜班劳动。

第六十二条 女职工生育享受不少于九十天的产假。

第六十三条 不得安排女职工在哺乳未满一周岁的婴儿期间从事国家规定的第三级体力劳动强度的劳动和哺乳期禁忌从事的其他劳动，不得安排其延长工作时间和夜班劳动。

第六十四条 不得安排未成年工从事矿山井下、有毒有害、国家规定的第四级体力劳动强度的劳动和其他禁忌从事的劳动。

第六十五条 用人单位应当对未成年工定期进行健康检查。

第八章 职业培训

第六十六条 国家通过各种途径，采取各种措施，发展职业培训事业，开发劳动者的职业技能，提高劳动者素质，增强劳动者的就业能力和工作能力。

第六十七条 各级人民政府应当把发展职业培训纳入社会经济发展的规划，鼓励和支持有条件的企业、事业组织、社会团体和个人进行各种形式的职业培训。

第六十八条 用人单位应当建立职业培训制度，按照国家规定提取和使用职业培训经费，根据本单位实际，有计划地对劳动者进行职业培训。

从事技术工种的劳动者，上岗前必须经过培训。

第六十九条 国家确定职业分类，对规定的职业制定职业技能标准，实行职业资格证书制度，由经过政府批准的考核鉴定机构负责对劳动者实施职业技能考核鉴定。

第九章 社会保险和福利

第七十条 国家发展社会保险事业，建立社会保险制度，设立社会保险基金，使劳动者在年老、患病、工伤、失业、生育等情况下获得帮助和补偿。

第七十一条 社会保险水平应当与社会经济发展水平和社会承受能力相适应。

第七十二条 社会保险基金按照保险类型确定资金来源，逐步实行社会统筹。用人单位和劳动者必须依法参加社会保险，缴纳社会保险费。

第七十三条 劳动者在下列情形下，依法享受社会保险待遇：

（一）退休；

（二）患病、负伤；

（三）因工伤残或者患职业病；

（四）失业；

（五）生育。

劳动者死亡后，其遗属依法享受遗属津贴。

劳动者享受社会保险待遇的条件和标准由法律、法规规定。

劳动者享受的社会保险金必须按时足额支付。

第七十四条 社会保险基金经办机构依照法律规定收支、管理和运营社会保险基金，并负有使社会保险基金保值增值的责任。

社会保险基金监督机构依照法律规定，对社会保险基金的收支、管理和运营实施监督。

社会保险基金经办机构和社会保险基金监督机构的设立和职能由法律规定。

任何组织和个人不得挪用社会保险基金。

第七十五条　国家鼓励用人单位根据本单位实际情况为劳动者建立补充保险。

国家提倡劳动者个人进行储蓄性保险。

第七十六条　国家发展社会福利事业，兴建公共福利设施，为劳动者休息、休养和疗养提供条件。

用人单位应当创造条件，改善集体福利，提高劳动者的福利待遇。

第十章　劳动争议

第七十七条　用人单位与劳动者发生劳动争议，当事人可以依法申请调解、仲裁、提起诉讼，也可以协商解决。

调解原则适用于仲裁和诉讼程序。

第七十八条　解决劳动争议，应当根据合法、公正、及时处理的原则，依法维护劳动争议当事人的合法权益。

第七十九条　劳动争议发生后，当事人可以向本单位劳动争议调解委员会申请调解；调解不成，当事人一方要求仲裁的，可以向劳动争议仲裁委员会申请仲裁。当事人一方也可以直接向劳动争议仲裁委员会申请仲裁。对仲裁裁决不服的，可以向人民法院提起诉讼。

第八十条　在用人单位内，可以设立劳动争议调解委员会。劳动争议调解委员会由职工代表、用人单位代表和工会代表组成。劳动争议调解委员会主任由工会代表担任。

劳动争议经调解达成协议的，当事人应当履行。

第八十一条　劳动争议仲裁委员会由劳动行政部门代表、同级工会代表、用人单位方面的代表组成。劳动争议仲裁委员会主任由劳动行政部门代表担任。

第八十二条　提出仲裁要求的一方应当自劳动争议发生之日起六十日内向劳动争议仲裁委员会提出书面申请。仲裁裁决一般应在收到仲裁申请的六十日内作出。对仲裁裁决无异议的，当事人必须履行。

第八十三条　劳动争议当事人对仲裁裁决不服的，可以自收到仲裁裁决书之日起十五日内向人民法院提起诉讼。一方当事人在法定期限内不起诉又不履行仲裁裁决的，另一方当事人可以申请人民法院强制执行。

第八十四条 因签订集体合同发生争议，当事人协商解决不成的，当地人民政府劳动行政部门可以组织有关各方协调处理。

因履行集体合同发生争议，当事人协商解决不成的，可以向劳动争议仲裁委员会申请仲裁；对仲裁裁决不服的，可以自收到仲裁裁决书之日起十五日内向人民法院提起诉讼。

第十一章 监督检查

第八十五条 县级以上各级人民政府劳动行政部门依法对用人单位遵守劳动法律、法规的情况进行监督检查，对违反劳动法律、法规的行为有权制止，并责令改正。

第八十六条 县级以上各级人民政府劳动行政部门监督检查人员执行公务，有权进入用人单位了解执行劳动法律、法规的情况，查阅必要的资料，并对劳动场所进行检查。

县级以上各级人民政府劳动行政部门监督检查人员执行公务，必须出示证件，秉公执法并遵守有关规定。

第八十七条 县级以上各级人民政府有关部门在各自职责范围内，对用人单位遵守劳动法律、法规的情况进行监督。

第八十八条 各级工会依法维护劳动者的合法权益，对用人单位遵守劳动法律、法规的情况进行监督。

任何组织和个人对于违反劳动法律、法规的行为有权检举和控告。

第十二章 法律责任

第八十九条 用人单位制定的劳动规章制度违反法律、法规规定的，由劳动行政部门给予警告，责令改正；对劳动者造成损害的，应当承担赔偿责任。

第九十条 用人单位违反本法规定，延长劳动者工作时间的，由劳动行政部门给予警告，责令改正，并可以处以罚款。

第九十一条 用人单位有下列侵害劳动者合法权益情形之一的，由劳动行政部门责令支付劳动者的工资报酬、经济补偿，并可以责令支付赔偿金：

（一）克扣或者无故拖欠劳动者工资的；

（二）拒不支付劳动者延长工作时间工资报酬的；

（三）低于当地最低工资标准支付劳动者工资的；

（四）解除劳动合同后，未依照本法规定给予劳动者经济补偿的。

第九十二条　用人单位的劳动安全设施和劳动卫生条件不符合国家规定或者未向劳动者提供必要的劳动防护用品和劳动保护设施的，由劳动行政部门或者有关部门责令改正，可以处以罚款；情节严重的，提请县级以上人民政府决定责令停产整顿；对事故隐患不采取措施，致使发生重大事故，造成劳动者生命和财产损失的，对责任人员依照刑法有关规定追究刑事责任。

第九十三条　用人单位强令劳动者违章冒险作业，发生重大伤亡事故，造成严重后果的，对责任人员依法追究刑事责任。

第九十四条　用人单位非法招用未满十六周岁的未成年人的，由劳动行政部门责令改正，处以罚款；情节严重的，由工商行政管理部门吊销营业执照。

第九十五条　用人单位违反本法对女职工和未成年工的保护规定，侵害其合法权益的，由劳动行政部门责令改正，处以罚款；对女职工或者未成年工造成损害的，应当承担赔偿责任。

第九十六条　用人单位有下列行为之一，由公安机关对责任人员处以十五日以下拘留、罚款或者警告；构成犯罪的，对责任人员依法追究刑事责任：

（一）以暴力、威胁或者非法限制人身自由的手段强迫劳动的；

（二）侮辱、体罚、殴打、非法搜查和拘禁劳动者的。

第九十七条　由于用人单位的原因订立的无效合同，对劳动者造成损害的，应当承担赔偿责任。

第九十八条　用人单位违反本法规定的条件解除劳动合同或者故意拖延不订立劳动合同的，由劳动行政部门责令改正；对劳动者造成损害的，应当承担赔偿责任。

第九十九条　用人单位招用尚未解除劳动合同的劳动者，对原用人单位造成经济损失的，该用人单位应当依法承担连带赔偿责任。

第一百条　用人单位无故不缴纳社会保险费的，由劳动行政部门责令其限期缴纳，逾期不缴的，可以加收滞纳金。

第一百零一条 用人单位无理阻挠劳动行政部门、有关部门及其工作人员行使监督检查权，打击报复举报人员的，由劳动行政部门或者有关部门处以罚款；构成犯罪的，对责任人员依法追究刑事责任。

第一百零二条 劳动者违反本法规定的条件解除劳动合同或者违反劳动合同中约定的保密事项，对用人单位造成经济损失的，应当依法承担赔偿责任。

第一百零三条 劳动行政部门或者有关部门的工作人员滥用职权、玩忽职守、徇私舞弊，构成犯罪的，依法追究刑事责任；不构成犯罪的，给予行政处分。

第一百零四条 国家工作人员和社会保险基金经办机构的工作人员挪用社会保险基金，构成犯罪的，依法追究刑事责任。

第一百零五条 违反本法规定侵害劳动者合法权益，其他法律、法规已规定处罚的，依照该法律、行政法规的规定处罚。

第十三章　附　则

第一百零六条 省、自治区、直辖市人民政府根据本法和本地区的实际情况，规定劳动合同制度的实施步骤，报国务院备案。

第一百零七条 本法自 1995 年 1 月 1 日起施行。

中华人民共和国劳动合同法

（2007 年 6 月 29 日通过，2012 年 12 月 28 日修订）

第一章 总 则

第一条 为了完善劳动合同制度，明确劳动合同双方当事人的权利和义务，保护劳动者的合法权益，构建和发展和谐稳定的劳动关系，制定本法。

第二条 中华人民共和国境内的企业、个体经济组织、民办非企业单位等组织（以下称用人单位）与劳动者建立劳动关系，订立、履行、变更、解除或者终止劳动合同，适用本法。

国家机关、事业单位、社会团体和与其建立劳动关系的劳动者，订立、履行、变更、解除或者终止劳动合同，依照本法执行。

第三条 订立劳动合同，应当遵循合法、公平、平等自愿、协商一致、诚实信用的原则。

依法订立的劳动合同具有约束力，用人单位与劳动者应当履行劳动合同约定的义务。

第四条 用人单位应当依法建立和完善劳动规章制度，保障劳动者享有劳动权利、履行劳动义务。

用人单位在制定、修改或者决定有关劳动报酬、工作时间、休息休假、劳动安全卫生、保险福利、职工培训、劳动纪律以及劳动定额管理等直接涉及劳动者切身利益的规章制度或者重大事项时，应当经职工代表大会或者全体职工讨论，提出方案和意见，与工会或者职工代表平等协商确定。

在规章制度和重大事项决定实施过程中，工会或者职工认为不适当的，有权向用人单位提出，通过协商予以修改完善。

用人单位应当将直接涉及劳动者切身利益的规章制度和重大事项决定公

示，或者告知劳动者。

第五条 县级以上人民政府劳动行政部门会同工会和企业方面代表，建立健全协调劳动关系三方机制，共同研究解决有关劳动关系的重大问题。

第六条 工会应当帮助、指导劳动者与用人单位依法订立和履行劳动合同，并与用人单位建立集体协商机制，维护劳动者的合法权益。

第二章 劳动合同的订立

第七条 用人单位自用工之日起即与劳动者建立劳动关系。用人单位应当建立职工名册备查。

第八条 用人单位招用劳动者时，应当如实告知劳动者工作内容、工作条件、工作地点、职业危害、安全生产状况、劳动报酬，以及劳动者要求了解的其他情况；用人单位有权了解劳动者与劳动合同直接相关的基本情况，劳动者应当如实说明。

第九条 用人单位招用劳动者，不得扣押劳动者的居民身份证和其他证件，不得要求劳动者提供担保或者以其他名义向劳动者收取财物。

第十条 建立劳动关系，应当订立书面劳动合同。

已建立劳动关系，未同时订立书面劳动合同的，应当自用工之日起一个月内订立书面劳动合同。

用人单位与劳动者在用工前订立劳动合同的，劳动关系自用工之日起建立。

第十一条 用人单位未在用工的同时订立书面劳动合同，与劳动者约定的劳动报酬不明确的，新招用的劳动者的劳动报酬按照集体合同规定的标准执行；没有集体合同或者集体合同未规定的，实行同工同酬。

第十二条 劳动合同分为固定期限劳动合同、无固定期限劳动合同和以完成一定工作任务为期限的劳动合同。

第十三条 固定期限劳动合同，是指用人单位与劳动者约定合同终止时间的劳动合同。

用人单位与劳动者协商一致，可以订立固定期限劳动合同。

第十四条 无固定期限劳动合同，是指用人单位与劳动者约定无确定终止时间的劳动合同。

用人单位与劳动者协商一致，可以订立无固定期限劳动合同。有下列情形之一，劳动者提出或者同意续订、订立劳动合同的，除劳动者提出订立固定期限劳动合同外，应当订立无固定期限劳动合同：

（一）劳动者在该用人单位连续工作满十年的；

（二）用人单位初次实行劳动合同制度或者国有企业改制重新订立劳动合同时，劳动者在该用人单位连续工作满十年且距法定退休年龄不足十年的；

（三）连续订立二次固定期限劳动合同，且劳动者没有本法第三十九条和第四十条第一项、第二项规定的情形，续订劳动合同的。

用人单位自用工之日起满一年不与劳动者订立书面劳动合同的，视为用人单位与劳动者已订立无固定期限劳动合同。

第十五条 以完成一定工作任务为期限的劳动合同，是指用人单位与劳动者约定以某项工作的完成为合同期限的劳动合同。

用人单位与劳动者协商一致，可以订立以完成一定工作任务为期限的劳动合同。

第十六条 劳动合同由用人单位与劳动者协商一致，并经用人单位与劳动者在劳动合同文本上签字或者盖章生效。

劳动合同文本由用人单位和劳动者各执一份。

第十七条 劳动合同应当具备以下条款：

（一）用人单位的名称、住所和法定代表人或者主要负责人；

（二）劳动者的姓名、住址和居民身份证或者其他有效身份证件号码；

（三）劳动合同期限；

（四）工作内容和工作地点；

（五）工作时间和休息休假；

（六）劳动报酬；

（七）社会保险；

（八）劳动保护、劳动条件和职业危害防护；

（九）法律、法规规定应当纳入劳动合同的其他事项。

劳动合同除前款规定的必备条款外，用人单位与劳动者可以约定试用期、培训、保守秘密、补充保险和福利待遇等其他事项。

第十八条 劳动合同对劳动报酬和劳动条件等标准约定不明确，引发争议的，用人单位与劳动者可以重新协商；协商不成的，适用集体合同规定；没有集体合同或者集体合同未规定劳动报酬的，实行同工同酬；没有集体合同或者集体合同未规定劳动条件等标准的，适用国家有关规定。

第十九条 劳动合同期限三个月以上不满一年的，试用期不得超过一个月；劳动合同期限一年以上不满三年的，试用期不得超过二个月；三年以上固定期限和无固定期限的劳动合同，试用期不得超过六个月。

同一用人单位与同一劳动者只能约定一次试用期。

以完成一定工作任务为期限的劳动合同或者劳动合同期限不满三个月的，不得约定试用期。

试用期包含在劳动合同期限内。劳动合同仅约定试用期的，试用期不成立，该期限为劳动合同期限。

第二十条 劳动者在试用期的工资不得低于本单位相同岗位最低档工资或者劳动合同约定工资的百分之八十，并不得低于用人单位所在地的最低工资标准。

第二十一条 在试用期中，除劳动者有本法第三十九条和第四十条第一项、第二项规定的情形外，用人单位不得解除劳动合同。用人单位在试用期解除劳动合同的，应当向劳动者说明理由。

第二十二条 用人单位为劳动者提供专项培训费用，对其进行专业技术培训的，可以与该劳动者订立协议，约定服务期。

劳动者违反服务期约定的，应当按照约定向用人单位支付违约金。违约金的数额不得超过用人单位提供的培训费用。用人单位要求劳动者支付的违约金不得超过服务期尚未履行部分所应分摊的培训费用。

用人单位与劳动者约定服务期的，不影响按照正常的工资调整机制提高劳动者在服务期期间的劳动报酬。

第二十三条 用人单位与劳动者可以在劳动合同中约定保守用人单位的商业秘密和与知识产权相关的保密事项。

对负有保密义务的劳动者，用人单位可以在劳动合同或者保密协议中与劳动者约定竞业限制条款，并约定在解除或者终止劳动合同后，在竞业限制期限内按月给予劳动者经济补偿。劳动者违反竞业限制约定的，应当按照约定向用人单位支付违约金。

第二十四条 竞业限制的人员限于用人单位的高级管理人员、高级技术人员和其他负有保密义务的人员。竞业限制的范围、地域、期限由用人单位与劳动者约定，竞业限制的约定不得违反法律、法规的规定。

在解除或者终止劳动合同后，前款规定的人员到与本单位生产或者经营同类产品、从事同类业务的有竞争关系的其他用人单位，或者自己开业生产或者经营同类产品、从事同类业务的竞业限制期限，不得超过二年。

第二十五条 除本法第二十二条和第二十三条规定的情形外，用人单位不得与劳动者约定由劳动者承担违约金。

第二十六条 下列劳动合同无效或者部分无效：

（一）以欺诈、胁迫的手段或者乘人之危，使对方在违背真实意思的情况下订立或者变更劳动合同的；

（二）用人单位免除自己的法定责任、排除劳动者权利的；

（三）违反法律、行政法规强制性规定的。

对劳动合同的无效或者部分无效有争议的，由劳动争议仲裁机构或者人民法院确认。

第二十七条 劳动合同部分无效，不影响其他部分效力的，其他部分仍然有效。

第二十八条 劳动合同被确认无效，劳动者已付出劳动的，用人单位应当向劳动者支付劳动报酬。劳动报酬的数额，参照本单位相同或者相近岗位劳动者的劳动报酬确定。

第三章 劳动合同的履行和变更

第二十九条 用人单位与劳动者应当按照劳动合同的约定，全面履行各自的义务。

第三十条 用人单位应当按照劳动合同约定和国家规定，向劳动者及时足额支付劳动报酬。

用人单位拖欠或者未足额支付劳动报酬的，劳动者可以依法向当地人民法院申请支付令，人民法院应当依法发出支付令。

第三十一条 用人单位应当严格执行劳动定额标准，不得强迫或者变相强迫劳动者加班。用人单位安排加班的，应当按照国家有关规定向劳动者支付加班费。

第三十二条 劳动者拒绝用人单位管理人员违章指挥、强令冒险作业的，不视为违反劳动合同。

劳动者对危害生命安全和身体健康的劳动条件，有权对用人单位提出批评、检举和控告。

第三十三条 用人单位变更名称、法定代表人、主要负责人或者投资人等事项，不影响劳动合同的履行。

第三十四条 用人单位发生合并或者分立等情况，原劳动合同继续有效，劳动合同由承继其权利和义务的用人单位继续履行。

第三十五条 用人单位与劳动者协商一致，可以变更劳动合同约定的内容。变更劳动合同，应当采用书面形式。

变更后的劳动合同文本由用人单位和劳动者各执一份。

第四章 劳动合同的解除和终止

第三十六条 用人单位与劳动者协商一致，可以解除劳动合同。

第三十七条 劳动者提前三十日以书面形式通知用人单位，可以解除劳动合同。劳动者在试用期内提前三日通知用人单位，可以解除劳动合同。

第三十八条 用人单位有下列情形之一的，劳动者可以解除劳动合同：

（一）未按照劳动合同约定提供劳动保护或者劳动条件的；

（二）未及时足额支付劳动报酬的；

（三）未依法为劳动者缴纳社会保险费的；

（四）用人单位的规章制度违反法律、法规的规定，损害劳动者权益的；

（五）因本法第二十六条第一款规定的情形致使劳动合同无效的；

（六）法律、行政法规规定劳动者可以解除劳动合同的其他情形。

用人单位以暴力、威胁或者非法限制人身自由的手段强迫劳动者劳动的，或者用人单位违章指挥、强令冒险作业危及劳动者人身安全的，劳动者可以立即解除劳动合同，不需事先告知用人单位。

第三十九条 劳动者有下列情形之一的，用人单位可以解除劳动合同：

（一）在试用期间被证明不符合录用条件的；

（二）严重违反用人单位的规章制度的；

（三）严重失职，营私舞弊，给用人单位造成重大损害的；

（四）劳动者同时与其他用人单位建立劳动关系，对完成本单位的工作任务造成严重影响，或者经用人单位提出，拒不改正的；

（五）因本法第二十六条第一款第一项规定的情形致使劳动合同无效的；

（六）被依法追究刑事责任的。

第四十条 有下列情形之一的，用人单位提前三十日以书面形式通知劳动者本人或者额外支付劳动者一个月工资后，可以解除劳动合同：

（一）劳动者患病或者非因工负伤，在规定的医疗期满后不能从事原工作，也不能从事由用人单位另行安排的工作的；

（二）劳动者不能胜任工作，经过培训或者调整工作岗位，仍不能胜任工作的；

（三）劳动合同订立时所依据的客观情况发生重大变化，致使劳动合同无法履行，经用人单位与劳动者协商，未能就变更劳动合同内容达成协议的。

第四十一条 有下列情形之一，需要裁减人员二十人以上或者裁减不足二十人但占企业职工总数百分之十以上的，用人单位提前三十日向工会或者全体职工说明情况，听取工会或者职工的意见后，裁减人员方案经向劳动行政部门报告，可以裁减人员：

（一）依照企业破产法规定进行重整的；

（二）生产经营发生严重困难的；

（三）企业转产、重大技术革新或者经营方式调整，经变更劳动合同后，仍需裁减人员的；

（四）其他因劳动合同订立时所依据的客观经济情况发生重大变化，致使劳动合同无法履行的。

裁减人员时，应当优先留用下列人员：

（一）与本单位订立较长期限的固定期限劳动合同的；

（二）与本单位订立无固定期限劳动合同的；

（三）家庭无其他就业人员，有需要扶养的老人或者未成年人的。

用人单位依照本条第一款规定裁减人员，在六个月内重新招用人员的，应当通知被裁减的人员，并在同等条件下优先招用被裁减的人员。

第四十二条 劳动者有下列情形之一的，用人单位不得依照本法第四十条、第四十一条的规定解除劳动合同：

（一）从事接触职业病危害作业的劳动者未进行离岗前职业健康检查，或者疑似职业病病人在诊断或者医学观察期间的；

（二）在本单位患职业病或者因工负伤并被确认丧失或者部分丧失劳动能力的；

（三）患病或者非因工负伤，在规定的医疗期内的；

（四）女职工在孕期、产期、哺乳期的；

（五）在本单位连续工作满十五年，且距法定退休年龄不足五年的；

（六）法律、行政法规规定的其他情形。

第四十三条 用人单位单方解除劳动合同，应当事先将理由通知工会。用人单位违反法律、行政法规规定或者劳动合同约定的，工会有权要求用人单位纠正。用人单位应当研究工会的意见，并将处理结果书面通知工会。

第四十四条 有下列情形之一的，劳动合同终止：

（一）劳动合同期满的；

（二）劳动者开始依法享受基本养老保险待遇的；

（三）劳动者死亡，或者被人民法院宣告死亡或者宣告失踪的；

（四）用人单位被依法宣告破产的；

（五）用人单位被吊销营业执照、责令关闭、撤销或者用人单位决定提前解散的；

（六）法律、行政法规规定的其他情形。

第四十五条 劳动合同期满，有本法第四十二条规定情形之一的，劳动合同应当续延至相应的情形消失时终止。但是，本法第四十二条第二项规定丧失或者部分丧失劳动能力劳动者的劳动合同的终止，按照国家有关工伤保险的规定执行。

第四十六条 有下列情形之一的，用人单位应当向劳动者支付经济补偿：

（一）劳动者依照本法第三十八条规定解除劳动合同的；

（二）用人单位依照本法第三十六条规定向劳动者提出解除劳动合同并与劳动者协商一致解除劳动合同的；

（三）用人单位依照本法第四十条规定解除劳动合同的；

（四）用人单位依照本法第四十一条第一款规定解除劳动合同的；

（五）除用人单位维持或者提高劳动合同约定条件续订劳动合同，劳动者不同意续订的情形外，依照本法第四十四条第一项规定终止固定期限劳动合同的；

（六）依照本法第四十四条第四项、第五项规定终止劳动合同的；

（七）法律、行政法规规定的其他情形。

第四十七条 经济补偿按劳动者在本单位工作的年限，每满一年支付一个月工资的标准向劳动者支付。六个月以上不满一年的，按一年计算；不满六个月的，向劳动者支付半个月工资的经济补偿。

劳动者月工资高于用人单位所在直辖市、设区的市级人民政府公布的本地区上年度职工月平均工资三倍的，向其支付经济补偿的标准按职工月平均工资三倍的数额支付，向其支付经济补偿的年限最高不超过十二年。

本条所称月工资是指劳动者在劳动合同解除或者终止前十二个月的平均工资。

第四十八条 用人单位违反本法规定解除或者终止劳动合同，劳动者要求继续履行劳动合同的，用人单位应当继续履行；劳动者不要求继续履行劳动合同或者劳动合同已经不能继续履行的，用人单位应当依照本法第八十七条规定支付赔偿金。

第四十九条 国家采取措施，建立健全劳动者社会保险关系跨地区转移接续制度。

第五十条 用人单位应当在解除或者终止劳动合同时出具解除或者终止劳动合同的证明，并在十五日内为劳动者办理档案和社会保险关系转移手续。

劳动者应当按照双方约定，办理工作交接。用人单位依照本法有关规定应当向劳动者支付经济补偿的，在办结工作交接时支付。

用人单位已经解除或者终止的劳动合同的文本，至少保存二年备查。

第五章　特别规定

第一节　集体合同

第五十一条　企业职工一方与用人单位通过平等协商，可以就劳动报酬、工作时间、休息休假、劳动安全卫生、保险福利等事项订立集体合同。集体合同草案应当提交职工代表大会或者全体职工讨论通过。

集体合同由工会代表企业职工一方与用人单位订立；尚未建立工会的用人单位，由上级工会指导劳动者推举的代表与用人单位订立。

第五十二条　企业职工一方与用人单位可以订立劳动安全卫生、女职工权益保护、工资调整机制等专项集体合同。

第五十三条　在县级以下区域内，建筑业、采矿业、餐饮服务业等行业可以由工会与企业方面代表订立行业性集体合同，或者订立区域性集体合同。

第五十四条　集体合同订立后，应当报送劳动行政部门；劳动行政部门自收到集体合同文本之日起十五日内未提出异议的，集体合同即行生效。

依法订立的集体合同对用人单位和劳动者具有约束力。行业性、区域性集体合同对当地本行业、本区域的用人单位和劳动者具有约束力。

第五十五条　集体合同中劳动报酬和劳动条件等标准不得低于当地人民政府规定的最低标准；用人单位与劳动者订立的劳动合同中劳动报酬和劳动条件等标准不得低于集体合同规定的标准。

第五十六条　用人单位违反集体合同，侵犯职工劳动权益的，工会可以依法要求用人单位承担责任；因履行集体合同发生争议，经协商解决不成的，工会可以依法申请仲裁、提起诉讼。

第二节　劳务派遣

第五十七条　经营劳务派遣业务应当具备下列条件：

（一）注册资本不得少于人民币二百万元；

（二）有与开展业务相适应的固定的经营场所和设施；

（三）有符合法律、行政法规规定的劳务派遣管理制度；

（四）法律、行政法规规定的其他条件。

经营劳务派遣业务，应当向劳动行政部门依法申请行政许可；经许可的，依法办理相应的公司登记。未经许可，任何单位和个人不得经营劳务派遣业务。

第五十八条 劳务派遣单位是本法所称用人单位，应当履行用人单位对劳动者的义务。劳务派遣单位与被派遣劳动者订立的劳动合同，除应当载明本法第十七条规定的事项外，还应当载明被派遣劳动者的用工单位以及派遣期限、工作岗位等情况。

劳务派遣单位应当与被派遣劳动者订立二年以上的固定期限劳动合同，按月支付劳动报酬；被派遣劳动者在无工作期间，劳务派遣单位应当按照所在地人民政府规定的最低工资标准，向其按月支付报酬。

第五十九条 劳务派遣单位派遣劳动者应当与接受以劳务派遣形式用工的单位（以下称用工单位）订立劳务派遣协议。劳务派遣协议应当约定派遣岗位和人员数量、派遣期限、劳动报酬和社会保险费的数额与支付方式以及违反协议的责任。

用工单位应当根据工作岗位的实际需要与劳务派遣单位确定派遣期限，不得将连续用工期限分割订立数个短期劳务派遣协议。

第六十条 劳务派遣单位应当将劳务派遣协议的内容告知被派遣劳动者。

劳务派遣单位不得克扣用工单位按照劳务派遣协议支付给被派遣劳动者的劳动报酬。

劳务派遣单位和用工单位不得向被派遣劳动者收取费用。

第六十一条 劳务派遣单位跨地区派遣劳动者的，被派遣劳动者享有的劳动报酬和劳动条件，按照用工单位所在地的标准执行。

第六十二条 用工单位应当履行下列义务：

（一）执行国家劳动标准，提供相应的劳动条件和劳动保护；

（二）告知被派遣劳动者的工作要求和劳动报酬；

（三）支付加班费、绩效奖金，提供与工作岗位相关的福利待遇；

（四）对在岗被派遣劳动者进行工作岗位所必需的培训；

（五）连续用工的，实行正常的工资调整机制。

用工单位不得将被派遣劳动者再派遣到其他用人单位。

第六十三条 被派遣劳动者享有与用工单位的劳动者同工同酬的权利。

用工单位应当按照同工同酬原则，对被派遣劳动者与本单位同类岗位的劳动者实行相同的劳动报酬分配办法。用工单位无同类岗位劳动者的，参照用工单位所在地相同或者相近岗位劳动者的劳动报酬确定。

劳务派遣单位与被派遣劳动者订立的劳动合同和与用工单位订立的劳务派遣协议，载明或者约定的向被派遣劳动者支付的劳动报酬应当符合前款规定。

第六十四条 被派遣劳动者有权在劳务派遣单位或者用工单位依法参加或者组织工会，维护自身的合法权益。

第六十五条 被派遣劳动者可以依照本法第三十六条、第三十八条的规定与劳务派遣单位解除劳动合同。

被派遣劳动者有本法第三十九条和第四十条第一项、第二项规定情形的，用工单位可以将劳动者退回劳务派遣单位，劳务派遣单位依照本法有关规定，可以与劳动者解除劳动合同。

第六十六条 劳动合同用工是我国的企业基本用工形式。劳务派遣用工是补充形式，只能在临时性、辅助性或者替代性的工作岗位上实施。

前款规定的临时性工作岗位是指存续时间不超过六个月的岗位；辅助性工作岗位是指为主营业务岗位提供服务的非主营业务岗位；替代性工作岗位是指用工单位的劳动者因脱产学习、休假等原因无法工作的一定期间内，可以由其他劳动者替代工作的岗位。

用工单位应当严格控制劳务派遣用工数量，不得超过其用工总量的一定比例，具体比例由国务院劳动行政部门规定。

第六十七条 用人单位不得设立劳务派遣单位向本单位或者所属单位派遣劳动者。

第三节 非全日制用工

第六十八条 非全日制用工，是指以小时计酬为主，劳动者在同一用人单位一般平均每日工作时间不超过四小时，每周工作时间累计不超过二十四小时的用工形式。

第六十九条 非全日制用工双方当事人可以订立口头协议。

从事非全日制用工的劳动者可以与一个或者一个以上用人单位订立劳动合同；但是，后订立的劳动合同不得影响先订立的劳动合同的履行。

第七十条　非全日制用工双方当事人不得约定试用期。

第七十一条　非全日制用工双方当事人任何一方都可以随时通知对方终止用工。终止用工，用人单位不向劳动者支付经济补偿。

第七十二条　非全日制用工小时计酬标准不得低于用人单位所在地人民政府规定的最低小时工资标准。

非全日制用工劳动报酬结算支付周期最长不得超过十五日。

第六章　监督检查

第七十三条　国务院劳动行政部门负责全国劳动合同制度实施的监督管理。

县级以上地方人民政府劳动行政部门负责本行政区域内劳动合同制度实施的监督管理。

县级以上各级人民政府劳动行政部门在劳动合同制度实施的监督管理工作中，应当听取工会、企业方面代表以及有关行业主管部门的意见。

第七十四条　县级以上地方人民政府劳动行政部门依法对下列实施劳动合同制度的情况进行监督检查：

（一）用人单位制定直接涉及劳动者切身利益的规章制度及其执行的情况；

（二）用人单位与劳动者订立和解除劳动合同的情况；

（三）劳务派遣单位和用工单位遵守劳务派遣有关规定的情况；

（四）用人单位遵守国家关于劳动者工作时间和休息休假规定的情况；

（五）用人单位支付劳动合同约定的劳动报酬和执行最低工资标准的情况；

（六）用人单位参加各项社会保险和缴纳社会保险费的情况；

（七）法律、法规规定的其他劳动监察事项。

第七十五条　县级以上地方人民政府劳动行政部门实施监督检查时，有权查阅与劳动合同、集体合同有关的材料，有权对劳动场所进行实地检查，用人单位和劳动者都应当如实提供有关情况和材料。

劳动行政部门的工作人员进行监督检查，应当出示证件，依法行使职权，文明执法。

第七十六条　县级以上人民政府建设、卫生、安全生产监督管理等有关主管部门在各自职责范围内，对用人单位执行劳动合同制度的情况进行监督管理。

第七十七条 劳动者合法权益受到侵害的，有权要求有关部门依法处理，或者依法申请仲裁、提起诉讼。

第七十八条 工会依法维护劳动者的合法权益，对用人单位履行劳动合同、集体合同的情况进行监督。用人单位违反劳动法律、法规和劳动合同、集体合同的，工会有权提出意见或者要求纠正；劳动者申请仲裁、提起诉讼的，工会依法给予支持和帮助。

第七十九条 任何组织或者个人对违反本法的行为都有权举报，县级以上人民政府劳动行政部门应当及时核实、处理，并对举报有功人员给予奖励。

第七章　法律责任

第八十条 用人单位直接涉及劳动者切身利益的规章制度违反法律、法规规定的，由劳动行政部门责令改正，给予警告；给劳动者造成损害的，应当承担赔偿责任。

第八十一条 用人单位提供的劳动合同文本未载明本法规定的劳动合同必备条款或者用人单位未将劳动合同文本交付劳动者的，由劳动行政部门责令改正；给劳动者造成损害的，应当承担赔偿责任。

第八十二条 用人单位自用工之日起超过一个月不满一年未与劳动者订立书面劳动合同的，应当向劳动者每月支付二倍的工资。

用人单位违反本法规定不与劳动者订立无固定期限劳动合同的，自应当订立无固定期限劳动合同之日起向劳动者每月支付二倍的工资。

第八十三条 用人单位违反本法规定与劳动者约定试用期的，由劳动行政部门责令改正；违法约定的试用期已经履行的，由用人单位以劳动者试用期满月工资为标准，按已经履行的超过法定试用期的期间向劳动者支付赔偿金。

第八十四条 用人单位违反本法规定，扣押劳动者居民身份证等证件的，由劳动行政部门责令限期退还劳动者本人，并依照有关法律规定给予处罚。

用人单位违反本法规定，以担保或者其他名义向劳动者收取财物的，由劳动行政部门责令限期退还劳动者本人，并以每人五百元以上二千元以下的标准处以罚款；给劳动者造成损害的，应当承担赔偿责任。

劳动者依法解除或者终止劳动合同，用人单位扣押劳动者档案或者其他物品的，依照前款规定处罚。

第八十五条　用人单位有下列情形之一的，由劳动行政部门责令限期支付劳动报酬、加班费或者经济补偿；劳动报酬低于当地最低工资标准的，应当支付其差额部分；逾期不支付的，责令用人单位按应付金额百分之五十以上百分之一百以下的标准向劳动者加付赔偿金：

（一）未按照劳动合同的约定或者国家规定及时足额支付劳动者劳动报酬的；

（二）低于当地最低工资标准支付劳动者工资的；

（三）安排加班不支付加班费的；

（四）解除或者终止劳动合同，未依照本法规定向劳动者支付经济补偿的。

第八十六条　劳动合同依照本法第二十六条规定被确认无效，给对方造成损害的，有过错的一方应当承担赔偿责任。

第八十七条　用人单位违反本法规定解除或者终止劳动合同的，应当依照本法第四十七条规定的经济补偿标准的二倍向劳动者支付赔偿金。

第八十八条　用人单位有下列情形之一的，依法给予行政处罚；构成犯罪的，依法追究刑事责任；给劳动者造成损害的，应当承担赔偿责任：

（一）以暴力、威胁或者非法限制人身自由的手段强迫劳动的；

（二）违章指挥或者强令冒险作业危及劳动者人身安全的；

（三）侮辱、体罚、殴打、非法搜查或者拘禁劳动者的；

（四）劳动条件恶劣、环境污染严重，给劳动者身心健康造成严重损害的。

第八十九条　用人单位违反本法规定未向劳动者出具解除或者终止劳动合同的书面证明，由劳动行政部门责令改正；给劳动者造成损害的，应当承担赔偿责任。

第九十条　劳动者违反本法规定解除劳动合同，或者违反劳动合同中约定的保密义务或者竞业限制，给用人单位造成损失的，应当承担赔偿责任。

第九十一条 用人单位招用与其他用人单位尚未解除或者终止劳动合同的劳动者，给其他用人单位造成损失的，应当承担连带赔偿责任。

第九十二条 违反本法规定，未经许可，擅自经营劳务派遣业务的，由劳动行政部门责令停止违法行为，没收违法所得，并处违法所得一倍以上五倍以下的罚款；没有违法所得的，可以处五万元以下的罚款。

劳务派遣单位、用工单位违反本法有关劳务派遣规定的，由劳动行政部门责令限期改正；逾期不改正的，以每人五千元以上一万元以下的标准处以罚款，对劳务派遣单位，吊销其劳务派遣业务经营许可证。用工单位给被派遣劳动者造成损害的，劳务派遣单位与用工单位承担连带赔偿责任。

第九十三条 对不具备合法经营资格的用人单位的违法犯罪行为，依法追究法律责任；劳动者已经付出劳动的，该单位或者其出资人应当依照本法有关规定向劳动者支付劳动报酬、经济补偿、赔偿金；给劳动者造成损害的，应当承担赔偿责任。

第九十四条 个人承包经营违反本法规定招用劳动者，给劳动者造成损害的，发包的组织与个人承包经营者承担连带赔偿责任。

第九十五条 劳动行政部门和其他有关主管部门及其工作人员玩忽职守、不履行法定职责，或者违法行使职权，给劳动者或者用人单位造成损害的，应当承担赔偿责任；对直接负责的主管人员和其他直接责任人员，依法给予行政处分；构成犯罪的，依法追究刑事责任。

第八章　附　则

第九十六条 事业单位与实行聘用制的工作人员订立、履行、变更、解除或者终止劳动合同，法律、行政法规或者国务院另有规定的，依照其规定；未作规定的，依照本法有关规定执行。

第九十七条 本法施行前已依法订立且在本法施行之日存续的劳动合同，继续履行；本法第十四条第二款第三项规定连续订立固定期限劳动合同的次数，自本法施行后续订固定期限劳动合同时开始计算。

本法施行前已建立劳动关系，尚未订立书面劳动合同的，应当自本法施行之日起一个月内订立。

本法施行之日存续的劳动合同在本法施行后解除或者终止，依照本法第四十六条规定应当支付经济补偿的，经济补偿年限自本法施行之日起计算；本法施行前按照当时有关规定，用人单位应当向劳动者支付经济补偿的，按照当时有关规定执行。

第九十八条　本法自2013年7月1日起施行。

中华人民共和国劳动争议调解仲裁法

（2007 年 12 月 29 日通过）

第一章　总　则

第一条　为了公正及时解决劳动争议，保护当事人合法权益，促进劳动关系和谐稳定，制定本法。

第二条　中华人民共和国境内的用人单位与劳动者发生的下列劳动争议，适用本法：

（一）因确认劳动关系发生的争议；

（二）因订立、履行、变更、解除和终止劳动合同发生的争议；

（三）因除名、辞退和辞职、离职发生的争议；

（四）因工作时间、休息休假、社会保险、福利、培训以及劳动保护发生的争议；

（五）因劳动报酬、工伤医疗费、经济补偿或者赔偿金等发生的争议；

（六）法律、法规规定的其他劳动争议。

第三条　解决劳动争议，应当根据事实，遵循合法、公正、及时、着重调解的原则，依法保护当事人的合法权益。

第四条　发生劳动争议，劳动者可以与用人单位协商，也可以请工会或者第三方共同与用人单位协商，达成和解协议。

第五条　发生劳动争议，当事人不愿协商、协商不成或者达成和解协议后不履行的，可以向调解组织申请调解；不愿调解、调解不成或者达成调解协议后不履行的，可以向劳动争议仲裁委员会申请仲裁；对仲裁裁决不服的，除本法另有规定的外，可以向人民法院提起诉讼。

第六条　发生劳动争议，当事人对自己提出的主张，有责任提供证据。

与争议事项有关的证据属于用人单位掌握管理的，用人单位应当提供；用人单位不提供的，应当承担不利后果。

第七条 发生劳动争议的劳动者一方在十人以上，并有共同请求的，可以推举代表参加调解、仲裁或者诉讼活动。

第八条 县级以上人民政府劳动行政部门会同工会和企业方面代表建立协调劳动关系三方机制，共同研究解决劳动争议的重大问题。

第九条 用人单位违反国家规定，拖欠或者未足额支付劳动报酬，或者拖欠工伤医疗费、经济补偿或者赔偿金的，劳动者可以向劳动行政部门投诉，劳动行政部门应当依法处理。

第二章 调 解

第十条 发生劳动争议，当事人可以到下列调解组织申请调解：

（一）企业劳动争议调解委员会；

（二）依法设立的基层人民调解组织；

（三）在乡镇、街道设立的具有劳动争议调解职能的组织。

企业劳动争议调解委员会由职工代表和企业代表组成。职工代表由工会成员担任或者由全体职工推举产生，企业代表由企业负责人指定。企业劳动争议调解委员会主任由工会成员或者双方推举的人员担任。

第十一条 劳动争议调解组织的调解员应当由公道正派、联系群众、热心调解工作，并具有一定法律知识、政策水平和文化水平的成年公民担任。

第十二条 当事人申请劳动争议调解可以书面申请，也可以口头申请。口头申请的，调解组织应当当场记录申请人基本情况、申请调解的争议事项、理由和时间。

第十三条 调解劳动争议，应当充分听取双方当事人对事实和理由的陈述，耐心疏导，帮助其达成协议。

第十四条 经调解达成协议的，应当制作调解协议书。

调解协议书由双方当事人签名或者盖章，经调解员签名并加盖调解组织印章后生效，对双方当事人具有约束力，当事人应当履行。

自劳动争议调解组织收到调解申请之日起十五日内未达成调解协议的，当事人可以依法申请仲裁。

第十五条 达成调解协议后，一方当事人在协议约定期限内不履行调解协议的，另一方当事人可以依法申请仲裁。

第十六条 因支付拖欠劳动报酬、工伤医疗费、经济补偿或者赔偿金事项达成调解协议，用人单位在协议约定期限内不履行的，劳动者可以持调解协议书依法向人民法院申请支付令。人民法院应当依法发出支付令。

第三章 仲 裁

第一节 一般规定

第十七条 劳动争议仲裁委员会按照统筹规划、合理布局和适应实际需要的原则设立。省、自治区人民政府可以决定在市、县设立；直辖市人民政府可以决定在区、县设立。直辖市、设区的市也可以设立一个或者若干个劳动争议仲裁委员会。劳动争议仲裁委员会不按行政区划层层设立。

第十八条 国务院劳动行政部门依照本法有关规定制定仲裁规则。省、自治区、直辖市人民政府劳动行政部门对本行政区域的劳动争议仲裁工作进行指导。

第十九条 劳动争议仲裁委员会由劳动行政部门代表、工会代表和企业方面代表组成。劳动争议仲裁委员会组成人员应当是单数。

劳动争议仲裁委员会依法履行下列职责：

（一）聘任、解聘专职或者兼职仲裁员；

（二）受理劳动争议案件；

（三）讨论重大或者疑难的劳动争议案件；

（四）对仲裁活动进行监督。

劳动争议仲裁委员会下设办事机构，负责办理劳动争议仲裁委员会的日常工作。

第二十条 劳动争议仲裁委员会应当设仲裁员名册。

仲裁员应当公道正派并符合下列条件之一：

（一）曾任审判员的；

（二）从事法律研究、教学工作并具有中级以上职称的；

（三）具有法律知识、从事人力资源管理或者工会等专业工作满五年的；

（四）律师执业满三年的。

第二十一条 劳动争议仲裁委员会负责管辖本区域内发生的劳动争议。

劳动争议由劳动合同履行地或者用人单位所在地的劳动争议仲裁委员会管辖。双方当事人分别向劳动合同履行地和用人单位所在地的劳动争议仲裁委员会申请仲裁的，由劳动合同履行地的劳动争议仲裁委员会管辖。

第二十二条 发生劳动争议的劳动者和用人单位为劳动争议仲裁案件的双方当事人。

劳务派遣单位或者用工单位与劳动者发生劳动争议的，劳务派遣单位和用工单位为共同当事人。

第二十三条 与劳动争议案件的处理结果有利害关系的第三人，可以申请参加仲裁活动或者由劳动争议仲裁委员会通知其参加仲裁活动。

第二十四条 当事人可以委托代理人参加仲裁活动。委托他人参加仲裁活动，应当向劳动争议仲裁委员会提交有委托人签名或者盖章的委托书，委托书应当载明委托事项和权限。

第二十五条 丧失或者部分丧失民事行为能力的劳动者，由其法定代理人代为参加仲裁活动；无法定代理人的，由劳动争议仲裁委员会为其指定代理人。劳动者死亡的，由其近亲属或者代理人参加仲裁活动。

第二十六条 劳动争议仲裁公开进行，但当事人协议不公开进行或者涉及国家秘密、商业秘密和个人隐私的除外。

第二节 申请和受理

第二十七条 劳动争议申请仲裁的时效期间为一年。仲裁时效期间从当事人知道或者应当知道其权利被侵害之日起计算。

前款规定的仲裁时效，因当事人一方向对方当事人主张权利，或者向有关部门请求权利救济，或者对方当事人同意履行义务而中断。从中断时起，仲裁时效期间重新计算。

因不可抗力或者有其他正当理由，当事人不能在本条第一款规定的仲裁时效期间申请仲裁的，仲裁时效中止。从中止时效的原因消除之日起，仲裁时效期间继续计算。

劳动关系存续期间因拖欠劳动报酬发生争议的，劳动者申请仲裁不受本条第一款规定的仲裁时效期间的限制；但是，劳动关系终止的，应当自劳动关系终止之日起一年内提出。

第二十八条 申请人申请仲裁应当提交书面仲裁申请，并按照被申请人人数提交副本。

仲裁申请书应当载明下列事项：

（一）劳动者的姓名、性别、年龄、职业、工作单位和住所，用人单位的名称、住所和法定代表人或者主要负责人的姓名、职务；

（二）仲裁请求和所根据的事实、理由；

（三）证据和证据来源、证人姓名和住所。

书写仲裁申请确有困难的，可以口头申请，由劳动争议仲裁委员会记入笔录，并告知对方当事人。

第二十九条 劳动争议仲裁委员会收到仲裁申请之日起五日内，认为符合受理条件的，应当受理，并通知申请人；认为不符合受理条件的，应当书面通知申请人不予受理，并说明理由。对劳动争议仲裁委员会不予受理或者逾期未作出决定的，申请人可以就该劳动争议事项向人民法院提起诉讼。

第三十条 劳动争议仲裁委员会受理仲裁申请后，应当在五日内将仲裁申请书副本送达被申请人。

被申请人收到仲裁申请书副本后，应当在十日内向劳动争议仲裁委员会提交答辩书。劳动争议仲裁委员会收到答辩书后，应当在五日内将答辩书副本送达申请人。被申请人未提交答辩书的，不影响仲裁程序的进行。

第三节　开庭和裁决

第三十一条 劳动争议仲裁委员会裁决劳动争议案件实行仲裁庭制。仲裁庭由三名仲裁员组成，设首席仲裁员。简单劳动争议案件可以由一名仲裁员独任仲裁。

第三十二条 劳动争议仲裁委员会应当在受理仲裁申请之日起五日内将仲裁庭的组成情况书面通知当事人。

第三十三条 仲裁员有下列情形之一，应当回避，当事人也有权以口头或者书面方式提出回避申请：

（一）是本案当事人或者当事人、代理人的近亲属的；

（二）与本案有利害关系的；

（三）与本案当事人、代理人有其他关系，可能影响公正裁决的；

（四）私自会见当事人、代理人，或者接受当事人、代理人的请客送礼的。

劳动争议仲裁委员会对回避申请应当及时作出决定，并以口头或者书面方式通知当事人。

第三十四条　仲裁员有本法第三十三条第四项规定情形，或者有索贿受贿、徇私舞弊、枉法裁决行为的，应当依法承担法律责任。劳动争议仲裁委员会应当将其解聘。

第三十五条　仲裁庭应当在开庭五日前，将开庭日期、地点书面通知双方当事人。当事人有正当理由的，可以在开庭三日前请求延期开庭。是否延期，由劳动争议仲裁委员会决定。

第三十六条　申请人收到书面通知，无正当理由拒不到庭或者未经仲裁庭同意中途退庭的，可以视为撤回仲裁申请。

被申请人收到书面通知，无正当理由拒不到庭或者未经仲裁庭同意中途退庭的，可以缺席裁决。

第三十七条　仲裁庭对专门性问题认为需要鉴定的，可以交由当事人约定的鉴定机构鉴定；当事人没有约定或者无法达成约定的，由仲裁庭指定的鉴定机构鉴定。

根据当事人的请求或者仲裁庭的要求，鉴定机构应当派鉴定人参加开庭。当事人经仲裁庭许可，可以向鉴定人提问。

第三十八条　当事人在仲裁过程中有权进行质证和辩论。质证和辩论终结时，首席仲裁员或者独任仲裁员应当征询当事人的最后意见。

第三十九条　当事人提供的证据经查证属实的，仲裁庭应当将其作为认定事实的根据。

劳动者无法提供由用人单位掌握管理的与仲裁请求有关的证据，仲裁庭可以要求用人单位在指定期限内提供。用人单位在指定期限内不提供的，应当承担不利后果。

第四十条　仲裁庭应当将开庭情况记入笔录。当事人和其他仲裁参加人认为对自己陈述的记录有遗漏或者差错的，有权申请补正。如果不予补正，应当记录该申请。

笔录由仲裁员、记录人员、当事人和其他仲裁参加人签名或者盖章。

第四十一条 当事人申请劳动争议仲裁后，可以自行和解。达成和解协议的，可以撤回仲裁申请。

第四十二条 仲裁庭在作出裁决前，应当先行调解。

调解达成协议的，仲裁庭应当制作调解书。

调解书应当写明仲裁请求和当事人协议的结果。调解书由仲裁员签名，加盖劳动争议仲裁委员会印章，送达双方当事人。调解书经双方当事人签收后，发生法律效力。

调解不成或者调解书送达前，一方当事人反悔的，仲裁庭应当及时作出裁决。

第四十三条 仲裁庭裁决劳动争议案件，应当自劳动争议仲裁委员会受理仲裁申请之日起四十五日内结束。案情复杂需要延期的，经劳动争议仲裁委员会主任批准，可以延期并书面通知当事人，但是延长期限不得超过十五日。逾期未作出仲裁裁决的，当事人可以就该劳动争议事项向人民法院提起诉讼。

仲裁庭裁决劳动争议案件时，其中一部分事实已经清楚，可以就该部分先行裁决。

第四十四条 仲裁庭对追索劳动报酬、工伤医疗费、经济补偿或者赔偿金的案件，根据当事人的申请，可以裁决先予执行，移送人民法院执行。

仲裁庭裁决先予执行的，应当符合下列条件：

（一）当事人之间权利义务关系明确；

（二）不先予执行将严重影响申请人的生活。

劳动者申请先予执行的，可以不提供担保。

第四十五条 裁决应当按照多数仲裁员的意见作出，少数仲裁员的不同意见应当记入笔录。仲裁庭不能形成多数意见时，裁决应当按照首席仲裁员的意见作出。

第四十六条 裁决书应当载明仲裁请求、争议事实、裁决理由、裁决结果和裁决日期。裁决书由仲裁员签名，加盖劳动争议仲裁委员会印章。对裁决持不同意见的仲裁员，可以签名，也可以不签名。

第四十七条 下列劳动争议，除本法另有规定的外，仲裁裁决为终局裁决，裁决书自作出之日起发生法律效力：

（一）追索劳动报酬、工伤医疗费、经济补偿或者赔偿金，不超过当地月最低工资标准十二个月金额的争议；

（二）因执行国家的劳动标准在工作时间、休息休假、社会保险等方面发生的争议。

第四十八条　劳动者对本法第四十七条规定的仲裁裁决不服的，可以自收到仲裁裁决书之日起十五日内向人民法院提起诉讼。

第四十九条　用人单位有证据证明本法第四十七条规定的仲裁裁决有下列情形之一，可以自收到仲裁裁决书之日起三十日内向劳动争议仲裁委员会所在地的中级人民法院申请撤销裁决：

（一）适用法律、法规确有错误的；

（二）劳动争议仲裁委员会无管辖权的；

（三）违反法定程序的；

（四）裁决所根据的证据是伪造的；

（五）对方当事人隐瞒了足以影响公正裁决的证据的；

（六）仲裁员在仲裁该案时有索贿受贿、徇私舞弊、枉法裁决行为的。

人民法院经组成合议庭审查核实裁决有前款规定情形之一的，应当裁定撤销。

仲裁裁决被人民法院裁定撤销的，当事人可以自收到裁定书之日起十五日内就该劳动争议事项向人民法院提起诉讼。

第五十条　当事人对本法第四十七条规定以外的其他劳动争议案件的仲裁裁决不服的，可以自收到仲裁裁决书之日起十五日内向人民法院提起诉讼；期满不起诉的，裁决书发生法律效力。

第五十一条　当事人对发生法律效力的调解书、裁决书，应当依照规定的期限履行。一方当事人逾期不履行的，另一方当事人可以依照民事诉讼法的有关规定向人民法院申请执行。受理申请的人民法院应当依法执行。

第四章　附　则

第五十二条　事业单位实行聘用制的工作人员与本单位发生劳动争议

的，依照本法执行；法律、行政法规或者国务院另有规定的，依照其规定。

第五十三条 劳动争议仲裁不收费。劳动争议仲裁委员会的经费由财政予以保障。

第五十四条 本法自2008年5月1日起施行。

中华人民共和国社会保险法

（2010年10月28日通过）

第一章 总 则

第一条 为了规范社会保险关系，维护公民参加社会保险和享受社会保险待遇的合法权益，使公民共享发展成果，促进社会和谐稳定，根据宪法，制定本法。

第二条 国家建立基本养老保险、基本医疗保险、工伤保险、失业保险、生育保险等社会保险制度，保障公民在年老、疾病、工伤、失业、生育等情况下依法从国家和社会获得物质帮助的权利。

第三条 社会保险制度坚持广覆盖、保基本、多层次、可持续的方针，社会保险水平应当与经济社会发展水平相适应。

第四条 中华人民共和国境内的用人单位和个人依法缴纳社会保险费，有权查询缴费记录、个人权益记录，要求社会保险经办机构提供社会保险咨询等相关服务。

个人依法享受社会保险待遇，有权监督本单位为其缴费情况。

第五条 县级以上人民政府将社会保险事业纳入国民经济和社会发展规划。

国家多渠道筹集社会保险资金。县级以上人民政府对社会保险事业给予必要的经费支持。

国家通过税收优惠政策支持社会保险事业。

第六条 国家对社会保险基金实行严格监管。

国务院和省、自治区、直辖市人民政府建立健全社会保险基金监督管理制度，保障社会保险基金安全、有效运行。

县级以上人民政府采取措施，鼓励和支持社会各方面参与社会保险基金的监督。

第七条 国务院社会保险行政部门负责全国的社会保险管理工作，国务院其他有关部门在各自的职责范围内负责有关的社会保险工作。

县级以上地方人民政府社会保险行政部门负责本行政区域的社会保险管理工作，县级以上地方人民政府其他有关部门在各自的职责范围内负责有关的社会保险工作。

第八条 社会保险经办机构提供社会保险服务，负责社会保险登记、个人权益记录、社会保险待遇支付等工作。

第九条 工会依法维护职工的合法权益，有权参与社会保险重大事项的研究，参加社会保险监督委员会，对与职工社会保险权益有关的事项进行监督。

第二章 基本养老保险

第十条 职工应当参加基本养老保险，由用人单位和职工共同缴纳基本养老保险费。

无雇工的个体工商户、未在用人单位参加基本养老保险的非全日制从业人员以及其他灵活就业人员可以参加基本养老保险，由个人缴纳基本养老保险费。

公务员和参照公务员法管理的工作人员养老保险的办法由国务院规定。

第十一条 基本养老保险实行社会统筹与个人账户相结合。

基本养老保险基金由用人单位和个人缴费以及政府补贴等组成。

第十二条 用人单位应当按照国家规定的本单位职工工资总额的比例缴纳基本养老保险费，记入基本养老保险统筹基金。

职工应当按照国家规定的本人工资的比例缴纳基本养老保险费，记入个人账户。

无雇工的个体工商户、未在用人单位参加基本养老保险的非全日制从业人员以及其他灵活就业人员参加基本养老保险的，应当按照国家规定缴纳基本养老保险费，分别记入基本养老保险统筹基金和个人账户。

第十三条 国有企业、事业单位职工参加基本养老保险前，视同缴费年限期间应当缴纳的基本养老保险费由政府承担。

基本养老保险基金出现支付不足时，政府给予补贴。

第十四条 个人账户不得提前支取，记账利率不得低于银行定期存款利率，免征利息税。个人死亡的，个人账户余额可以继承。

第十五条 基本养老金由统筹养老金和个人账户养老金组成。

基本养老金根据个人累计缴费年限、缴费工资、当地职工平均工资、个人账户金额、城镇人口平均预期寿命等因素确定。

第十六条 参加基本养老保险的个人，达到法定退休年龄时累计缴费满十五年的，按月领取基本养老金。

参加基本养老保险的个人，达到法定退休年龄时累计缴费不足十五年的，可以缴费至满十五年，按月领取基本养老金；也可以转入新型农村社会养老保险或者城镇居民社会养老保险，按照国务院规定享受相应的养老保险待遇。

第十七条 参加基本养老保险的个人，因病或者非因工死亡的，其遗属可以领取丧葬补助金和抚恤金；在未达到法定退休年龄时因病或者非因工致残完全丧失劳动能力的，可以领取病残津贴。所需资金从基本养老保险基金中支付。

第十八条 国家建立基本养老金正常调整机制。根据职工平均工资增长、物价上涨情况，适时提高基本养老保险待遇水平。

第十九条 个人跨统筹地区就业的，其基本养老保险关系随本人转移，缴费年限累计计算。个人达到法定退休年龄时，基本养老金分段计算、统一支付。具体办法由国务院规定。

第二十条 国家建立和完善新型农村社会养老保险制度。

新型农村社会养老保险实行个人缴费、集体补助和政府补贴相结合。

第二十一条 新型农村社会养老保险待遇由基础养老金和个人账户养老金组成。

参加新型农村社会养老保险的农村居民，符合国家规定条件的，按月领取新型农村社会养老保险待遇。

第二十二条 国家建立和完善城镇居民社会养老保险制度。

省、自治区、直辖市人民政府根据实际情况，可以将城镇居民社会养老保险和新型农村社会养老保险合并实施。

第三章　基本医疗保险

第二十三条　职工应当参加职工基本医疗保险，由用人单位和职工按照国家规定共同缴纳基本医疗保险费。

无雇工的个体工商户、未在用人单位参加职工基本医疗保险的非全日制从业人员以及其他灵活就业人员可以参加职工基本医疗保险，由个人按照国家规定缴纳基本医疗保险费。

第二十四条　国家建立和完善新型农村合作医疗制度。

新型农村合作医疗的管理办法，由国务院规定。

第二十五条　国家建立和完善城镇居民基本医疗保险制度。

城镇居民基本医疗保险实行个人缴费和政府补贴相结合。

享受最低生活保障的人、丧失劳动能力的残疾人、低收入家庭六十周岁以上的老年人和未成年人等所需个人缴费部分，由政府给予补贴。

第二十六条　职工基本医疗保险、新型农村合作医疗和城镇居民基本医疗保险的待遇标准按照国家规定执行。

第二十七条　参加职工基本医疗保险的个人，达到法定退休年龄时累计缴费达到国家规定年限的，退休后不再缴纳基本医疗保险费，按照国家规定享受基本医疗保险待遇；未达到国家规定年限的，可以缴费至国家规定年限。

第二十八条　符合基本医疗保险药品目录、诊疗项目、医疗服务设施标准以及急诊、抢救的医疗费用，按照国家规定从基本医疗保险基金中支付。

第二十九条　参保人员医疗费用中应当由基本医疗保险基金支付的部分，由社会保险经办机构与医疗机构、药品经营单位直接结算。

社会保险行政部门和卫生行政部门应当建立异地就医医疗费用结算制度，方便参保人员享受基本医疗保险待遇。

第三十条　下列医疗费用不纳入基本医疗保险基金支付范围：

（一）应当从工伤保险基金中支付的；

（二）应当由第三人负担的；

（三）应当由公共卫生负担的；

（四）在境外就医的。

医疗费用依法应当由第三人负担，第三人不支付或者无法确定第三人的，由基本医疗保险基金先行支付。基本医疗保险基金先行支付后，有权向第三人追偿。

第三十一条 社会保险经办机构根据管理服务的需要，可以与医疗机构、药品经营单位签订服务协议，规范医疗服务行为。

医疗机构应当为参保人员提供合理、必要的医疗服务。

第三十二条 个人跨统筹地区就业的，其基本医疗保险关系随本人转移，缴费年限累计计算。

第四章 工伤保险

第三十三条 职工应当参加工伤保险，由用人单位缴纳工伤保险费，职工不缴纳工伤保险费。

第三十四条 国家根据不同行业的工伤风险程度确定行业的差别费率，并根据使用工伤保险基金、工伤发生率等情况在每个行业内确定费率档次。行业差别费率和行业内费率档次由国务院社会保险行政部门制定，报国务院批准后公布施行。

社会保险经办机构根据用人单位使用工伤保险基金、工伤发生率和所属行业费率档次等情况，确定用人单位缴费费率。

第三十五条 用人单位应当按照本单位职工工资总额，根据社会保险经办机构确定的费率缴纳工伤保险费。

第三十六条 职工因工作原因受到事故伤害或者患职业病，且经工伤认定的，享受工伤保险待遇；其中，经劳动能力鉴定丧失劳动能力的，享受伤残待遇。

工伤认定和劳动能力鉴定应当简捷、方便。

第三十七条 职工因下列情形之一导致本人在工作中伤亡的，不认定为工伤：

（一）故意犯罪；

（二）醉酒或者吸毒；

（三）自残或者自杀；

（四）法律、行政法规规定的其他情形。

第三十八条 因工伤发生的下列费用，按照国家规定从工伤保险基金中支付：

（一）治疗工伤的医疗费用和康复费用；

（二）住院伙食补助费；

（三）到统筹地区以外就医的交通食宿费；

（四）安装配置伤残辅助器具所需费用；

（五）生活不能自理的，经劳动能力鉴定委员会确认的生活护理费；

（六）一次性伤残补助金和一至四级伤残职工按月领取的伤残津贴；

（七）终止或者解除劳动合同时，应当享受的一次性医疗补助金；

（八）因工死亡的，其遗属领取的丧葬补助金、供养亲属抚恤金和因工死亡补助金；

（九）劳动能力鉴定费。

第三十九条 因工伤发生的下列费用，按照国家规定由用人单位支付：

（一）治疗工伤期间的工资福利；

（二）五级、六级伤残职工按月领取的伤残津贴；

（三）终止或者解除劳动合同时，应当享受的一次性伤残就业补助金。

第四十条 工伤职工符合领取基本养老金条件的，停发伤残津贴，享受基本养老保险待遇。基本养老保险待遇低于伤残津贴的，从工伤保险基金中补足差额。

第四十一条 职工所在用人单位未依法缴纳工伤保险费，发生工伤事故的，由用人单位支付工伤保险待遇。用人单位不支付的，从工伤保险基金中先行支付。

从工伤保险基金中先行支付的工伤保险待遇应当由用人单位偿还。用人单位不偿还的，社会保险经办机构可以依照本法第六十三条的规定追偿。

第四十二条 由于第三人的原因造成工伤，第三人不支付工伤医疗费用或者无法确定第三人的，由工伤保险基金先行支付。工伤保险基金先行支付后，有权向第三人追偿。

第四十三条 工伤职工有下列情形之一的，停止享受工伤保险待遇：

（一）丧失享受待遇条件的；

（二）拒不接受劳动能力鉴定的；

（三）拒绝治疗的。

第五章 失业保险

第四十四条 职工应当参加失业保险，由用人单位和职工按照国家规定共同缴纳失业保险费。

第四十五条 失业人员符合下列条件的，从失业保险基金中领取失业保险金：

（一）失业前用人单位和本人已经缴纳失业保险费满一年的；

（二）非因本人意愿中断就业的；

（三）已经进行失业登记，并有求职要求的。

第四十六条 失业人员失业前用人单位和本人累计缴费满一年不足五年的，领取失业保险金的期限最长为十二个月；累计缴费满五年不足十年的，领取失业保险金的期限最长为十八个月；累计缴费十年以上的，领取失业保险金的期限最长为二十四个月。重新就业后，再次失业的，缴费时间重新计算，领取失业保险金的期限与前次失业应当领取而尚未领取的失业保险金的期限合并计算，最长不超过二十四个月。

第四十七条 失业保险金的标准，由省、自治区、直辖市人民政府确定，不得低于城市居民最低生活保障标准。

第四十八条 失业人员在领取失业保险金期间，参加职工基本医疗保险，享受基本医疗保险待遇。

失业人员应当缴纳的基本医疗保险费从失业保险基金中支付，个人不缴纳基本医疗保险费。

第四十九条 失业人员在领取失业保险金期间死亡的，参照当地对在职职工死亡的规定，向其遗属发给一次性丧葬补助金和抚恤金。所需资金从失业保险基金中支付。

个人死亡同时符合领取基本养老保险丧葬补助金、工伤保险丧葬补助金和失业保险丧葬补助金条件的，其遗属只能选择领取其中的一项。

第五十条 用人单位应当及时为失业人员出具终止或者解除劳动关系的

证明，并将失业人员的名单自终止或者解除劳动关系之日起十五日内告知社会保险经办机构。

失业人员应当持本单位为其出具的终止或者解除劳动关系的证明，及时到指定的公共就业服务机构办理失业登记。

失业人员凭失业登记证明和个人身份证明，到社会保险经办机构办理领取失业保险金的手续。失业保险金领取期限自办理失业登记之日起计算。

第五十一条 失业人员在领取失业保险金期间有下列情形之一的，停止领取失业保险金，并同时停止享受其他失业保险待遇：

（一）重新就业的；

（二）应征服兵役的；

（三）移居境外的；

（四）享受基本养老保险待遇的；

（五）无正当理由，拒不接受当地人民政府指定部门或者机构介绍的适当工作或者提供的培训的。

第五十二条 职工跨统筹地区就业的，其失业保险关系随本人转移，缴费年限累计计算。

第六章 生育保险

第五十三条 职工应当参加生育保险，由用人单位按照国家规定缴纳生育保险费，职工不缴纳生育保险费。

第五十四条 用人单位已经缴纳生育保险费的，其职工享受生育保险待遇；职工未就业配偶按照国家规定享受生育医疗费用待遇。所需资金从生育保险基金中支付。

生育保险待遇包括生育医疗费用和生育津贴。

第五十五条 生育医疗费用包括下列各项：

（一）生育的医疗费用；

（二）计划生育的医疗费用；

（三）法律、法规规定的其他项目费用。

第五十六条 职工有下列情形之一的，可以按照国家规定享受生育津贴：

（一）女职工生育享受产假；

（二）享受计划生育手术休假；

（三）法律、法规规定的其他情形。

生育津贴按照职工所在用人单位上年度职工月平均工资计发。

第七章 社会保险费征缴

第五十七条 用人单位应当自成立之日起三十日内凭营业执照、登记证书或者单位印章，向当地社会保险经办机构申请办理社会保险登记。社会保险经办机构应当自收到申请之日起十五日内予以审核，发给社会保险登记证件。

用人单位的社会保险登记事项发生变更或者用人单位依法终止的，应当自变更或者终止之日起三十日内，到社会保险经办机构办理变更或者注销社会保险登记。

工商行政管理部门、民政部门和机构编制管理机关应当及时向社会保险经办机构通报用人单位的成立、终止情况，公安机关应当及时向社会保险经办机构通报个人的出生、死亡以及户口登记、迁移、注销等情况。

第五十八条 用人单位应当自用工之日起三十日内为其职工向社会保险经办机构申请办理社会保险登记。未办理社会保险登记的，由社会保险经办机构核定其应当缴纳的社会保险费。

自愿参加社会保险的无雇工的个体工商户、未在用人单位参加社会保险的非全日制从业人员以及其他灵活就业人员，应当向社会保险经办机构申请办理社会保险登记。

国家建立全国统一的个人社会保障号码。个人社会保障号码为公民身份号码。

第五十九条 县级以上人民政府加强社会保险费的征收工作。

社会保险费实行统一征收，实施步骤和具体办法由国务院规定。

第六十条 用人单位应当自行申报、按时足额缴纳社会保险费，非因不可抗力等法定事由不得缓缴、减免。职工应当缴纳的社会保险费由用人单位代扣代缴，用人单位应当按月将缴纳社会保险费的明细情况告知本人。

无雇工的个体工商户、未在用人单位参加社会保险的非全日制从业人员以及其他灵活就业人员，可以直接向社会保险费征收机构缴纳社会保险费。

第六十一条 社会保险费征收机构应当依法按时足额征收社会保险费，并将缴费情况定期告知用人单位和个人。

第六十二条 用人单位未按规定申报应当缴纳的社会保险费数额的，按照该单位上月缴费额的百分之一百一十确定应当缴纳数额；缴费单位补办申报手续后，由社会保险费征收机构按照规定结算。

第六十三条 用人单位未按时足额缴纳社会保险费的，由社会保险费征收机构责令其限期缴纳或者补足。

用人单位逾期仍未缴纳或者补足社会保险费的，社会保险费征收机构可以向银行和其他金融机构查询其存款账户；并可以申请县级以上有关行政部门作出划拨社会保险费的决定，书面通知其开户银行或者其他金融机构划拨社会保险费。用人单位账户余额少于应当缴纳的社会保险费的，社会保险费征收机构可以要求该用人单位提供担保，签订延期缴费协议。

用人单位未足额缴纳社会保险费且未提供担保的，社会保险费征收机构可以申请人民法院扣押、查封、拍卖其价值相当于应当缴纳社会保险费的财产，以拍卖所得抵缴社会保险费。

第八章 社会保险基金

第六十四条 社会保险基金包括基本养老保险基金、基本医疗保险基金、工伤保险基金、失业保险基金和生育保险基金。各项社会保险基金按照社会保险险种分别建账，分账核算，执行国家统一的会计制度。

社会保险基金专款专用，任何组织和个人不得侵占或者挪用。

基本养老保险基金逐步实行全国统筹，其他社会保险基金逐步实行省级统筹，具体时间、步骤由国务院规定。

第六十五条 社会保险基金通过预算实现收支平衡。

县级以上人民政府在社会保险基金出现支付不足时，给予补贴。

第六十六条 社会保险基金按照统筹层次设立预算。社会保险基金预算按照社会保险项目分别编制。

第六十七条 社会保险基金预算、决算草案的编制、审核和批准，依照法律和国务院规定执行。

第六十八条 社会保险基金存入财政专户，具体管理办法由国务院规定。

第六十九条 社会保险基金在保证安全的前提下，按照国务院规定投资运营实现保值增值。

社会保险基金不得违规投资运营，不得用于平衡其他政府预算，不得用于兴建、改建办公场所和支付人员经费、运行费用、管理费用，或者违反法律、行政法规规定挪作其他用途。

第七十条 社会保险经办机构应当定期向社会公布参加社会保险情况以及社会保险基金的收入、支出、结余和收益情况。

第七十一条 国家设立全国社会保障基金，由中央财政预算拨款以及国务院批准的其他方式筹集的资金构成，用于社会保障支出的补充、调剂。全国社会保障基金由全国社会保障基金管理运营机构负责管理运营，在保证安全的前提下实现保值增值。

全国社会保障基金应当定期向社会公布收支、管理和投资运营的情况。国务院财政部门、社会保险行政部门、审计机关对全国社会保障基金的收支、管理和投资运营情况实施监督。

第九章 社会保险经办

第七十二条 统筹地区设立社会保险经办机构。社会保险经办机构根据工作需要，经所在地的社会保险行政部门和机构编制管理机关批准，可以在本统筹地区设立分支机构和服务网点。

社会保险经办机构的人员经费和经办社会保险发生的基本运行费用、管理费用，由同级财政按照国家规定予以保障。

第七十三条 社会保险经办机构应当建立健全业务、财务、安全和风险管理制度。

社会保险经办机构应当按时足额支付社会保险待遇。

第七十四条 社会保险经办机构通过业务经办、统计、调查获取社会保险工作所需的数据，有关单位和个人应当及时、如实提供。

社会保险经办机构应当及时为用人单位建立档案，完整、准确地记录参加社会保险的人员、缴费等社会保险数据，妥善保管登记、申报的原始凭证和支付结算的会计凭证。

社会保险经办机构应当及时、完整、准确地记录参加社会保险的个人缴费和用人单位为其缴费，以及享受社会保险待遇等个人权益记录，定期将个人权益记录单免费寄送本人。

用人单位和个人可以免费向社会保险经办机构查询、核对其缴费和享受社会保险待遇记录，要求社会保险经办机构提供社会保险咨询等相关服务。

第七十五条 全国社会保险信息系统按照国家统一规划，由县级以上人民政府按照分级负责的原则共同建设。

第十章 社会保险监督

第七十六条 各级人民代表大会常务委员会听取和审议本级人民政府对社会保险基金的收支、管理、投资运营以及监督检查情况的专项工作报告，组织对本法实施情况的执法检查等，依法行使监督职权。

第七十七条 县级以上人民政府社会保险行政部门应当加强对用人单位和个人遵守社会保险法律、法规情况的监督检查。

社会保险行政部门实施监督检查时，被检查的用人单位和个人应当如实提供与社会保险有关的资料，不得拒绝检查或者谎报、瞒报。

第七十八条 财政部门、审计机关按照各自职责，对社会保险基金的收支、管理和投资运营情况实施监督。

第七十九条 社会保险行政部门对社会保险基金的收支、管理和投资运营情况进行监督检查，发现存在问题的，应当提出整改建议，依法作出处理决定或者向有关行政部门提出处理建议。社会保险基金检查结果应当定期向社会公布。

社会保险行政部门对社会保险基金实施监督检查，有权采取下列措施：

（一）查阅、记录、复制与社会保险基金收支、管理和投资运营相关的资料，对可能被转移、隐匿或者灭失的资料予以封存；

（二）询问与调查事项有关的单位和个人，要求其对与调查事项有关的问题作出说明、提供有关证明材料；

（三）对隐匿、转移、侵占、挪用社会保险基金的行为予以制止并责令改正。

第八十条 统筹地区人民政府成立由用人单位代表、参保人员代表，以及工会代表、专家等组成的社会保险监督委员会，掌握、分析社会保险基金的收支、管理和投资运营情况，对社会保险工作提出咨询意见和建议，实施社会监督。

社会保险经办机构应当定期向社会保险监督委员会汇报社会保险基金的收支、管理和投资运营情况。社会保险监督委员会可以聘请会计师事务所对社会保险基金的收支、管理和投资运营情况进行年度审计和专项审计。审计结果应当向社会公开。

社会保险监督委员会发现社会保险基金收支、管理和投资运营中存在问题的，有权提出改正建议；对社会保险经办机构及其工作人员的违法行为，有权向有关部门提出依法处理建议。

第八十一条 社会保险行政部门和其他有关行政部门、社会保险经办机构、社会保险费征收机构及其工作人员，应当依法为用人单位和个人的信息保密，不得以任何形式泄露。

第八十二条 任何组织或者个人有权对违反社会保险法律、法规的行为进行举报、投诉。

社会保险行政部门、卫生行政部门、社会保险经办机构、社会保险费征收机构和财政部门、审计机关对属于本部门、本机构职责范围的举报、投诉，应当依法处理；对不属于本部门、本机构职责范围的，应当书面通知并移交有权处理的部门、机构处理。有权处理的部门、机构应当及时处理，不得推诿。

第八十三条 用人单位或者个人认为社会保险费征收机构的行为侵害自己合法权益的，可以依法申请行政复议或者提起行政诉讼。

用人单位或者个人对社会保险经办机构不依法办理社会保险登记、核定社会保险费、支付社会保险待遇、办理社会保险转移接续手续或者侵害其他社会保险权益的行为，可以依法申请行政复议或者提起行政诉讼。

个人与所在用人单位发生社会保险争议的，可以依法申请调解、仲裁，提起诉讼。用人单位侵害个人社会保险权益的，个人也可以要求社会保险行政部门或者社会保险费征收机构依法处理。

第十一章　法律责任

第八十四条　用人单位不办理社会保险登记的，由社会保险行政部门责令限期改正；逾期不改正的，对用人单位处应缴社会保险费数额一倍以上三倍以下的罚款，对其直接负责的主管人员和其他直接责任人员处五百元以上三千元以下的罚款。

第八十五条　用人单位拒不出具终止或者解除劳动关系证明的，依照《中华人民共和国劳动合同法》的规定处理。

第八十六条　用人单位未按时足额缴纳社会保险费的，由社会保险费征收机构责令限期缴纳或者补足，并自欠缴之日起，按日加收万分之五的滞纳金；逾期仍不缴纳的，由有关行政部门处欠缴数额一倍以上三倍以下的罚款。

第八十七条　社会保险经办机构以及医疗机构、药品经营单位等社会保险服务机构以欺诈、伪造证明材料或者其他手段骗取社会保险基金支出的，由社会保险行政部门责令退回骗取的社会保险金，处骗取金额二倍以上五倍以下的罚款；属于社会保险服务机构的，解除服务协议；直接负责的主管人员和其他直接责任人员有执业资格的，依法吊销其执业资格。

第八十八条　以欺诈、伪造证明材料或者其他手段骗取社会保险待遇的，由社会保险行政部门责令退回骗取的社会保险金，处骗取金额二倍以上五倍以下的罚款。

第八十九条　社会保险经办机构及其工作人员有下列行为之一的，由社会保险行政部门责令改正；给社会保险基金、用人单位或者个人造成损失的，依法承担赔偿责任；对直接负责的主管人员和其他直接责任人员依法给予处分：

（一）未履行社会保险法定职责的；

（二）未将社会保险基金存入财政专户的；

（三）克扣或者拒不按时支付社会保险待遇的；

（四）丢失或者篡改缴费记录、享受社会保险待遇记录等社会保险数据、个人权益记录的；

（五）有违反社会保险法律、法规的其他行为的。

第九十条 社会保险费征收机构擅自更改社会保险费缴费基数、费率，导致少收或者多收社会保险费的，由有关行政部门责令其追缴应当缴纳的社会保险费或者退还不应当缴纳的社会保险费；对直接负责的主管人员和其他直接责任人员依法给予处分。

第九十一条 违反本法规定，隐匿、转移、侵占、挪用社会保险基金或者违规投资运营的，由社会保险行政部门、财政部门、审计机关责令追回；有违法所得的，没收违法所得；对直接负责的主管人员和其他直接责任人员依法给予处分。

第九十二条 社会保险行政部门和其他有关行政部门、社会保险经办机构、社会保险费征收机构及其工作人员泄露用人单位和个人信息的，对直接负责的主管人员和其他直接责任人员依法给予处分；给用人单位或者个人造成损失的，应当承担赔偿责任。

第九十三条 国家工作人员在社会保险管理、监督工作中滥用职权、玩忽职守、徇私舞弊的，依法给予处分。

第九十四条 违反本法规定，构成犯罪的，依法追究刑事责任。

第十二章 附 则

第九十五条 进城务工的农村居民依照本法规定参加社会保险。

第九十六条 征收农村集体所有的土地，应当足额安排被征地农民的社会保险费，按照国务院规定将被征地农民纳入相应的社会保险制度。

第九十七条 外国人在中国境内就业的，参照本法规定参加社会保险。

第九十八条 本法自 2011 年 7 月 1 日起施行。

中华人民共和国人口与计划生育法

（2001年12月29日通过）

第一章　总　则

第一条　为了实现人口与经济、社会、资源、环境的协调发展，推行计划生育，维护公民的合法权益，促进家庭幸福、民族繁荣与社会进步，根据宪法，制定本法。

第二条　我国是人口众多的国家，实行计划生育是国家的基本国策。

国家采取综合措施，控制人口数量，提高人口素质。

国家依靠宣传教育、科学技术进步、综合服务、建立健全奖励和社会保障制度，开展人口与计划生育工作。

第三条　开展人口与计划生育工作，应当与增加妇女受教育和就业机会、增进妇女健康、提高妇女地位相结合。

第四条　各级人民政府及其工作人员在推行计划生育工作中应当严格依法行政，文明执法，不得侵犯公民的合法权益。

计划生育行政部门及其工作人员依法执行公务受法律保护。

第五条　国务院领导全国的人口与计划生育工作。

地方各级人民政府领导本行政区域内的人口与计划生育工作。

第六条　国务院计划生育行政部门负责全国计划生育工作和与计划生育有关的人口工作。

县级以上地方各级人民政府计划生育行政部门负责本行政区域内的计划生育工作和与计划生育有关的人口工作。

县级以上各级人民政府其他有关部门在各自的职责范围内，负责有关的人口与计划生育工作。

第七条 工会、共产主义青年团、妇女联合会及计划生育协会等社会团体、企业事业组织和公民应当协助人民政府开展人口与计划生育工作。

第八条 国家对在人口与计划生育工作中作出显著成绩的组织和个人，给予奖励。

第二章 人口发展规划的制定与实施

第九条 国务院编制人口发展规划，并将其纳入国民经济和社会发展计划。

县级以上地方各级人民政府根据全国人口发展规划以及上一级人民政府人口发展规划，结合当地实际情况编制本行政区域的人口发展规划，并将其纳入国民经济和社会发展计划。

第十条 县级以上各级人民政府根据人口发展规划，制定人口与计划生育实施方案并组织实施。

县级以上各级人民政府计划生育行政部门负责实施人口与计划生育实施方案的日常工作。

乡、民族乡、镇的人民政府和城市街道办事处负责本管辖区域内的人口与计划生育工作，贯彻落实人口与计划生育实施方案。

第十一条 人口与计划生育实施方案应当规定控制人口数量，加强母婴保健，提高人口素质的措施。

第十二条 村民委员会、居民委员会应当依法做好计划生育工作。

机关、部队、社会团体、企业事业组织应当做好本单位的计划生育工作。

第十三条 计划生育、教育、科技、文化、卫生、民政、新闻出版、广播电视等部门应当组织开展人口与计划生育宣传教育。

大众传媒负有开展人口与计划生育的社会公益性宣传的义务。

学校应当在学生中，以符合受教育者特征的适当方式，有计划地开展生理卫生教育、青春期教育或者性健康教育。

第十四条 流动人口的计划生育工作由其户籍所在地和现居住地的人民政府共同负责管理，以现居住地为主。

第十五条 国家根据国民经济和社会发展状况逐步提高人口与计划生育

经费投入的总体水平。各级人民政府应当保障人口与计划生育工作必要的经费。

各级人民政府应当对贫困地区、少数民族地区开展人口与计划生育工作给予重点扶持。

国家鼓励社会团体、企业事业组织和个人为人口与计划生育工作提供捐助。

任何单位和个人不得截留、克扣、挪用人口与计划生育工作费用。

第十六条 国家鼓励开展人口与计划生育领域的科学研究和对外交流与合作。

第三章 生育调节

第十七条 公民有生育的权利，也有依法实行计划生育的义务，夫妻双方在实行计划生育中负有共同的责任。

第十八条 国家稳定现行生育政策，鼓励公民晚婚晚育，提倡一对夫妻生育一个子女；符合法律、法规规定条件的，可以要求安排生育第二个子女。具体办法由省、自治区、直辖市人民代表大会或者其常务委员会规定。

少数民族也要实行计划生育，具体办法由省、自治区、直辖市人民代表大会或者其常务委员会规定。

第十九条 实行计划生育，以避孕为主。

国家创造条件，保障公民知情选择安全、有效、适宜的避孕节育措施。实施避孕节育手术，应当保证受术者的安全。

第二十条 育龄夫妻应当自觉落实计划生育避孕节育措施，接受计划生育技术服务指导。

预防和减少非意愿妊娠。

第二十一条 实行计划生育的育龄夫妻免费享受国家规定的基本项目的计划生育技术服务。

前款规定所需经费，按照国家有关规定列入财政预算或者由社会保险予以保障。

第二十二条 禁止歧视、虐待生育女婴的妇女和不育的妇女。禁止歧视、虐待、遗弃女婴。

第四章　奖励与社会保障

第二十三条　国家对实行计划生育的夫妻，按照规定给予奖励。

第二十四条　国家建立、健全基本养老保险、基本医疗保险、生育保险和社会福利等社会保障制度，促进计划生育。

国家鼓励保险公司举办有利于计划生育的保险项目。

有条件的地方可以根据政府引导、农民自愿的原则，在农村实行多种形式的养老保障办法。

第二十五条　公民晚婚晚育，可以获得延长婚假、生育假的奖励或者其他福利待遇。

第二十六条　妇女怀孕、生育和哺乳期间，按照国家有关规定享受特殊劳动保护并可以获得帮助和补偿。

公民实行计划生育手术，享受国家规定的休假；地方人民政府可以给予奖励。

第二十七条　自愿终身只生育一个子女的夫妻，国家发给《独生子女父母光荣证》。

获得《独生子女父母光荣证》的夫妻，按照国家和省、自治区、直辖市有关规定享受独生子女父母奖励。

法律、法规或者规章规定给予终身只生育一个子女的夫妻奖励的措施中由其所在单位落实的，有关单位应当执行。

独生子女发生意外伤残、死亡，其父母不再生育和收养子女的，地方人民政府应当给予必要的帮助。

第二十八条　地方各级人民政府对农村实行计划生育的家庭发展经济，给予资金、技术、培训等方面的支持、优惠；对实行计划生育的贫困家庭，在扶贫贷款、以工代赈、扶贫项目和社会救济等方面给予优先照顾。

第二十九条　本章规定的奖励措施，省、自治区、直辖市和较大的市的人民代表大会及其常务委员会或者人民政府可以依据本法和有关法律、行政法规的规定，结合当地实际情况，制定具体实施办法。

第五章　计划生育技术服务

第三十条　国家建立婚前保健、孕产期保健制度，防止或者减少出生缺陷，提高出生婴儿健康水平。

第三十一条　各级人民政府应当采取措施，保障公民享有计划生育技术服务，提高公民的生殖健康水平。

第三十二条　地方各级人民政府应当合理配置、综合利用卫生资源，建立、健全由计划生育技术服务机构和从事计划生育技术服务的医疗、保健机构组成的计划生育技术服务网络，改善技术服务设施和条件，提高技术服务水平。

第三十三条　计划生育技术服务机构和从事计划生育技术服务的医疗、保健机构应当在各自的职责范围内，针对育龄人群开展人口与计划生育基础知识宣传教育，对已婚育龄妇女开展孕情检查、随访服务工作，承担计划生育、生殖保健的咨询、指导和技术服务。

第三十四条　计划生育技术服务人员应当指导实行计划生育的公民选择安全、有效、适宜的避孕措施。

对已生育子女的夫妻，提倡选择长效避孕措施。

国家鼓励计划生育新技术、新药具的研究、应用和推广。

第三十五条　严禁利用超声技术和其他技术手段进行非医学需要的胎儿性别鉴定；严禁非医学需要的选择性别的人工终止妊娠。

第六章　法律责任

第三十六条　违反本法规定，有下列行为之一的，由计划生育行政部门或者卫生行政部门依据职权责令改正，给予警告，没收违法所得；违法所得一万元以上的，处违法所得二倍以上六倍以下的罚款；没有违法所得或者违法所得不足一万元的，处一万元以上三万元以下的罚款；情节严重的，由原发证机关吊销执业证书；构成犯罪的，依法追究刑事责任：

（一）非法为他人施行计划生育手术的；

（二）利用超声技术和其他技术手段为他人进行非医学需要的胎儿性别鉴定或者选择性别的人工终止妊娠的；

（三）实施假节育手术、进行假医学鉴定、出具假计划生育证明的。

第三十七条 伪造、变造、买卖计划生育证明，由计划生育行政部门没收违法所得，违法所得五千元以上的，处违法所得二倍以上十倍以下的罚款；没有违法所得或者违法所得不足五千元的，处五千元以上二万元以下的罚款；构成犯罪的，依法追究刑事责任。

以不正当手段取得计划生育证明的，由计划生育行政部门取消其计划生育证明；出具证明的单位有过错的，对直接负责的主管人员和其他直接责任人员依法给予行政处分。

第三十八条 计划生育技术服务人员违章操作或者延误抢救、诊治，造成严重后果的，依照有关法律、行政法规的规定承担相应的法律责任。

第三十九条 国家机关工作人员在计划生育工作中，有下列行为之一，构成犯罪的，依法追究刑事责任；尚不构成犯罪的，依法给予行政处分；有违法所得的，没收违法所得：

（一）侵犯公民人身权、财产权和其他合法权益的；

（二）滥用职权、玩忽职守、徇私舞弊的；

（三）索取、收受贿赂的；

（四）截留、克扣、挪用、贪污计划生育经费或者社会抚养费的；

（五）虚报、瞒报、伪造、篡改或者拒报人口与计划生育统计数据的。

第四十条 违反本法规定，不履行协助计划生育管理义务的，由有关地方人民政府责令改正，并给予通报批评；对直接负责的主管人员和其他直接责任人员依法给予行政处分。

第四十一条 不符合本法第十八条规定生育子女的公民，应当依法缴纳社会抚养费。

未在规定的期限内足额缴纳应当缴纳的社会抚养费的，自欠缴之日起，按照国家有关规定加收滞纳金；仍不缴纳的，由作出征收决定的计划生育行政部门依法向人民法院申请强制执行。

第四十二条 按照本法第四十一条规定缴纳社会抚养费的人员，是国家工作人员的，还应当依法给予行政处分；其他人员还应当由其所在单位或者组织给予纪律处分。

第四十三条 拒绝、阻碍计划生育行政部门及其工作人员依法执行公务的，由计划生育行政部门给予批评教育并予以制止；构成违反治安管理行为的，依法给予治安管理处罚；构成犯罪的，依法追究刑事责任。

第四十四条 公民、法人或者其他组织认为行政机关在实施计划生育管理过程中侵犯其合法权益，可以依法申请行政复议或者提起行政诉讼。

第七章 附 则

第四十五条 流动人口计划生育工作的具体管理办法、计划生育技术服务的具体管理办法和社会抚养费的征收管理办法，由国务院制定。

第四十六条 中国人民解放军执行本法的具体办法，由中央军事委员会依据本法制定。

第四十七条 本法自 2002 年 9 月 1 日起施行。

中华人民共和国母婴保健法

（1994 年 10 月 27 日通过，2009 年 8 月 27 日修订）

第一章 总 则

第一条 为了保障母亲和婴儿健康，提高出生人口素质，根据宪法，制定本法。

第二条 国家发展母婴保健事业，提供必要条件和物质帮助，使母亲和婴儿获得医疗保健服务。

国家对边远贫困地区的母婴保健事业给予扶持。

第三条 各级人民政府领导母婴保健工作。

母婴保健事业应当纳入国民经济和社会发展计划。

第四条 国务院卫生行政部门主管全国母婴保健工作，根据不同地区情况提出分级分类指导原则，并对全国母婴保健工作实施监督管理。

国务院其他有关部门在各自职责范围内，配合卫生行政部门做好母婴保健工作。

第五条 国家鼓励、支持母婴保健领域的教育和科学研究，推广先进、实用的母婴保健技术，普及母婴保健科学知识。

第六条 对在母婴保健工作中做出显著成绩和在母婴保健科学研究中取得显著成果的组织和个人，应当给予奖励。

第二章 婚前保健

第七条 医疗保健机构应当为公民提供婚前保健服务。

婚前保健服务包括下列内容：

（一）婚前卫生指导：关于性卫生知识、生育知识和遗传病知识的教育；

（二）婚前卫生咨询：对有关婚配、生育保健等问题提供医学意见；

（三）婚前医学检查：对准备结婚的男女双方可能患影响结婚和生育的疾病进行医学检查。

第八条 婚前医学检查包括对下列疾病的检查：

（一）严重遗传性疾病；

（二）指定传染病；

（三）有关精神病。

经婚前医学检查，医疗保健机构应当出具婚前医学检查证明。

第九条 经婚前医学检查，对患指定传染病在传染期内或者有关精神病在发病期内的，医师应当提出医学意见；准备结婚的男女双方应当暂缓结婚。

第十条 经婚前医学检查，对诊断患医学上认为不宜生育的严重遗传性疾病的，医师应当向男女双方说明情况，提出医学意见；经男女双方同意，采取长效避孕措施或者施行结扎手术后不生育的，可以结婚。但《中华人民共和国婚姻法》规定禁止结婚的除外。

第十一条 接受婚前医学检查的人员对检查结果持有异议的，可以申请医学技术鉴定，取得医学鉴定证明。

第十二条 男女双方在结婚登记时，应当持有婚前医学检查证明或者医学鉴定证明。

第十三条 省、自治区、直辖市人民政府根据本地区的实际情况，制定婚前医学检查制度实施办法。

省、自治区、直辖市人民政府对婚前医学检查应当规定合理的收费标准，对边远贫困地区或者交通确有困难的人员应当给予减免。

第三章 孕产期保健

第十四条 医疗保健机构应当为育龄妇女和孕产妇提供孕产期保健服务。

孕产期保健服务包括下列内容：

（一）母婴保健指导：对孕育健康后代以及严重遗传性疾病和碘缺乏病等地方病的发病原因、治疗和预防方法提供医学意见；

（二）孕妇、产妇保健：为孕妇、产妇提供卫生、营养、心理等方面的咨询和指导以及产前定期检查等医疗保健服务；

（三）胎儿保健：为胎儿生长发育进行监护，提供咨询和医学指导；

（四）新生儿保健：为新生儿生长发育、哺乳和护理提供的医疗保健服务。

第十五条 对患严重疾病或者接触致畸物质，妊娠可能危及孕妇生命安全或者可能严重影响孕妇健康和胎儿正常发育的，医疗保健机构应当予以医学指导。

第十六条 医师发现或者怀疑患严重遗传性疾病的育龄夫妻，应当提出医学意见。育龄夫妻应当根据医师的医学意见采取相应的措施。

第十七条 经产前检查，医师发现或者怀疑胎儿异常的，应当对孕妇进行产前诊断。

第十八条 经产前诊断，有下列情形之一的，医师应当向夫妻双方说明情况，并提出终止妊娠的医学意见：

（一）胎儿患严重遗传性疾病的；

（二）胎儿有严重缺陷的；

（三）因患严重疾病，继续妊娠可能危及孕妇生命安全或者严重危害孕妇健康的。

第十九条 依照本法规定施行终止妊娠或者结扎手术，应当经本人同意，并签署意见。本人无行为能力的，应当经其监护人同意，并签署意见。

依照本法规定施行终止妊娠或者结扎手术的，接受免费服务。

第二十条 生育过严重缺陷患儿的妇女再次妊娠前，夫妻双方应当到县级以上医疗保健机构接受医学检查。

第二十一条 医师和助产人员应当严格遵守有关操作规程，提高助产技术和服务质量，预防和减少产伤。

第二十二条 不能住院分娩的孕妇应当由经过培训合格的接生人员实行消毒接生。

第二十三条 医疗保健机构和从事家庭接生的人员按照国务院卫生行政部门的规定，出具统一制发的新生儿出生医学证明；有产妇和婴儿死亡以及新生儿出生缺陷情况的，应当向卫生行政部门报告。

第二十四条 医疗保健机构为产妇提供科学育儿、合理营养和母乳喂养的指导。

医疗保健机构对婴儿进行体格检查和预防接种，逐步开展新生儿疾病筛查、婴儿多发病和常见病防治等医疗保健服务。

第四章　技术鉴定

第二十五条　县级以上地方人民政府可以设立医学技术鉴定组织，负责对婚前医学检查、遗传病诊断和产前诊断结果有异议的进行医学技术鉴定。

第二十六条　从事医学技术鉴定的人员，必须具有临床经验和医学遗传学知识，并具有主治医师以上的专业技术职务。

医学技术鉴定组织的组成人员，由卫生行政部门提名，同级人民政府聘任。

第二十七条　医学技术鉴定实行回避制度。凡与当事人有利害关系，可能影响公正鉴定的人员，应当回避。

第五章　行政管理

第二十八条　各级人民政府应当采取措施，加强母婴保健工作，提高医疗保健服务水平，积极防治由环境因素所致严重危害母亲和婴儿健康的地方性高发性疾病，促进母婴保健事业的发展。

第二十九条　县级以上地方人民政府卫生行政部门管理本行政区域内的母婴保健工作。

第三十条　省、自治区、直辖市人民政府卫生行政部门指定的医疗保健机构负责本行政区域内的母婴保健监测和技术指导。

第三十一条　医疗保健机构按照国务院卫生行政部门的规定，负责其职责范围内的母婴保健工作，建立医疗保健工作规范，提高医学技术水平，采取各种措施方便人民群众，做好母婴保健服务工作。

第三十二条　医疗保健机构依照本法规定开展婚前医学检查、遗传病诊断、产前诊断以及施行结扎手术和终止妊娠手术的，必须符合国务院卫生行政部门规定的条件和技术标准，并经县级以上地方人民政府卫生行政部门许可。

严禁采用技术手段对胎儿进行性别鉴定，但医学上确有需要的除外。

第三十三条 从事本法规定的遗传病诊断、产前诊断的人员，必须经过省、自治区、直辖市人民政府卫生行政部门的考核，并取得相应的合格证书。

从事本法规定的婚前医学检查、施行结扎手术和终止妊娠手术的人员以及从事家庭接生的人员，必须经过县级以上地方人民政府卫生行政部门的考核，并取得相应的合格证书。

第三十四条 从事母婴保健工作的人员应当严格遵守职业道德，为当事人保守秘密。

第六章 法律责任

第三十五条 未取得国家颁发的有关合格证书的，有下列行为之一，县级以上地方人民政府卫生行政部门应当予以制止，并可以根据情节给予警告或者处以罚款：

（一）从事婚前医学检查、遗传病诊断、产前诊断或者医学技术鉴定的；

（二）施行终止妊娠手术的；

（三）出具本法规定的有关医学证明的。

上款第（三）项出具的有关医学证明无效。

第三十六条 未取得国家颁发的有关合格证书，施行终止妊娠手术或者采取其他方法终止妊娠，致人死亡、残疾、丧失或者基本丧失劳动能力的，依照刑法有关规定追究刑事责任。

第三十七条 从事母婴保健工作的人员违反本法规定，出具有关虚假医学证明或者进行胎儿性别鉴定的，由医疗保健机构或者卫生行政部门根据情节给予行政处分；情节严重的，依法取消执业资格。

第七章 附 则

第三十八条 本法下列用语的含义：

指定传染病，是指《中华人民共和国传染病防治法》中规定的艾滋病、淋病、梅毒、麻风病以及医学上认为影响结婚和生育的其他传染病。

严重遗传性疾病，是指由于遗传因素先天形成，患者全部或者部分丧失自主生活能力，后代再现风险高，医学上认为不宜生育的遗传性疾病。

有关精神病，是指精神分裂症、躁狂抑郁型精神病以及其他重型精神病。

产前诊断，是指对胎儿进行先天性缺陷和遗传性疾病的诊断。

第三十九条 本法自1995年6月1日起施行。

中华人民共和国职业病防治法

（2001 年 10 月 27 日通过，2011 年 12 月 31 日修订）

第一章 总 则

第一条 为了预防、控制和消除职业病危害，防治职业病，保护劳动者健康及其相关权益，促进经济社会发展，根据宪法，制定本法。

第二条 本法适用于中华人民共和国领域内的职业病防治活动。

本法所称职业病，是指企业、事业单位和个体经济组织等用人单位的劳动者在职业活动中，因接触粉尘、放射性物质和其他有毒、有害因素而引起的疾病。

职业病的分类和目录由国务院卫生行政部门会同国务院安全生产监督管理部门、劳动保障行政部门制定、调整并公布。

第三条 职业病防治工作坚持预防为主、防治结合的方针，建立用人单位负责、行政机关监管、行业自律、职工参与和社会监督的机制，实行分类管理、综合治理。

第四条 劳动者依法享有职业卫生保护的权利。

用人单位应当为劳动者创造符合国家职业卫生标准和卫生要求的工作环境和条件，并采取措施保障劳动者获得职业卫生保护。

工会组织依法对职业病防治工作进行监督，维护劳动者的合法权益。用人单位制定或者修改有关职业病防治的规章制度，应当听取工会组织的意见。

第五条 用人单位应当建立、健全职业病防治责任制，加强对职业病防治的管理，提高职业病防治水平，对本单位产生的职业病危害承担责任。

第六条 用人单位的主要负责人对本单位的职业病防治工作全面负责。

第七条 用人单位必须依法参加工伤保险。

国务院和县级以上地方人民政府劳动保障行政部门应当加强对工伤保险的监督管理，确保劳动者依法享受工伤保险待遇。

第八条 国家鼓励和支持研制、开发、推广、应用有利于职业病防治和保护劳动者健康的新技术、新工艺、新设备、新材料，加强对职业病的机理和发生规律的基础研究，提高职业病防治科学技术水平；积极采用有效的职业病防治技术、工艺、设备、材料；限制使用或者淘汰职业病危害严重的技术、工艺、设备、材料。

国家鼓励和支持职业病医疗康复机构的建设。

第九条 国家实行职业卫生监督制度。

国务院安全生产监督管理部门、卫生行政部门、劳动保障行政部门依照本法和国务院确定的职责，负责全国职业病防治的监督管理工作。国务院有关部门在各自的职责范围内负责职业病防治的有关监督管理工作。

县级以上地方人民政府安全生产监督管理部门、卫生行政部门、劳动保障行政部门依据各自职责，负责本行政区域内职业病防治的监督管理工作。县级以上地方人民政府有关部门在各自的职责范围内负责职业病防治的有关监督管理工作。

县级以上人民政府安全生产监督管理部门、卫生行政部门、劳动保障行政部门（以下统称职业卫生监督管理部门）应当加强沟通，密切配合，按照各自职责分工，依法行使职权，承担责任。

第十条 国务院和县级以上地方人民政府应当制定职业病防治规划，将其纳入国民经济和社会发展计划，并组织实施。

县级以上地方人民政府统一负责、领导、组织、协调本行政区域的职业病防治工作，建立健全职业病防治工作体制、机制，统一领导、指挥职业卫生突发事件应对工作；加强职业病防治能力建设和服务体系建设，完善、落实职业病防治工作责任制。

乡、民族乡、镇的人民政府应当认真执行本法，支持职业卫生监督管理部门依法履行职责。

第十一条 县级以上人民政府职业卫生监督管理部门应当加强对职业病

防治的宣传教育，普及职业病防治的知识，增强用人单位的职业病防治观念，提高劳动者的职业健康意识、自我保护意识和行使职业卫生保护权利的能力。

第十二条 有关防治职业病的国家职业卫生标准，由国务院卫生行政部门组织制定并公布。

国务院卫生行政部门应当组织开展重点职业病监测和专项调查，对职业健康风险进行评估，为制定职业卫生标准和职业病防治政策提供科学依据。

县级以上地方人民政府卫生行政部门应当定期对本行政区域的职业病防治情况进行统计和调查分析。

第十三条 任何单位和个人有权对违反本法的行为进行检举和控告。有关部门收到相关的检举和控告后，应当及时处理。

对防治职业病成绩显著的单位和个人，给予奖励。

第二章 前期预防

第十四条 用人单位应当依照法律、法规要求，严格遵守国家职业卫生标准，落实职业病预防措施，从源头上控制和消除职业病危害。

第十五条 产生职业病危害的用人单位的设立除应当符合法律、行政法规规定的设立条件外，其工作场所还应当符合下列职业卫生要求：

（一）职业病危害因素的强度或者浓度符合国家职业卫生标准；

（二）有与职业病危害防护相适应的设施；

（三）生产布局合理，符合有害与无害作业分开的原则；

（四）有配套的更衣间、洗浴间、孕妇休息间等卫生设施；

（五）设备、工具、用具等设施符合保护劳动者生理、心理健康的要求；

（六）法律、行政法规和国务院卫生行政部门、安全生产监督管理部门关于保护劳动者健康的其他要求。

第十六条 国家建立职业病危害项目申报制度。

用人单位工作场所存在职业病目录所列职业病的危害因素的，应当及时、如实向所在地安全生产监督管理部门申报危害项目，接受监督。

职业病危害因素分类目录由国务院卫生行政部门会同国务院安全生产监督管理部门制定、调整并公布。职业病危害项目申报的具体办法由国务院安全生产监督管理部门制定。

第十七条 新建、扩建、改建建设项目和技术改造、技术引进项目（以下统称建设项目）可能产生职业病危害的，建设单位在可行性论证阶段应当向安全生产监督管理部门提交职业病危害预评价报告。安全生产监督管理部门应当自收到职业病危害预评价报告之日起三十日内，作出审核决定并书面通知建设单位。未提交预评价报告或者预评价报告未经安全生产监督管理部门审核同意的，有关部门不得批准该建设项目。

职业病危害预评价报告应当对建设项目可能产生的职业病危害因素及其对工作场所和劳动者健康的影响作出评价，确定危害类别和职业病防护措施。

建设项目职业病危害分类管理办法由国务院安全生产监督管理部门制定。

第十八条 建设项目的职业病防护设施所需费用应当纳入建设项目工程预算，并与主体工程同时设计，同时施工，同时投入生产和使用。

职业病危害严重的建设项目的防护设施设计，应当经安全生产监督管理部门审查，符合国家职业卫生标准和卫生要求的，方可施工。

建设项目在竣工验收前，建设单位应当进行职业病危害控制效果评价。建设项目竣工验收时，其职业病防护设施经安全生产监督管理部门验收合格后，方可投入正式生产和使用。

第十九条 职业病危害预评价、职业病危害控制效果评价由依法设立的取得国务院安全生产监督管理部门或者设区的市级以上地方人民政府安全生产监督管理部门按照职责分工给予资质认可的职业卫生技术服务机构进行。职业卫生技术服务机构所作评价应当客观、真实。

第二十条 国家对从事放射性、高毒、高危粉尘等作业实行特殊管理。具体管理办法由国务院制定。

第三章　劳动过程中的防护与管理

第二十一条 用人单位应当采取下列职业病防治管理措施：

（一）设置或者指定职业卫生管理机构或者组织，配备专职或者兼职的职业卫生管理人员，负责本单位的职业病防治工作；

（二）制定职业病防治计划和实施方案；

（三）建立、健全职业卫生管理制度和操作规程；

（四）建立、健全职业卫生档案和劳动者健康监护档案；

（五）建立、健全工作场所职业病危害因素监测及评价制度；

（六）建立、健全职业病危害事故应急救援预案。

第二十二条　用人单位应当保障职业病防治所需的资金投入，不得挤占、挪用，并对因资金投入不足导致的后果承担责任。

第二十三条　用人单位必须采用有效的职业病防护设施，并为劳动者提供个人使用的职业病防护用品。

用人单位为劳动者个人提供的职业病防护用品必须符合防治职业病的要求；不符合要求的，不得使用。

第二十四条　用人单位应当优先采用有利于防治职业病和保护劳动者健康的新技术、新工艺、新设备、新材料，逐步替代职业病危害严重的技术、工艺、设备、材料。

第二十五条　产生职业病危害的用人单位，应当在醒目位置设置公告栏，公布有关职业病防治的规章制度、操作规程、职业病危害事故应急救援措施和工作场所职业病危害因素检测结果。

对产生严重职业病危害的作业岗位，应当在其醒目位置，设置警示标识和中文警示说明。警示说明应当载明产生职业病危害的种类、后果、预防以及应急救治措施等内容。

第二十六条　对可能发生急性职业损伤的有毒、有害工作场所，用人单位应当设置报警装置，配置现场急救用品、冲洗设备、应急撤离通道和必要的泄险区。

对放射工作场所和放射性同位素的运输、贮存，用人单位必须配置防护设备和报警装置，保证接触放射线的工作人员佩戴个人剂量计。

对职业病防护设备、应急救援设施和个人使用的职业病防护用品，用人单位应当进行经常性的维护、检修，定期检测其性能和效果，确保其处于正常状态，不得擅自拆除或者停止使用。

第二十七条　用人单位应当实施由专人负责的职业病危害因素日常监测，并确保监测系统处于正常运行状态。

用人单位应当按照国务院安全生产监督管理部门的规定，定期对工作场所进行职业病危害因素检测、评价。检测、评价结果存入用人单位职业卫生档案，定期向所在地安全生产监督管理部门报告并向劳动者公布。

职业病危害因素检测、评价由依法设立的取得国务院安全生产监督管理部门或者设区的市级以上地方人民政府安全生产监督管理部门按照职责分工给予资质认可的职业卫生技术服务机构进行。职业卫生技术服务机构所作检测、评价应当客观、真实。

发现工作场所职业病危害因素不符合国家职业卫生标准和卫生要求时，用人单位应当立即采取相应治理措施，仍然达不到国家职业卫生标准和卫生要求的，必须停止存在职业病危害因素的作业；职业病危害因素经治理后，符合国家职业卫生标准和卫生要求的，方可重新作业。

第二十八条 职业卫生技术服务机构依法从事职业病危害因素检测、评价工作，接受安全生产监督管理部门的监督检查。安全生产监督管理部门应当依法履行监督职责。

第二十九条 向用人单位提供可能产生职业病危害的设备的，应当提供中文说明书，并在设备的醒目位置设置警示标识和中文警示说明。警示说明应当载明设备性能、可能产生的职业病危害、安全操作和维护注意事项、职业病防护以及应急救治措施等内容。

第三十条 向用人单位提供可能产生职业病危害的化学品、放射性同位素和含有放射性物质的材料的，应当提供中文说明书。说明书应当载明产品特性、主要成份、存在的有害因素、可能产生的危害后果、安全使用注意事项、职业病防护以及应急救治措施等内容。产品包装应当有醒目的警示标识和中文警示说明。贮存上述材料的场所应当在规定的部位设置危险物品标识或者放射性警示标识。

国内首次使用或者首次进口与职业病危害有关的化学材料，使用单位或者进口单位按照国家规定经国务院有关部门批准后，应当向国务院卫生行政部门、安全生产监督管理部门报送该化学材料的毒性鉴定以及经有关部门登记注册或者批准进口的文件等资料。

进口放射性同位素、射线装置和含有放射性物质的物品的，按照国家有关规定办理。

第三十一条 任何单位和个人不得生产、经营、进口和使用国家明令禁止使用的可能产生职业病危害的设备或者材料。

第三十二条 任何单位和个人不得将产生职业病危害的作业转移给不具备职业病防护条件的单位和个人。不具备职业病防护条件的单位和个人不得接受产生职业病危害的作业。

第三十三条 用人单位对采用的技术、工艺、设备、材料，应当知悉其产生的职业病危害，对有职业病危害的技术、工艺、设备、材料隐瞒其危害而采用的，对所造成的职业病危害后果承担责任。

第三十四条 用人单位与劳动者订立劳动合同（含聘用合同，下同）时，应当将工作过程中可能产生的职业病危害及其后果、职业病防护措施和待遇等如实告知劳动者，并在劳动合同中写明，不得隐瞒或者欺骗。

劳动者在已订立劳动合同期间因工作岗位或者工作内容变更，从事与所订立劳动合同中未告知的存在职业病危害的作业时，用人单位应当依照前款规定，向劳动者履行如实告知的义务，并协商变更原劳动合同相关条款。

用人单位违反前两款规定的，劳动者有权拒绝从事存在职业病危害的作业，用人单位不得因此解除与劳动者所订立的劳动合同。

第三十五条 用人单位的主要负责人和职业卫生管理人员应当接受职业卫生培训，遵守职业病防治法律、法规，依法组织本单位的职业病防治工作。

用人单位应当对劳动者进行上岗前的职业卫生培训和在岗期间的定期职业卫生培训，普及职业卫生知识，督促劳动者遵守职业病防治法律、法规、规章和操作规程，指导劳动者正确使用职业病防护设备和个人使用的职业病防护用品。

劳动者应当学习和掌握相关的职业卫生知识，增强职业病防范意识，遵守职业病防治法律、法规、规章和操作规程，正确使用、维护职业病防护设备和个人使用的职业病防护用品，发现职业病危害事故隐患应当及时报告。

劳动者不履行前款规定义务的，用人单位应当对其进行教育。

第三十六条 对从事接触职业病危害的作业的劳动者，用人单位应当按照国务院安全生产监督管理部门、卫生行政部门的规定组织上岗前、在岗期间和离岗时的职业健康检查，并将检查结果书面告知劳动者。职业健康检查费用由用人单位承担。

用人单位不得安排未经上岗前职业健康检查的劳动者从事接触职业病危害的作业；不得安排有职业禁忌的劳动者从事其所禁忌的作业；对在职业健康检查中发现有与所从事的职业相关的健康损害的劳动者，应当调离原工作岗位，并妥善安置；对未进行离岗前职业健康检查的劳动者不得解除或者终止与其订立的劳动合同。

职业健康检查应当由省级以上人民政府卫生行政部门批准的医疗卫生机构承担。

第三十七条 用人单位应当为劳动者建立职业健康监护档案，并按照规定的期限妥善保存。

职业健康监护档案应当包括劳动者的职业史、职业病危害接触史、职业健康检查结果和职业病诊疗等有关个人健康资料。

劳动者离开用人单位时，有权索取本人职业健康监护档案复印件，用人单位应当如实、无偿提供，并在所提供的复印件上签章。

第三十八条 发生或者可能发生急性职业病危害事故时，用人单位应当立即采取应急救援和控制措施，并及时报告所在地安全生产监督管理部门和有关部门。安全生产监督管理部门接到报告后，应当及时会同有关部门组织调查处理；必要时，可以采取临时控制措施。卫生行政部门应当组织做好医疗救治工作。

对遭受或者可能遭受急性职业病危害的劳动者，用人单位应当及时组织救治、进行健康检查和医学观察，所需费用由用人单位承担。

第三十九条 用人单位不得安排未成年工从事接触职业病危害的作业；不得安排孕期、哺乳期的女职工从事对本人和胎儿、婴儿有危害的作业。

第四十条 劳动者享有下列职业卫生保护权利：

（一）获得职业卫生教育、培训；

（二）获得职业健康检查、职业病诊疗、康复等职业病防治服务；

（三）了解工作场所产生或者可能产生的职业病危害因素、危害后果和应当采取的职业病防护措施；

（四）要求用人单位提供符合防治职业病要求的职业病防护设施和个人使用的职业病防护用品，改善工作条件；

（五）对违反职业病防治法律、法规以及危及生命健康的行为提出批评、检举和控告；

（六）拒绝违章指挥和强令进行没有职业病防护措施的作业；

（七）参与用人单位职业卫生工作的民主管理，对职业病防治工作提出意见和建议。

用人单位应当保障劳动者行使前款所列权利。因劳动者依法行使正当权利而降低其工资、福利等待遇或者解除、终止与其订立的劳动合同的，其行为无效。

第四十一条 工会组织应当督促并协助用人单位开展职业卫生宣传教育和培训，有权对用人单位的职业病防治工作提出意见和建议，依法代表劳动者与用人单位签订劳动安全卫生专项集体合同，与用人单位就劳动者反映的有关职业病防治的问题进行协调并督促解决。

工会组织对用人单位违反职业病防治法律、法规，侵犯劳动者合法权益的行为，有权要求纠正；产生严重职业病危害时，有权要求采取防护措施，或者向政府有关部门建议采取强制性措施；发生职业病危害事故时，有权参与事故调查处理；发现危及劳动者生命健康的情形时，有权向用人单位建议组织劳动者撤离危险现场，用人单位应当立即作出处理。

第四十二条 用人单位按照职业病防治要求，用于预防和治理职业病危害、工作场所卫生检测、健康监护和职业卫生培训等费用，按照国家有关规定，在生产成本中据实列支。

第四十三条 职业卫生监督管理部门应当按照职责分工，加强对用人单位落实职业病防护管理措施情况的监督检查，依法行使职权，承担责任。

第四章 职业病诊断与职业病病人保障

第四十四条 医疗卫生机构承担职业病诊断，应当经省、自治区、直辖市人民政府卫生行政部门批准。省、自治区、直辖市人民政府卫生行政部门应当向社会公布本行政区域内承担职业病诊断的医疗卫生机构的名单。

承担职业病诊断的医疗卫生机构应当具备下列条件：

（一）持有《医疗机构执业许可证》；

（二）具有与开展职业病诊断相适应的医疗卫生技术人员；

（三）具有与开展职业病诊断相适应的仪器、设备；

（四）具有健全的职业病诊断质量管理制度。

承担职业病诊断的医疗卫生机构不得拒绝劳动者进行职业病诊断的要求。

第四十五条 劳动者可以在用人单位所在地、本人户籍所在地或者经常居住地依法承担职业病诊断的医疗卫生机构进行职业病诊断。

第四十六条 职业病诊断标准和职业病诊断、鉴定办法由国务院卫生行政部门制定。职业病伤残等级的鉴定办法由国务院劳动保障行政部门会同国务院卫生行政部门制定。

第四十七条 职业病诊断，应当综合分析下列因素：

（一）病人的职业史；

（二）职业病危害接触史和工作场所职业病危害因素情况；

（三）临床表现以及辅助检查结果等。

没有证据否定职业病危害因素与病人临床表现之间的必然联系的，应当诊断为职业病。

承担职业病诊断的医疗卫生机构在进行职业病诊断时，应当组织三名以上取得职业病诊断资格的执业医师集体诊断。

职业病诊断证明书应当由参与诊断的医师共同签署，并经承担职业病诊断的医疗卫生机构审核盖章。

第四十八条 用人单位应当如实提供职业病诊断、鉴定所需的劳动者职业史和职业病危害接触史、工作场所职业病危害因素检测结果等资料；安全生产监督管理部门应当监督检查和督促用人单位提供上述资料；劳动者和有关机构也应当提供与职业病诊断、鉴定有关的资料。

职业病诊断、鉴定机构需要了解工作场所职业病危害因素情况时，可以对工作场所进行现场调查，也可以向安全生产监督管理部门提出，安全生产监督管理部门应当在十日内组织现场调查。用人单位不得拒绝、阻挠。

第四十九条 职业病诊断、鉴定过程中，用人单位不提供工作场所职业病危害因素检测结果等资料的，诊断、鉴定机构应当结合劳动者的临床表现、辅助检查结果和劳动者的职业史、职业病危害接触史，并参考劳动者的自述、安全生产监督管理部门提供的日常监督检查信息等，作出职业病诊断、鉴定结论。

劳动者对用人单位提供的工作场所职业病危害因素检测结果等资料有异议，或者因劳动者的用人单位解散、破产，无用人单位提供上述资料的，诊断、鉴定机构应当提请安全生产监督管理部门进行调查，安全生产监督管理部门应当自接到申请之日起三十日内对存在异议的资料或者工作场所职业病危害因素情况作出判定；有关部门应当配合。

第五十条　职业病诊断、鉴定过程中，在确认劳动者职业史、职业病危害接触史时，当事人对劳动关系、工种、工作岗位或者在岗时间有争议的，可以向当地的劳动人事争议仲裁委员会申请仲裁；接到申请的劳动人事争议仲裁委员会应当受理，并在三十日内作出裁决。

当事人在仲裁过程中对自己提出的主张，有责任提供证据。劳动者无法提供由用人单位掌握管理的与仲裁主张有关的证据的，仲裁庭应当要求用人单位在指定期限内提供；用人单位在指定期限内不提供的，应当承担不利后果。

劳动者对仲裁裁决不服的，可以依法向人民法院提起诉讼。

用人单位对仲裁裁决不服的，可以在职业病诊断、鉴定程序结束之日起十五日内依法向人民法院提起诉讼；诉讼期间，劳动者的治疗费用按照职业病待遇规定的途径支付。

第五十一条　用人单位和医疗卫生机构发现职业病病人或者疑似职业病病人时，应当及时向所在地卫生行政部门和安全生产监督管理部门报告。确诊为职业病的，用人单位还应当向所在地劳动保障行政部门报告。接到报告的部门应当依法作出处理。

第五十二条　县级以上地方人民政府卫生行政部门负责本行政区域内的职业病统计报告的管理工作，并按照规定上报。

第五十三条　当事人对职业病诊断有异议的，可以向作出诊断的医疗卫生机构所在地地方人民政府卫生行政部门申请鉴定。

职业病诊断争议由设区的市级以上地方人民政府卫生行政部门根据当事人的申请，组织职业病诊断鉴定委员会进行鉴定。

当事人对设区的市级职业病诊断鉴定委员会的鉴定结论不服的，可以向省、自治区、直辖市人民政府卫生行政部门申请再鉴定。

第五十四条 职业病诊断鉴定委员会由相关专业的专家组成。

省、自治区、直辖市人民政府卫生行政部门应当设立相关的专家库，需要对职业病争议作出诊断鉴定时，由当事人或者当事人委托有关卫生行政部门从专家库中以随机抽取的方式确定参加诊断鉴定委员会的专家。

职业病诊断鉴定委员会应当按照国务院卫生行政部门颁布的职业病诊断标准和职业病诊断、鉴定办法进行职业病诊断鉴定，向当事人出具职业病诊断鉴定书。职业病诊断、鉴定费用由用人单位承担。

第五十五条 职业病诊断鉴定委员会组成人员应当遵守职业道德，客观、公正地进行诊断鉴定，并承担相应的责任。职业病诊断鉴定委员会组成人员不得私下接触当事人，不得收受当事人的财物或者其他好处，与当事人有利害关系的，应当回避。

人民法院受理有关案件需要进行职业病鉴定时，应当从省、自治区、直辖市人民政府卫生行政部门依法设立的相关的专家库中选取参加鉴定的专家。

第五十六条 医疗卫生机构发现疑似职业病病人时，应当告知劳动者本人并及时通知用人单位。

用人单位应当及时安排对疑似职业病病人进行诊断；在疑似职业病病人诊断或者医学观察期间，不得解除或者终止与其订立的劳动合同。

疑似职业病病人在诊断、医学观察期间的费用，由用人单位承担。

第五十七条 用人单位应当保障职业病病人依法享受国家规定的职业病待遇。

用人单位应当按照国家有关规定，安排职业病病人进行治疗、康复和定期检查。

用人单位对不适宜继续从事原工作的职业病病人，应当调离原岗位，并妥善安置。

用人单位对从事接触职业病危害的作业的劳动者，应当给予适当岗位津贴。

第五十八条 职业病病人的诊疗、康复费用，伤残以及丧失劳动能力的职业病病人的社会保障，按照国家有关工伤保险的规定执行。

第五十九条 职业病病人除依法享有工伤保险外，依照有关民事法律，尚有获得赔偿的权利的，有权向用人单位提出赔偿要求。

第六十条 劳动者被诊断患有职业病，但用人单位没有依法参加工伤保险的，其医疗和生活保障由该用人单位承担。

第六十一条 职业病病人变动工作单位，其依法享有的待遇不变。

用人单位在发生分立、合并、解散、破产等情形时，应当对从事接触职业病危害的作业的劳动者进行健康检查，并按照国家有关规定妥善安置职业病病人。

第六十二条 用人单位已经不存在或者无法确认劳动关系的职业病病人，可以向地方人民政府民政部门申请医疗救助和生活等方面的救助。

地方各级人民政府应当根据本地区的实际情况，采取其他措施，使前款规定的职业病病人获得医疗救治。

第五章 监督检查

第六十三条 县级以上人民政府职业卫生监督管理部门依照职业病防治法律、法规、国家职业卫生标准和卫生要求，依据职责划分，对职业病防治工作进行监督检查。

第六十四条 安全生产监督管理部门履行监督检查职责时，有权采取下列措施：

（一）进入被检查单位和职业病危害现场，了解情况，调查取证；

（二）查阅或者复制与违反职业病防治法律、法规的行为有关的资料和采集样品；

（三）责令违反职业病防治法律、法规的单位和个人停止违法行为。

第六十五条 发生职业病危害事故或者有证据证明危害状态可能导致职业病危害事故发生时，安全生产监督管理部门可以采取下列临时控制措施：

（一）责令暂停导致职业病危害事故的作业；

（二）封存造成职业病危害事故或者可能导致职业病危害事故发生的材料和设备；

（三）组织控制职业病危害事故现场。

在职业病危害事故或者危害状态得到有效控制后，安全生产监督管理部门应当及时解除控制措施。

第六十六条 职业卫生监督执法人员依法执行职务时，应当出示监督执法证件。

职业卫生监督执法人员应当忠于职守，秉公执法，严格遵守执法规范；涉及用人单位的秘密的，应当为其保密。

第六十七条 职业卫生监督执法人员依法执行职务时，被检查单位应当接受检查并予以支持配合，不得拒绝和阻碍。

第六十八条 安全生产监督管理部门及其职业卫生监督执法人员履行职责时，不得有下列行为：

（一）对不符合法定条件的，发给建设项目有关证明文件、资质证明文件或者予以批准；

（二）对已经取得有关证明文件的，不履行监督检查职责；

（三）发现用人单位存在职业病危害的，可能造成职业病危害事故，不及时依法采取控制措施；

（四）其他违反本法的行为。

第六十九条 职业卫生监督执法人员应当依法经过资格认定。

职业卫生监督管理部门应当加强队伍建设，提高职业卫生监督执法人员的政治、业务素质，依照本法和其他有关法律、法规的规定，建立、健全内部监督制度，对其工作人员执行法律、法规和遵守纪律的情况，进行监督检查。

第六章 法律责任

第七十条 建设单位违反本法规定，有下列行为之一的，由安全生产监督管理部门给予警告，责令限期改正；逾期不改正的，处十万元以上五十万元以下的罚款；情节严重的，责令停止产生职业病危害的作业，或者提请有关人民政府按照国务院规定的权限责令停建、关闭：

（一）未按照规定进行职业病危害预评价或者未提交职业病危害预评价报告，或者职业病危害预评价报告未经安全生产监督管理部门审核同意，开工建设的；

（二）建设项目的职业病防护设施未按照规定与主体工程同时投入生产和使用的；

（三）职业病危害严重的建设项目，其职业病防护设施设计未经安全生产监督管理部门审查，或者不符合国家职业卫生标准和卫生要求施工的；

（四）未按照规定对职业病防护设施进行职业病危害控制效果评价、未经安全生产监督管理部门验收或者验收不合格，擅自投入使用的。

第七十一条 违反本法规定，有下列行为之一的，由安全生产监督管理部门给予警告，责令限期改正；逾期不改正的，处十万元以下的罚款：

（一）工作场所职业病危害因素检测、评价结果没有存档、上报、公布的；

（二）未采取本法第二十一条规定的职业病防治管理措施的；

（三）未按照规定公布有关职业病防治的规章制度、操作规程、职业病危害事故应急救援措施的；

（四）未按照规定组织劳动者进行职业卫生培训，或者未对劳动者个人职业病防护采取指导、督促措施的；

（五）国内首次使用或者首次进口与职业病危害有关的化学材料，未按照规定报送毒性鉴定资料以及经有关部门登记注册或者批准进口的文件的。

第七十二条 用人单位违反本法规定，有下列行为之一的，由安全生产监督管理部门责令限期改正，给予警告，可以并处五万元以上十万元以下的罚款：

（一）未按照规定及时、如实向安全生产监督管理部门申报产生职业病危害的项目的；

（二）未实施由专人负责的职业病危害因素日常监测，或者监测系统不能正常监测的；

（三）订立或者变更劳动合同时，未告知劳动者职业病危害真实情况的；

（四）未按照规定组织职业健康检查、建立职业健康监护档案或者未将检查结果书面告知劳动者的；

（五）未依照本法规定在劳动者离开用人单位时提供职业健康监护档案复印件的。

第七十三条 用人单位违反本法规定，有下列行为之一的，由安全生产监督管理部门给予警告，责令限期改正，逾期不改正的，处五万元以上二十万元以下的罚款；情节严重的，责令停止产生职业病危害的作业，或者提请有关人民政府按照国务院规定的权限责令关闭：

（一）工作场所职业病危害因素的强度或者浓度超过国家职业卫生标准的；

（二）未提供职业病防护设施和个人使用的职业病防护用品，或者提供的职业病防护设施和个人使用的职业病防护用品不符合国家职业卫生标准和卫生要求的；

（三）对职业病防护设备、应急救援设施和个人使用的职业病防护用品未按照规定进行维护、检修、检测，或者不能保持正常运行、使用状态的；

（四）未按照规定对工作场所职业病危害因素进行检测、评价的；

（五）工作场所职业病危害因素经治理仍然达不到国家职业卫生标准和卫生要求时，未停止存在职业病危害因素的作业的；

（六）未按照规定安排职业病病人、疑似职业病病人进行诊治的；

（七）发生或者可能发生急性职业病危害事故时，未立即采取应急救援和控制措施或者未按照规定及时报告的；

（八）未按照规定在产生严重职业病危害的作业岗位醒目位置设置警示标识和中文警示说明的；

（九）拒绝职业卫生监督管理部门监督检查的；

（十）隐瞒、伪造、篡改、毁损职业健康监护档案、工作场所职业病危害因素检测评价结果等相关资料，或者拒不提供职业病诊断、鉴定所需资料的；

（十一）未按照规定承担职业病诊断、鉴定费用和职业病病人的医疗、生活保障费用的。

第七十四条 向用人单位提供可能产生职业病危害的设备、材料，未按照规定提供中文说明书或者设置警示标识和中文警示说明的，由安全生产监督管理部门责令限期改正，给予警告，并处五万元以上二十万元以下的罚款。

第七十五条 用人单位和医疗卫生机构未按照规定报告职业病、疑似职业病的，由有关主管部门依据职责分工责令限期改正，给予警告，可以并处一万元以下的罚款；弄虚作假的，并处二万元以上五万元以下的罚款；对直接负责的主管人员和其他直接责任人员，可以依法给予降级或者撤职的处分。

第七十六条 违反本法规定，有下列情形之一的，由安全生产监督管理部门责令限期治理，并处五万元以上三十万元以下的罚款；情节严重的，责令停止产生职业病危害的作业，或者提请有关人民政府按照国务院规定的权限责令关闭：

（一）隐瞒技术、工艺、设备、材料所产生的职业病危害而采用的；

（二）隐瞒本单位职业卫生真实情况的；

（三）可能发生急性职业损伤的有毒、有害工作场所、放射工作场所或者放射性同位素的运输、贮存不符合本法第二十六条规定的；

（四）使用国家明令禁止使用的可能产生职业病危害的设备或者材料的；

（五）将产生职业病危害的作业转移给没有职业病防护条件的单位和个人，或者没有职业病防护条件的单位和个人接受产生职业病危害的作业的；

（六）擅自拆除、停止使用职业病防护设备或者应急救援设施的；

（七）安排未经职业健康检查的劳动者、有职业禁忌的劳动者、未成年工或者孕期、哺乳期女职工从事接触职业病危害的作业或者禁忌作业的；

（八）违章指挥和强令劳动者进行没有职业病防护措施的作业的。

第七十七条 生产、经营或者进口国家明令禁止使用的可能产生职业病危害的设备或者材料的，依照有关法律、行政法规的规定给予处罚。

第七十八条 用人单位违反本法规定，已经对劳动者生命健康造成严重损害的，由安全生产监督管理部门责令停止产生职业病危害的作业，或者提请有关人民政府按照国务院规定的权限责令关闭，并处十万元以上五十万元以下的罚款。

第七十九条 用人单位违反本法规定，造成重大职业病危害事故或者其他严重后果，构成犯罪的，对直接负责的主管人员和其他直接责任人员，依法追究刑事责任。

第八十条 未取得职业卫生技术服务资质认可擅自从事职业卫生技术服务的，或者医疗卫生机构未经批准擅自从事职业健康检查、职业病诊断的，由安全生产监督管理部门和卫生行政部门依据职责分工责令立即停止违法行为，没收违法所得；违法所得五千元以上的，并处违法所得二倍以上十倍以下的罚款；没有违法所得或者违法所得不足五千元的，并处五千元以上五万元以下的罚款；情节严重的，对直接负责的主管人员和其他直接责任人员，依法给予降级、撤职或者开除的处分。

第八十一条 从事职业卫生技术服务的机构和承担职业健康检查、职业病诊断的医疗卫生机构违反本法规定，有下列行为之一的，由安全生产监督管理部门和卫生行政部门依据职责分工责令立即停止违法行为，给予警告，没收违法所得；违法所得五千元以上的，并处违法所得二倍以上五倍以下的罚款；没有违法所得或者违法所得不足五千元的，并处五千元以上二万元以下的罚款；情节严重的，由原认可或者批准机关取消其相应的资格；对直接负责的主管人员和其他直接责任人员，依法给予降级、撤职或者开除的处分；构成犯罪的，依法追究刑事责任：

（一）超出资质认可或者批准范围从事职业卫生技术服务或者职业健康检查、职业病诊断的；

（二）不按照本法规定履行法定职责的；

（三）出具虚假证明文件的。

第八十二条 职业病诊断鉴定委员会组成人员收受职业病诊断争议当事人的财物或者其他好处的，给予警告，没收收受的财物，可以并处三千元以上五万元以下的罚款，取消其担任职业病诊断鉴定委员会组成人员的资格，并从省、自治区、直辖市人民政府卫生行政部门设立的专家库中予以除名。

第八十三条 卫生行政部门、安全生产监督管理部门不按照规定报告职业病和职业病危害事故的，由上一级行政部门责令改正，通报批评，给予警告；虚报、瞒报的，对单位负责人、直接负责的主管人员和其他直接责任人员依法给予降级、撤职或者开除的处分。

第八十四条 违反本法第十七条、第十八条规定，有关部门擅自批准建设项目或者发放施工许可的，对该部门直接负责的主管人员和其他直接责任人员，由监察机关或者上级机关依法给予记过直至开除的处分。

第八十五条 县级以上地方人民政府在职业病防治工作中未依照本法履行职责，本行政区域出现重大职业病危害事故、造成严重社会影响的，依法对直接负责的主管人员和其他直接责任人员给予记大过直至开除的处分。

县级以上人民政府职业卫生监督管理部门不履行本法规定的职责，滥用职权、玩忽职守、徇私舞弊，依法对直接负责的主管人员和其他直接责任人员给予记大过或者降级的处分；造成职业病危害事故或者其他严重后果的，依法给予撤职或者开除的处分。

第八十六条 违反本法规定，构成犯罪的，依法追究刑事责任。

第七章 附 则

第八十七条 本法下列用语的含义：

职业病危害，是指对从事职业活动的劳动者可能导致职业病的各种危害。职业病危害因素包括：职业活动中存在的各种有害的化学、物理、生物因素以及在作业过程中产生的其他职业有害因素。

职业禁忌，是指劳动者从事特定职业或者接触特定职业病危害因素时，比一般职业人群更易于遭受职业病危害和罹患职业病或者可能导致原有自身疾病病情加重，或者在从事作业过程中诱发可能导致对他人生命健康构成危险的疾病的个人特殊生理或者病理状态。

第八十八条 本法第二条规定的用人单位以外的单位，产生职业病危害的，其职业病防治活动可以参照本法执行。

劳务派遣用工单位应当履行本法规定的用人单位的义务。

中国人民解放军参照执行本法的办法，由国务院、中央军事委员会制定。

第八十九条 对医疗机构放射性职业病危害控制的监督管理，由卫生行政部门依照本法的规定实施。

第九十条 本法自 2002 年 5 月 1 日起施行。

中华人民共和国就业促进法

（2007年8月30日通过）

第一章　总　则

第一条　为了促进就业，促进经济发展与扩大就业相协调，促进社会和谐稳定，制定本法。

第二条　国家把扩大就业放在经济社会发展的突出位置，实施积极的就业政策，坚持劳动者自主择业、市场调节就业、政府促进就业的方针，多渠道扩大就业。

第三条　劳动者依法享有平等就业和自主择业的权利。

劳动者就业，不因民族、种族、性别、宗教信仰等不同而受歧视。

第四条　县级以上人民政府把扩大就业作为经济和社会发展的重要目标，纳入国民经济和社会发展规划，并制定促进就业的中长期规划和年度工作计划。

第五条　县级以上人民政府通过发展经济和调整产业结构、规范人力资源市场、完善就业服务、加强职业教育和培训、提供就业援助等措施，创造就业条件，扩大就业。

第六条　国务院建立全国促进就业工作协调机制，研究就业工作中的重大问题，协调推动全国的促进就业工作。国务院劳动行政部门具体负责全国的促进就业工作。

省、自治区、直辖市人民政府根据促进就业工作的需要，建立促进就业工作协调机制，协调解决本行政区域就业工作中的重大问题。

县级以上人民政府有关部门按照各自的职责分工，共同做好促进就业工作。

第七条　国家倡导劳动者树立正确的择业观念，提高就业能力和创业能力；鼓励劳动者自主创业、自谋职业。

各级人民政府和有关部门应当简化程序，提高效率，为劳动者自主创业、自谋职业提供便利。

第八条　用人单位依法享有自主用人的权利。

用人单位应当依照本法以及其他法律、法规的规定，保障劳动者的合法权益。

第九条　工会、共产主义青年团、妇女联合会、残疾人联合会以及其他社会组织，协助人民政府开展促进就业工作，依法维护劳动者的劳动权利。

第十条　各级人民政府和有关部门对在促进就业工作中作出显著成绩的单位和个人，给予表彰和奖励。

第二章　政策支持

第十一条　县级以上人民政府应当把扩大就业作为重要职责，统筹协调产业政策与就业政策。

第十二条　国家鼓励各类企业在法律、法规规定的范围内，通过兴办产业或者拓展经营，增加就业岗位。

国家鼓励发展劳动密集型产业、服务业，扶持中小企业，多渠道、多方式增加就业岗位。

国家鼓励、支持、引导非公有制经济发展，扩大就业，增加就业岗位。

第十三条　国家发展国内外贸易和国际经济合作，拓宽就业渠道。

第十四条　县级以上人民政府在安排政府投资和确定重大建设项目时，应当发挥投资和重大建设项目带动就业的作用，增加就业岗位。

第十五条　国家实行有利于促进就业的财政政策，加大资金投入，改善就业环境，扩大就业。

县级以上人民政府应当根据就业状况和就业工作目标，在财政预算中安排就业专项资金用于促进就业工作。

就业专项资金用于职业介绍、职业培训、公益性岗位、职业技能鉴定、特定就业政策和社会保险等的补贴，小额贷款担保基金和微利项目的小额担保贷款贴息，以及扶持公共就业服务等。就业专项资金的使用管理办法由国务院财政部门和劳动行政部门规定。

第十六条 国家建立健全失业保险制度，依法确保失业人员的基本生活，并促进其实现就业。

第十七条 国家鼓励企业增加就业岗位，扶持失业人员和残疾人就业，对下列企业、人员依法给予税收优惠：

（一）吸纳符合国家规定条件的失业人员达到规定要求的企业；

（二）失业人员创办的中小企业；

（三）安置残疾人员达到规定比例或者集中使用残疾人的企业；

（四）从事个体经营的符合国家规定条件的失业人员；

（五）从事个体经营的残疾人；

（六）国务院规定给予税收优惠的其他企业、人员。

第十八条 对本法第十七条第四项、第五项规定的人员，有关部门应当在经营场地等方面给予照顾，免除行政事业性收费。

第十九条 国家实行有利于促进就业的金融政策，增加中小企业的融资渠道；鼓励金融机构改进金融服务，加大对中小企业的信贷支持，并对自主创业人员在一定期限内给予小额信贷等扶持。

第二十条 国家实行城乡统筹的就业政策，建立健全城乡劳动者平等就业的制度，引导农业富余劳动力有序转移就业。

县级以上地方人民政府推进小城镇建设和加快县域经济发展，引导农业富余劳动力就地就近转移就业；在制定小城镇规划时，将本地区农业富余劳动力转移就业作为重要内容。

县级以上地方人民政府引导农业富余劳动力有序向城市异地转移就业；劳动力输出地和输入地人民政府应当互相配合，改善农村劳动者进城就业的环境和条件。

第二十一条 国家支持区域经济发展，鼓励区域协作，统筹协调不同地区就业的均衡增长。

国家支持民族地区发展经济，扩大就业。

第二十二条 各级人民政府统筹做好城镇新增劳动力就业、农业富余劳动力转移就业和失业人员就业工作。

第二十三条 各级人民政府采取措施，逐步完善和实施与非全日制用工等灵活就业相适应的劳动和社会保险政策，为灵活就业人员提供帮助和服务。

第二十四条 地方各级人民政府和有关部门应当加强对失业人员从事个体经营的指导，提供政策咨询、就业培训和开业指导等服务。

第三章 公平就业

第二十五条 各级人民政府创造公平就业的环境，消除就业歧视，制定政策并采取措施对就业困难人员给予扶持和援助。

第二十六条 用人单位招用人员、职业中介机构从事职业中介活动，应当向劳动者提供平等的就业机会和公平的就业条件，不得实施就业歧视。

第二十七条 国家保障妇女享有与男子平等的劳动权利。

用人单位招用人员，除国家规定的不适合妇女的工种或者岗位外，不得以性别为由拒绝录用妇女或者提高对妇女的录用标准。

用人单位录用女职工，不得在劳动合同中规定限制女职工结婚、生育的内容。

第二十八条 各民族劳动者享有平等的劳动权利。

用人单位招用人员，应当依法对少数民族劳动者给予适当照顾。

第二十九条 国家保障残疾人的劳动权利。

各级人民政府应当对残疾人就业统筹规划，为残疾人创造就业条件。

用人单位招用人员，不得歧视残疾人。

第三十条 用人单位招用人员，不得以是传染病病原携带者为由拒绝录用。但是，经医学鉴定传染病病原携带者在治愈前或者排除传染嫌疑前，不得从事法律、行政法规和国务院卫生行政部门规定禁止从事的易使传染病扩散的工作。

第三十一条 农村劳动者进城就业享有与城镇劳动者平等的劳动权利，不得对农村劳动者进城就业设置歧视性限制。

第四章 就业服务和管理

第三十二条 县级以上人民政府培育和完善统一开放、竞争有序的人力资源市场，为劳动者就业提供服务。

第三十三条 县级以上人民政府鼓励社会各方面依法开展就业服务活动，加强对公共就业服务和职业中介服务的指导和监督，逐步完善覆盖城乡的就业服务体系。

第三十四条 县级以上人民政府加强人力资源市场信息网络及相关设施建设，建立健全人力资源市场信息服务体系，完善市场信息发布制度。

第三十五条 县级以上人民政府建立健全公共就业服务体系，设立公共就业服务机构，为劳动者免费提供下列服务：

（一）就业政策法规咨询；

（二）职业供求信息、市场工资指导价位信息和职业培训信息发布；

（三）职业指导和职业介绍；

（四）对就业困难人员实施就业援助；

（五）办理就业登记、失业登记等事务；

（六）其他公共就业服务。

公共就业服务机构应当不断提高服务的质量和效率，不得从事经营性活动。

公共就业服务经费纳入同级财政预算。

第三十六条 县级以上地方人民政府对职业中介机构提供公益性就业服务的，按照规定给予补贴。

国家鼓励社会各界为公益性就业服务提供捐赠、资助。

第三十七条 地方各级人民政府和有关部门不得举办或者与他人联合举办经营性的职业中介机构。

地方各级人民政府和有关部门、公共就业服务机构举办的招聘会，不得向劳动者收取费用。

第三十八条 县级以上人民政府和有关部门加强对职业中介机构的管理，鼓励其提高服务质量，发挥其在促进就业中的作用。

第三十九条 从事职业中介活动，应当遵循合法、诚实信用、公平、公开的原则。

用人单位通过职业中介机构招用人员，应当如实向职业中介机构提供岗位需求信息。禁止任何组织或者个人利用职业中介活动侵害劳动者的合法权益。

第四十条 设立职业中介机构应当具备下列条件：

（一）有明确的章程和管理制度；

（二）有开展业务必备的固定场所、办公设施和一定数额的开办资金；

（三）有一定数量具备相应职业资格的专职工作人员；

（四）法律、法规规定的其他条件。

设立职业中介机构，应当依法办理行政许可。经许可的职业中介机构，应当向工商行政部门办理登记。

未经依法许可和登记的机构，不得从事职业中介活动。

国家对外商投资职业中介机构和向劳动者提供境外就业服务的职业中介机构另有规定的，依照其规定。

第四十一条 职业中介机构不得有下列行为：

（一）提供虚假就业信息；

（二）为无合法证照的用人单位提供职业中介服务；

（三）伪造、涂改、转让职业中介许可证；

（四）扣押劳动者的居民身份证和其他证件，或者向劳动者收取押金；

（五）其他违反法律、法规规定的行为。

第四十二条 县级以上人民政府建立失业预警制度，对可能出现的较大规模的失业，实施预防、调节和控制。

第四十三条 国家建立劳动力调查统计制度和就业登记、失业登记制度，开展劳动力资源和就业、失业状况调查统计，并公布调查统计结果。

统计部门和劳动行政部门进行劳动力调查统计和就业、失业登记时，用人单位和个人应当如实提供调查统计和登记所需要的情况。

第五章 职业教育和培训

第四十四条 国家依法发展职业教育，鼓励开展职业培训，促进劳动者提高职业技能，增强就业能力和创业能力。

第四十五条 县级以上人民政府根据经济社会发展和市场需求，制定并实施职业能力开发计划。

第四十六条 县级以上人民政府加强统筹协调，鼓励和支持各类职业院校、职业技能培训机构和用人单位依法开展就业前培训、在职培训、再就业培训和创业培训；鼓励劳动者参加各种形式的培训。

第四十七条 县级以上地方人民政府和有关部门根据市场需求和产业发展方向，鼓励、指导企业加强职业教育和培训。

职业院校、职业技能培训机构与企业应当密切联系，实行产教结合，为经济建设服务，培养实用人才和熟练劳动者。

企业应当按照国家有关规定提取职工教育经费，对劳动者进行职业技能培训和继续教育培训。

第四十八条 国家采取措施建立健全劳动预备制度，县级以上地方人民政府对有就业要求的初高中毕业生实行一定期限的职业教育和培训，使其取得相应的职业资格或者掌握一定的职业技能。

第四十九条 地方各级人民政府鼓励和支持开展就业培训，帮助失业人员提高职业技能，增强其就业能力和创业能力。失业人员参加就业培训的，按照有关规定享受政府培训补贴。

第五十条 地方各级人民政府采取有效措施，组织和引导进城就业的农村劳动者参加技能培训，鼓励各类培训机构为进城就业的农村劳动者提供技能培训，增强其就业能力和创业能力。

第五十一条 国家对从事涉及公共安全、人身健康、生命财产安全等特殊工种的劳动者，实行职业资格证书制度，具体办法由国务院规定。

第六章　就业援助

第五十二条 各级人民政府建立健全就业援助制度，采取税费减免、贷款贴息、社会保险补贴、岗位补贴等办法，通过公益性岗位安置等途径，对就业困难人员实行优先扶持和重点帮助。

就业困难人员是指因身体状况、技能水平、家庭因素、失去土地等原因难以实现就业，以及连续失业一定时间仍未能实现就业的人员。就业困难人员的具体范围，由省、自治区、直辖市人民政府根据本行政区域的实际情况规定。

第五十三条 政府投资开发的公益性岗位，应当优先安排符合岗位要求的就业困难人员。被安排在公益性岗位工作的，按照国家规定给予岗位补贴。

第五十四条 地方各级人民政府加强基层就业援助服务工作，对就业困难人员实施重点帮助，提供有针对性的就业服务和公益性岗位援助。

地方各级人民政府鼓励和支持社会各方面为就业困难人员提供技能培训、岗位信息等服务。

第五十五条 各级人民政府采取特别扶助措施，促进残疾人就业。

用人单位应当按照国家规定安排残疾人就业，具体办法由国务院规定。

第五十六条 县级以上地方人民政府采取多种就业形式，拓宽公益性岗位范围，开发就业岗位，确保城市有就业需求的家庭至少有一人实现就业。

法定劳动年龄内的家庭人员均处于失业状况的城市居民家庭，可以向住所地街道、社区公共就业服务机构申请就业援助。街道、社区公共就业服务机构经确认属实的，应当为该家庭中至少一人提供适当的就业岗位。

第五十七条 国家鼓励资源开采型城市和独立工矿区发展与市场需求相适应的产业，引导劳动者转移就业。

对因资源枯竭或者经济结构调整等原因造成就业困难人员集中的地区，上级人民政府应当给予必要的扶持和帮助。

第七章 监督检查

第五十八条 各级人民政府和有关部门应当建立促进就业的目标责任制度。县级以上人民政府按照促进就业目标责任制的要求，对所属的有关部门和下一级人民政府进行考核和监督。

第五十九条 审计机关、财政部门应当依法对就业专项资金的管理和使用情况进行监督检查。

第六十条 劳动行政部门应当对本法实施情况进行监督检查，建立举报制度，受理对违反本法行为的举报，并及时予以核实处理。

第八章 法律责任

第六十一条 违反本法规定，劳动行政等有关部门及其工作人员滥用职权、玩忽职守、徇私舞弊的，对直接负责的主管人员和其他直接责任人员依法给予处分。

第六十二条 违反本法规定，实施就业歧视的，劳动者可以向人民法院提起诉讼。

第六十三条 违反本法规定，地方各级人民政府和有关部门、公共就业服务机构举办经营性的职业中介机构，从事经营性职业中介活动，向劳动者收取费用的，由上级主管机关责令限期改正，将违法收取的费用退还劳动者，并对直接负责的主管人员和其他直接责任人员依法给予处分。

第六十四条 违反本法规定，未经许可和登记，擅自从事职业中介活动的，由劳动行政部门或者其他主管部门依法予以关闭；有违法所得的，没收违法所得，并处一万元以上五万元以下的罚款。

第六十五条 违反本法规定，职业中介机构提供虚假就业信息，为无合法证照的用人单位提供职业中介服务，伪造、涂改、转让职业中介许可证的，由劳动行政部门或者其他主管部门责令改正；有违法所得的，没收违法所得，并处一万元以上五万元以下的罚款；情节严重的，吊销职业中介许可证。

第六十六条 违反本法规定，职业中介机构扣押劳动者居民身份证等证件的，由劳动行政部门责令限期退还劳动者，并依照有关法律规定给予处罚。

违反本法规定，职业中介机构向劳动者收取押金的，由劳动行政部门责令限期退还劳动者，并以每人五百元以上二千元以下的标准处以罚款。

第六十七条 违反本法规定，企业未按照国家规定提取职工教育经费，或者挪用职工教育经费的，由劳动行政部门责令改正，并依法给予处罚。

第六十八条 违反本法规定，侵害劳动者合法权益，造成财产损失或者其他损害的，依法承担民事责任；构成犯罪的，依法追究刑事责任。

第九章　附　则

第六十九条 本法自 2008 年 1 月 1 日起施行。

第二部分

行政法规和规范性文件

中国妇女发展纲要

（2011—2020 年）

实行男女平等是国家的基本国策，男女平等的实现程度是衡量社会文明进步的重要标志。妇女占全国人口的半数，是经济社会发展的重要力量。在发展中维护妇女权益，在维权中促进妇女发展，是实现妇女解放的内在动力和重要途径。保障妇女权益、促进妇女发展、推动男女平等，对国家经济社会发展和中华民族文明进步具有重要意义。

2001 年，国务院颁布了《中国妇女发展纲要（2001—2010 年）》（以下简称“纲要”），确定了妇女与经济、妇女参与决策和管理、妇女与教育、妇女与健康、妇女与法律、妇女与环境六个优先发展领域的主要目标和策略措施。十年来，国家将妇女发展纳入国民经济和社会发展总体规划，不断完善保障妇女权益的法律体系，强化政府管理责任，加大经费投入，加强社会宣传动员，有力推动了“纲要”的实施。截至 2010 年，“纲要”确定的主要目标基本实现，我国在促进妇女发展和男女平等方面取得了重大进展。妇女享有社会保障的程度普遍提高，贫困妇女状况进一步改善；妇女参政水平不断提高，社会参与意识进一步增强；妇女受教育水平稳步提高，男女受教育差距进一步缩小；妇女健康水平明显提高，人均预期寿命进一步延长；保障妇女权益的立法、执法力度持续加大，妇女权益进一步得到保障；男女平等基本国策进一步深入人心，妇女发展的社会环境进一步改善。这十年是我国妇女发展的历史最好时期之一。

受社会主义初级阶段生产力发展水平和社会文明程度的制约与影响，妇女发展仍面临诸多问题与挑战。就业性别歧视仍未消除，妇女在资源占有和收入方面与男性存在一定差距；妇女参与决策和管理的水平仍然较低；妇女受教育程度与男性存在一定差距；妇女的健康需求有待进一步满足；妇女发展的社会环境有待进一步优化；妇女的社会保障水平有待进一步提高。各阶层妇女利益需求日益呈现多元化，城乡区域妇女发展不平衡仍未全面解决。

未来十年，经济全球化将深入发展，国际竞争会日趋激烈。国际社会在推动人类发展进程中，更加关注妇女发展和性别平等。从现在起到 2020 年，是我国全面建设小康社会的关键时期。经济社会快速发展，既为妇女发展提供了难得的机遇，也提出了新的挑战。促进妇女全面发展，实现男女平等任重道远。

依照《中华人民共和国宪法》的基本原则，根据《中华人民共和国妇女权益保障法》和有关法律规定，遵循联合国《消除对妇女一切形式歧视公约》、第四次世界妇女大会通过的北京宣言、行动纲领等国际公约和文件的宗旨，按照我国经济社会发展的总体目标和要求，结合我国妇女发展和男女平等的实际情况，制定本纲要。

一、指导思想和基本原则

（一）指导思想

高举中国特色社会主义伟大旗帜，以邓小平理论和“三个代表”重要思想为指导，深入贯彻落实科学发展观，实行男女平等基本国策，保障妇女合法权益，优化妇女发展环境，提高妇女社会地位，推动妇女平等依法行使民主权利，平等参与经济社会发展，平等享有改革发展成果。

（二）基本原则

1. 全面发展原则。从妇女生存发展的基本需求出发，着力解决关系妇女切身利益的现实问题，努力实现妇女在政治、经济、文化和社会等各方面的全面发展。

2. 平等发展原则。完善和落实促进男女平等的法规政策，更加注重社会公平，构建文明先进的性别文化，营造良好的社会环境，缩小男女社会地位差距，促进两性和谐发展。

3. 协调发展原则。加大对农村及贫困地区和民族地区妇女发展的支持力度，通过完善制度、增加投入、优化项目布局等措施，缩小城乡区域妇女在人均收入水平、生活质量、文化教育、医疗卫生服务、社会保障等方面的差距。

4. 妇女参与原则。依法保障妇女参与经济社会发展的权利，尊重妇女的主体地位，引导和支持妇女在推动社会主义经济建设、政治建设、文化建设、社会建设以及生态文明建设的实践中，实现自身的进步与发展。

二、总目标

将社会性别意识纳入法律体系和公共政策，促进妇女全面发展，促进两性和谐发展，促进妇女与经济社会同步发展。保障妇女平等享有基本医疗卫生服务，生命质量和健康水平明显提高；平等享有受教育的权利和机会，受教育程度持续提高；平等获得经济资源和参与经济发展，经济地位明显提升；平等参与国家和社会事务管理，参政水平不断提高；平等享有社会保障，社会福利水平显著提高；平等参与环境决策和管理，发展环境更为优化；保障妇女权益的法律体系更加完善，妇女的合法权益得到切实保护。

三、发展领域、主要目标和策略措施

（一）妇女与健康

主要目标：

1. 妇女在整个生命周期享有良好的基本医疗卫生服务，妇女的人均预期寿命延长。

2. 孕产妇死亡率控制在 20/10 万以下。逐步缩小城乡区域差距，降低流动人口孕产妇死亡率。

3. 妇女常见病定期筛查率达到 80% 以上。提高宫颈癌和乳腺癌的早诊早治率，降低死亡率。

4. 妇女艾滋病感染率和性病感染率得到控制。

5. 降低孕产妇中重度贫血患病率。

6. 提高妇女心理健康知识和精神疾病预防知识知晓率。

7. 保障妇女享有避孕节育知情选择权，减少非意愿妊娠，降低人工流产率。

8. 提高妇女经常参加体育锻炼的人数比例。

策略措施：

1. 加大妇幼卫生工作力度。优化卫生资源配置，增加农村和边远地区妇幼卫生经费投入。加强各级妇幼保健机构建设，坚持妇幼保健机构的公益性质，健全妇幼卫生服务网络，完善基层妇幼卫生服务体系，为妇女提供均等化的保健服务。加快妇幼卫生人才培养，加强妇幼保健机构人员配备。加大执法监督力度，严肃查处危害妇女健康的非法行为。

2. 加强妇女健康相关科学技术研究。充分依靠科技进步，统筹和优化科技资源配置，组织跨部门、跨地区、跨学科协同攻关，加强对妇女健康主要影响因素及干预措施等的研究；鼓励自主创新，促进成果转化，推广促进妇女健康的新技术和适宜技术。

3. 提高妇女生殖健康服务水平。针对妇女生理特点，大力普及生殖健康知识，提高妇女自我保健意识和能力。提供规范的青春期、育龄期、孕产期、更年期和老年期妇女生殖保健服务，有针对性地解决妇女特殊生理时期的健康问题。

4. 保障孕产妇安全分娩。加强基层医疗保健机构产科建设和人员培训，提高产科服务质量和孕产妇卫生保健水平。孕产妇系统管理率达到85%以上，全国孕产妇住院分娩率达到98%以上，农村孕产妇住院分娩率达到96%以上。健全孕产妇医疗急救网络，推广适宜助产技术，加强孕产妇危重症救治。落实农村孕产妇住院分娩补助政策。为孕产妇提供必要的心理指导和健康教育，普及自然分娩知识，帮助其科学选择分娩方式，控制剖宫产率。

5. 加大妇女常见病防治力度。普及妇女常见病防治知识，建立妇女常见病定期筛查制度。加大专项资金投入，扩大宫颈癌、乳腺癌检查覆盖范围。加强基层妇幼卫生人员和计划生育服务提供者的卫生保健专业知识及服务能力培训。提高医疗保健机构宫颈癌、乳腺癌诊治能力，对贫困、重症患者治疗按规定给予补助。

6. 预防和控制艾滋病、性病传播。完善艾滋病和性病防治工作机制。针对妇女重点人群加强宣传教育，推广有效干预措施。强化对娱乐场所的监管，严厉打击吸毒、嫖娼等违法行为。将艾滋病、梅毒、乙肝等母婴传播阻断纳入妇幼保健日常工作，强化预防艾滋病母婴传播综合服务，孕产妇艾滋病和梅毒检测率分别达到80%和70%，感染艾滋病和梅毒的孕产妇及所生儿童采取预防母婴传播干预措施比例均达到90%以上。

7. 提高妇女营养水平。大力开展健康和营养知识的宣传普及和教育，提倡科学、合理的膳食结构和习惯。为孕前、孕产期和哺乳期妇女等重点人群提供有针对性的营养指导和干预。预防和治疗孕产妇贫血。加强对营养强化食品生产和流通的监管。

8. 保障妇女享有计划生育优质服务。研究推广安全、有效、适宜的避孕节育新技术和新方法，推行避孕节育知情选择，提供避孕节育优质服务。加大避孕知识宣传力度，提高妇女自我保护意识和选择科学合理避孕方式的能力，预防和控制非意愿妊娠和人工流产。强化男女共同承担避孕节育的责任意识，开发、研制男性避孕节育产品，动员男性采取节育措施，提高男性避孕方法使用比重。

9. 提高妇女精神卫生服务水平。建立覆盖城乡、功能完善的精神卫生防治和康复服务网络。针对妇女生理和心理特点，开展咨询和服务。加强精神卫生专业机构和医疗保健机构人员精神卫生知识培训。开展妇女产后抑郁症预防、早期发现及干预。

10. 加强流动妇女卫生保健服务。完善流动妇女管理机制和保障制度，逐步实现流动妇女享有与流入地妇女同等的卫生保健服务。加大对流动妇女卫生保健知识的宣传力度。

11. 引导和鼓励妇女参加经常性体育锻炼。加强对妇女体育健身活动的科学指导，提高妇女健身意识。积极发展城乡社区体育，鼓励妇女参与全民健身运动。加强对老年妇女、残疾妇女体育活动的指导和服务。

（二）妇女与教育

主要目标：

1. 教育工作全面贯彻性别平等原则。

2. 学前三年毛入园率达到70%，女童平等接受学前教育。

3. 九年义务教育巩固率达到95%，女童平等接受九年义务教育，消除女童辍学现象。

4. 高中阶段教育毛入学率达到90%，女性平等接受高中阶段教育。

5. 高等教育毛入学率达到40%，女性平等接受高等教育，高等学校在校生中男女比例保持均衡。

6. 高等学校女性学课程普及程度提高。

7. 提高女性接受职业学校教育和职业培训的比例。

8. 主要劳动年龄人口中女性平均受教育年限达到11.2年。

9. 女性青壮年文盲率控制在2%以下。

10. 性别平等原则和理念在各级各类教育课程标准及教学过程中得到充分体现。

策略措施：

1. 在教育法规、政策和规划的制定、修订、执行和评估中，增加性别视角，落实性别平等原则。

2. 切实保障女童平等接受学前教育。资助贫困家庭女童和残疾女童接受普惠性学前教育。提高农村学前教育普及程度，多形式增加农村学前教育资源，着力保证留守女童入园。

3. 确保适龄女童平等接受义务教育。加大对教育法、义务教育法等法律法规的宣传力度，提高家长保障女童接受义务教育的守法意识和自觉性。

4. 保障女性平等接受高中阶段教育。加大对中西部贫困地区高中阶段教育的扶持力度，满足农村和贫困地区女生接受高中阶段教育的需求。对普通高中家庭经济困难女生和残疾女生给予资助，保障女生不因家庭经济困难和个人生活困难辍学。逐步实行中等职业教育免费，保障未升入高中的女童在就业前接受必要的职业教育。

5. 提高女性接受高等教育的水平。采取积极措施，保障女性平等接受高等教育，提高女性主要劳动年龄人口中受过高等教育的比例。多渠道、多形式为贫困和残疾女大学生提供资助。

6. 满足妇女接受职业教育的需求。坚持职业学校教育与职业培训并举，为妇女接受职业教育提供更多的机会和资源。扶持边远贫困地区妇女和残疾妇女接受职业教育。为失学大龄女童提供补偿教育，增加职业培训机会。组织失业妇女接受多种形式的职业培训，提高失业妇女创业和再就业能力。根据残疾妇女身心特点，合理设置残疾人职业教育专业。

7. 提高妇女终身教育水平。构建灵活开放的终身教育体系，为妇女提供多样化的终身教育机会和资源。鼓励妇女接受多形式的继续教育，支持用人单位为从业妇女提供继续教育的机会。提高妇女利用新型媒体接受现代远程教育的能力。

8. 促进妇女参与社区教育。整合、优化社区教育资源，发展多样化社区教育模式，丰富社区教育内容，满足妇女个性化的学习和发展需求。大力发展社区老年教育，为老年妇女提供方便、灵活的学习条件。

9. 继续扫除妇女文盲。创新和完善扫盲工作机制，制定出台相关优惠政策，加大扫除女性青壮年文盲工作力度。通过组织补偿学习，深化扫盲和扫盲后的继续教育，巩固发展扫盲成果。

10. 加大女性技术技能人才培养力度。完善科技人才政策，探索建立多层次、多渠道的女性科技人才培养体系。依托国家重点实验室、重大科研项目和重大工程建设项目，聚集、培养女性专业技术人才和技能人才。

11. 加强妇女理论研究和高等学校女性学学科建设。在国家社科基金等科研基金中增加社会性别和妇女发展的相关项目和课题，推动妇女理论研究。提高女性学学科等级，鼓励高等学校开设女性学专业或女性学课程，培养女性学专业人才。

12. 实施教育内容和教育过程性别评估。在课程和教材相关指导机构中增加社会性别专家。在教育内容和教育方式中充分体现社会性别理念，引导学生树立男女平等的性别观念。

13. 提高教育工作者的社会性别意识。加大对教育管理者社会性别理论的培训力度，在师资培训计划和师范类院校课程中增加性别平等内容，强化教育管理者的社会性别意识。提高各级各类学校和教育行政部门决策和管理层的女性比例。

14. 均衡中、高等教育学科领域学生的性别结构。鼓励学生全面发展，弱化性别因素对学生专业选择的影响。采取多种方式，鼓励更多女性参与高科技领域的学习和研究。

（三）妇女与经济

主要目标：

1. 保障妇女平等享有劳动权利，消除就业性别歧视。

2. 妇女占从业人员比例保持在40%以上，城镇单位女性从业人数逐步增长。

3. 男女非农就业率和男女收入差距缩小。

4. 技能劳动者中的女性比例提高。

5. 高级专业技术人员中的女性比例达到35%。

6. 保障女职工劳动安全，降低女职工职业病发病率。

7. 确保农村妇女平等获得和拥有土地承包经营权。

8. 妇女贫困程度明显降低。

策略措施：

1. 加大妇女经济权利的法律保障力度。制定和完善保障妇女平等参与经济发展、平等享有劳动权利的法规政策，确保妇女平等获得经济资源和有效服务。严格执行就业促进法、劳动合同法等法律法规。

2. 消除就业中的性别歧视。除法律规定不适合女性的工种和岗位外，任何单位在录用人员时不得以性别或变相以性别为由拒绝录用女性或提高女性录用标准，不得在劳动合同中规定或以其他方式变相限制女性结婚、生育。加大劳动保障监察执法力度，依法查处用人单位和职业中介机构的性别歧视行为。

3. 扩大妇女就业渠道。大力推进第三产业发展，为妇女创造新的就业机会和就业岗位。不断提高中小企业和非公有制企业吸纳妇女就业的能力。采取有效措施，推动妇女在新兴产业和新兴行业就业。制定实施更加积极的就业政策，强化对就业困难妇女的就业援助。完善创业扶持政策，采取技能培训、税费减免、贷款贴息、跟踪指导等措施，支持和帮助妇女成功创业。

4. 促进女大学生充分就业。加强面向高校女大学生的就业指导、培训和服务，引导女大学生树立正确的择业就业观。完善女大学生自主创业扶持政策，开展女大学生自主创业培训，促进帮扶女大学生创业。

5. 为就业困难妇女创造有利的就业条件。落实公益性岗位政策，扶持大龄、残疾等就业困难妇女就业。认真落实有关法律规定，支持生育妇女重返工作岗位。按规定落实社会保险补贴、培训补贴、小额担保贷款贴息等就业扶持政策，帮助失业妇女创业和再就业。

6. 改善妇女就业结构。加快城乡一体化进程，多渠道引导和扶持农村妇女向非农产业有序转移。完善国家技能人才培养、评价、激励等政策，加强对妇女的职业技能培训，提高初、中、高级技能劳动者中的女性比例。引导妇女积极参与科学研究和技术领域的发展，为她们成长创造条件。

7. 全面落实男女同工同酬。建立健全科学合理的工资收入分配制度，对从事相同工作、付出等量劳动、取得相同劳绩的劳动者，用人单位要支付同等劳动报酬。

8. 保障女职工职业卫生安全。广泛开展职业病防治宣传教育，提高女职工特别是灵活就业女职工的自我保护意识。加强职业病危害的管理与监督。将女职工特殊劳动保护作为劳动保障监察和劳动安全监督的重要内容。加强女职工劳动保护，禁止安排女职工从事禁忌劳动范围的劳动，减少女职工职业病的发生。

9. 保障女职工劳动权益。不断完善女职工劳动保护法律法规，加强法律法规和安全卫生知识的宣传教育及培训，提高女职工自我保护意识。规范企业用工行为，提高企业劳动合同签订率，推进已建工会的企业签订并履行女职工权益保护专项集体合同。依法处理侵犯女职工权益案件。

10. 保障农村妇女土地权益。落实和完善保障农村妇女土地权益的相关政策，纠正与法律法规相冲突的村规民约。建立健全农村集体资金、资产、资源管理等各项制度，推动各地出台农村集体经济组织内部征地补偿费分配使用办法，确保妇女享有与男子平等的土地承包经营权、宅基地使用权和集体收益分配权。

11. 提高农村妇女经济收入。大力推动农业生产互助合作组织发展，提升农业生产规模和经营收益。保障农村妇女享有国家规定的各项农业补贴。围绕农产品产地初加工、休闲农业和乡村旅游等农村第二、第三产业发展，积极创造适宜农村妇女就业的岗位。开展便于农村妇女参与的实用技术培训和职业技能培训，帮助农村留守妇女和返乡妇女多种形式创业就业。支持金融机构、企业等组织与妇女组织合作，面向农村妇女开展金融服务和相关培训。

12. 加大对贫困妇女的扶持力度。制订有利于贫困妇女的扶贫措施，保障贫困妇女的资源供给。帮助、支持农村贫困妇女实施扶贫项目。小额担保贷款等项目资金向城乡贫困妇女倾斜。

（四）妇女参与决策和管理

主要目标：

1. 积极推动有关方面逐步提高女性在全国和地方各级人大代表、政协委员以及人大、政协常委中的比例。

2. 县级以上地方政府领导班子中有 1 名以上女干部，并逐步增加。

3. 国家机关部委和省（区、市）、市（地、州、盟）政府工作部门领导班子中女干部数量在现有基础上逐步增加。

4. 县（处）级以上各级地方政府和工作部门领导班子中担任正职的女干部占同级正职干部的比例逐步提高。

5. 企业董事会、监事会成员及管理层中的女性比例逐步提高。

6. 职工代表大会、教职工代表大会中女代表比例逐步提高。

7. 村委会成员中女性比例达到30%以上。村委会主任中女性比例达到10%以上。

8. 居委会成员中女性比例保持在50%左右。

策略措施：

1. 制定和完善促进妇女参与决策和管理的相关法规政策。积极推动有关方面采取措施提高人大代表、政协委员、村民委员会、居民委员会中的女性比例及候选人中的女性比例。

2. 为妇女参与决策和管理创造良好社会环境。开展多种形式的宣传，提高全社会的性别平等意识，以及对妇女在推动国家民主法治进程和促进两性和谐发展中重要作用的认识。

3. 提高妇女参与决策和管理的意识和能力。面向妇女开展宣传培训，不断提高妇女民主参与意识和能力，鼓励和引导妇女积极参与决策和管理。保障女干部接受各类培训的机会，加大对基层女干部的培训力度，不断提高女干部政治文化素质和决策管理能力。

4. 完善干部人事制度和公务员管理制度。在干部选拔、聘（任）用、晋升中切实贯彻“民主、公开、竞争、择优”原则，保障妇女不受歧视。加强对公务员录用、培训、考核、奖励、交流、晋升等各环节的严格监管，保证妇女平等权利。

5. 加大培养、选拔女干部力度。贯彻落实相关法规政策中关于女干部培养选拔和配备的要求。通过培养、交流等形式，推动一定比例的女干部到重要部门、关键岗位担任主要领导职务。注重从基层、生产一线培养选拔女干部。逐步提高后备干部队伍中女干部的比例。

6. 推动妇女参与企业经营管理。深化企业人事制度改革，坚持公开、透明、择优的选拔任用原则，通过组织推荐、公开招聘、民主选举、竞争上岗等方式，使更多妇女进入企业的董事会、监事会和管理层。

7. 推动妇女广泛参与基层民主管理。完善村委会、居委会等基层民主选举制度，为妇女参与基层民主管理创造条件。完善以职工代表大会为基本形式的民主管理制度，保障企事业职工代表大会女代表比例与女职工比例相适应。

8. 拓宽妇女参与决策和管理的渠道。在制定涉及公众利益和妇女权益的重大决策时，充分听取女人大代表、女政协委员和妇女群众的意见和建议。大力开展多种形式的参政议政活动，为妇女参与决策和管理提供机会。

9. 提高妇联组织参与决策和管理的影响力。充分发挥妇联组织代表妇女参与国家和社会事务的民主决策、民主管理和民主监督的作用。充分吸收妇联组织参与有关妇女法规政策和重大公共政策的制定，反映妇女群众的意见和诉求。重视妇联组织在培养、推荐女干部和优秀女性人才，以及推动妇女参政议政等方面的意见和建议。

（五）妇女与社会保障

主要目标：

1. 城乡生育保障制度进一步完善，生育保险覆盖所有用人单位，妇女生育保障水平稳步提高。

2. 基本医疗保险制度覆盖城乡妇女，医疗保障水平稳步提高。

3. 妇女养老保障覆盖面逐步扩大。继续扩大城镇个体工商户和灵活就业妇女的养老保险覆盖面，大幅提高新型农村社会养老保险妇女参保率。

4. 妇女参加失业保险的人数增加，失业保险待遇水平逐步提高。

5. 有劳动关系的女性劳动者全部参加工伤保险。

6. 妇女养老服务水平提高，以城乡社区为单位的养老服务覆盖率达到90%以上。

策略措施：

1. 加强妇女社会保障法制建设。贯彻落实社会保险法，制定配套法规，为妇女普遍享有生育保险、医疗保险、养老保险、失业保险和工伤保险提供法制保障。

2. 完善生育保障制度。完善城镇职工生育保险制度，进一步扩大生育保险覆盖范围，提高参保率。以城镇居民基本医疗保险、新型农村合作医疗制度为依托，完善城乡生育保障制度，覆盖所有城乡妇女。

3. 确保城乡妇女享有基本医疗保障。继续扩大城镇职工基本医疗保险、城镇居民基本医疗保险和新型农村合作医疗覆盖面，逐步提高保障水平。

4. 完善覆盖城乡的养老保险制度。完善城镇职工养老保险制度，加快建立城镇居民养老保险制度，大力推进新型农村社会养老保险。

5. 进一步完善失业保险制度。继续扩大失业保险覆盖范围，切实保障女性失业者的失业保险合法权益。

6. 保障女性劳动者的工伤保险合法权益。扩大工伤保险覆盖范围，加大执法力度，确保各项工伤保险待遇的落实。

7. 完善城乡社会救助制度。建立与经济增长和物价水平相适应的救助标准调整机制，合理确定救助水平，对符合救助条件的妇女进行救助。

8. 倡导社会力量参与救助。大力支持和规范社会组织和公民的救助活动，鼓励社会组织开展公益活动，多方动员社会资源，为困难妇女提供救助。

9. 保障老年妇女享有基本养老服务。建立健全社会养老服务体系，加大老龄事业投入，发展公益性社区养老机构，加强养老服务队伍的专业化建设，提高社区的养老照护能力和服务水平。

10. 为残疾妇女提供社会保障。为重度和贫困残疾妇女参加新型农村合作医疗、城镇居民基本医疗保险、新型农村社会养老保险等社会保险提供保费补贴。多渠道保障残疾贫困妇女的基本生活。加强残疾人福利机构和康复服务机构建设，市、县普遍建立残疾人综合服务设施。推进残疾妇女社区康复。

（六）妇女与环境

主要目标：

1. 男女平等基本国策进一步落实，形成两性平等、和谐的家庭和社会环境。

2. 性别平等原则在环境与发展、文化与传媒、社会管理与家庭等相关政策中得到充分体现。

3. 完善传媒领域的性别平等监管机制。

4. 开展基于社区的婚姻家庭教育和咨询，建立平等、文明、和谐、稳定的家庭关系。

5. 鼓励和引导妇女做和谐家庭建设的推动者。

6. 开展托幼、养老家庭服务，为妇女更好地平衡工作和家庭责任创造条件。

7. 全面解决农村饮水安全问题，降低水污染对妇女健康的危害。农村集中式供水受益人口比例提高到85%左右。

8. 农村卫生厕所普及率提高到85%。城镇公共厕所男女厕位比例与实际需求相适应。

9. 倡导妇女参与节能减排，践行低碳生活。

10. 提高妇女预防和应对灾害风险的能力，满足妇女在减灾中的特殊需求。

策略措施：

1. 加大男女平等基本国策的理论研究和宣传力度。将男女平等基本国策理论研究与中国特色社会主义理论研究相结合，不断丰富男女平等基本国策的理论基础。推动将男女平等基本国策宣传培训纳入各级党校、行政学院教学计划和各级干部培训规划。多渠道、多形式宣传男女平等基本国策，使性别平等理念深入社区、家庭，提高基本国策的社会影响力。

2. 制定和落实具有社会性别意识的文化和传媒政策。对文化和传媒政策进行社会性别分析、评估，反映对男女两性的不同影响和需求，制定促进两性和谐发展的文化和传媒政策，禁止性别歧视。

3. 大力宣传妇女在推动经济社会发展中的积极作用。在新闻出版、广播影视以及文学艺术等领域，充分展示妇女参与和推动经济发展及社会进步的成就、价值和贡献。大力宣传妇女中的先进模范人物，引导广大妇女发扬自尊、自信、自立、自强的精神。

4. 加强对传媒的正面引导和管理。将社会性别意识纳入传媒培训规划，提高媒体决策和管理者及从业人员的社会性别意识。完善传媒监管机制，增加性别监测内容，吸纳社会性别专家参与传媒监测活动。监督新闻媒体和广告经营者严格自律。禁止在媒体中出现贬抑、否定妇女独立人格等性别歧视现象。

5. 提高妇女运用媒体获取知识和信息的能力。为妇女接触、学习和运用大众媒体提供条件和机会。支持和促进边远农村和贫困、流动、残疾等妇女使用媒体和通信传播技术。鼓励民间机构和企业等运用各类信息通信技术帮助边远地区妇女获得信息和服务。

6. 营造平等、和谐的家庭环境。通过开展多种形式的宣传教育活动，弘扬尊老爱幼、男女平等、夫妻和睦、勤俭持家、邻里团结的家庭美德，树立先进的性别文化，倡导文明、健康、科学的生活方式和男女共同承担家庭责任。

7. 引导妇女参与家庭教育指导和宣传实践活动。多形式、多渠道宣传和普及家庭教育知识，积极引导儿童家长接受家庭教育指导服务和家庭教育实践活动。通过有效措施，吸纳妇女参与家庭教育研究，推广家庭教育成果。

8. 深入开展家庭教育指导服务和宣传活动。充分发挥传统与现代传媒作用，普及家庭教育知识，帮助家长树立科学的教育理念，掌握正确方法。

9. 大力推进社区公共服务体系建设。发展面向家庭的公共服务，为夫妻双方兼顾工作和家庭提供支持。发展公共托幼服务，为婴幼儿家庭提供支持。强化城乡社区儿童服务功能，提高家务劳动社会化程度。

10. 减少环境污染对妇女的危害。完善环境监测和健康监测数据库，从性别视角分析评估饮用水、室内空气污染和生活、工业、农业等环境污染对妇女健康的危害，加强对环境污染的控制和治理，有效减少各种污染对环境的影响。提高生活垃圾减量化、资源化和无害化水平。加强清洁能源的开发利用，改善家庭能源结构。加大对从事有毒有害作业妇女健康的保护力度。

11. 组织动员妇女积极参与生态建设和环境保护。开展多层次、多形式的生态和环境保护宣传教育活动，增强妇女生态文明意识，提高妇女参与生态建设和环境保护的能力。促进妇女主动参与节能减排，崇尚绿色消费，践行低碳生活。

12. 建立健全农村饮水安全保障体系。继续推进农村饮水安全工程建设，大力发展农村集中式供水工程，加强农村饮水安全工程运行管理，落实管护主体，加强水源保护和水质监测，确保工程长期发挥效益。

13. 提高农村卫生厕所的普及程度。大力宣传改厕的重要意义，鼓励农民自觉改厕。加强对改厕工作的技术指导和服务。将改厕纳入新农村建设规划，改厕成效纳入政府年度工作考核范围。

14. 推动城镇公共厕所男女厕位比例与实际需求相适应。在场馆、商场等公共场所的建设规划中，从性别视角进行公共厕所的男女使用需求和效率的分析研究，充分考虑妇女生理特点，确定合理的男女厕位比例。

15. 在减灾工作中体现性别意识。根据妇女特殊需求，在减灾工作中对妇女提供必要的救助和服务。通过宣传培训，提高妇女预防和应对灾害的能力，吸收妇女参与相关工作。加强对灾区妇女的生产自救和就业指导。

16. 开展促进妇女发展的国际交流与合作。积极履行联合国《消除对妇女一切形式歧视公约》等国际文件，扩大多边和双边交流与合作，宣传我国促进妇女发展取得的成就，提高我国妇女在国际事务中的影响力。

（七）妇女与法律

主要目标：

1. 促进男女平等的法律法规不断完善。

2. 加强对法规政策的性别平等审查。

3. 妇女依法维护自身权益的意识和能力不断增强。

4. 严厉打击强奸、拐卖妇女和组织、强迫、引诱、容留、介绍妇女卖淫等严重侵害妇女人身权利的犯罪行为。

5. 预防和制止针对妇女的家庭暴力。

6. 保障妇女在婚姻家庭关系中的财产权益。

7. 保障妇女依法获得法律援助和司法救助。

策略措施：

1. 不断完善保障妇女权益的法律体系。针对妇女权益保障中的突出问题，推动制定和完善相关法律法规，保障妇女在政治、文化教育、人身、财产、劳动、社会保障、婚姻家庭等方面的权利。

2. 加强对法规政策中违反男女平等原则内容的审查。贯彻落实立法法中有关法规政策的备案审查制度和程序的规定，依法加强对违反男女平等原则法规政策的备案审查，并对现行法规政策中违反男女平等原则的条款和内容进行清理。

3. 保障妇女有序参与立法。引导和鼓励广大妇女通过多种途径参与立法活动，发表意见和建议。拓展妇联组织和其他妇女组织参与立法的途径，广泛听取其意见和建议。

4. 支持和配合各级人大开展对维护妇女权益相关法律法规的执法检查，深入了解法律法规执行中的问题，提出解决问题的意见和建议。

5. 广泛深入宣传保障妇女权益的法律知识。加大普法力度，将保障妇女权益法律知识的宣传教育纳入全民普法规划，推动城乡社区普法工作深入开展。面向广大妇女多渠道、多形式开展专项普法活动。

6. 加强社会性别理论培训。将社会性别理论纳入立法、司法和执法部门常规培训课程，提高立法、司法和执法人员的社会性别意识。

7. 提高妇女在司法和执法中的影响力。鼓励和推荐符合人民陪审员条件的妇女担任人民陪审员。鼓励和推荐有专业背景的妇女担任人民检察院特约检察员或人民监督员。

8. 严厉打击组织、强迫、引诱、容留、介绍妇女卖淫犯罪活动。强化整治措施，加大监管力度，严厉查处涉黄娱乐服务场所，依法从严惩处犯罪分子。加大社会治安综合治理力度，鼓励群众对涉黄违法犯罪活动进行举报和监督。

9. 加大反对拐卖妇女的工作力度。坚持预防为主、防治结合，提高全社会的反拐意识和妇女的防范意识。加强综合治理，加大对拐卖妇女犯罪行为的打击力度。加强被解救妇女身心康复和回归社会的工作。

10. 预防和制止针对妇女的家庭暴力。推动预防和制止家庭暴力的立法进程。加强宣传教育，增强全社会自觉抵制家庭暴力的意识和能力，提高受家庭暴力侵害妇女的自我保护能力。完善预防和制止家庭暴力多部门合作机制，以及预防、制止、救助一体化工作机制。

11. 有效预防和制止针对妇女的性骚扰。建立健全预防和制止性骚扰的法规和工作机制，加大对性骚扰行为的打击力度。用人单位采取有效措施，防止工作场所的性骚扰。

12. 维护婚姻家庭关系中的妇女财产权益。依照有关法律规定，在审理婚姻家庭和继承案件中，体现性别平等；在离婚案件审理中，考虑婚姻关系存续期间妇女在照顾家庭上投入的劳动、妇女离婚后的生存发展以及抚养未成年子女的需要，实现公平补偿。

13. 维护农村妇女在村民自治中的合法权益。贯彻落实村民委员会组织法，保障妇女依法行使民主选举、民主决策、民主管理、民主监督的权利。乡（镇）人民政府对报送其备案的村民自治章程和村规民约，发现有与宪法、法律、法规和国家的政策相抵触，含有歧视妇女或损害妇女合法权益内容的，应及时予以纠正。

14. 及时受理侵害妇女权益案件。依照有关法律规定，对涉及妇女个人隐私的案件，在诉讼过程中采取措施使受害妇女免受二次伤害。

15. 依法为妇女提供法律援助。提高法律援助的社会知晓率，鼓励符合条件的妇女申请法律援助并为其提供便利。进一步扩大法律援助覆盖面，健全完善法律援助工作网络。鼓励和支持法律服务机构、社会组织、事业单位等为妇女提供公益性法律服务和援助。

16. 依法为妇女提供司法救助。为经济困难或因其他特殊情况需要救助的妇女提供司法救助，实行诉讼费的缓交、减交或免交。建立完善刑事被害人救助制度，对因受犯罪侵害而陷入生活困境的妇女实行国家救助，保障受害妇女的基本生活。

四、组织实施

（一）加强对纲要实施工作的组织领导。国务院及地方各级妇女儿童工作委员会（以下简称妇儿工委）负责纲要实施的组织、协调、指导和督促。政府有关部门、相关机构和社会团体结合各自职责，承担落实纲要中相应目标任务。

（二）制定地方妇女发展规划和部门实施方案。县级以上地方人民政府依据本纲要，结合实际制定本地区妇女发展规划。国务院及地方政府各有关部门、相关机构和社会团体结合各自职责，按照任务分工，制定实施方案，形成全国妇女发展规划体系。

（三）加强纲要与国民经济和社会发展规划的衔接。在经济和社会发展总体规划中体现男女平等基本国策，将妇女发展的主要指标纳入经济和社会发展总体规划及专项规划，统一部署，统筹安排，同步实施，同步发展。

（四）保障妇女发展的经费投入。各级政府将实施纲要所需经费纳入财政预算，加大经费投入，并随着经济增长逐步增加。重点扶持贫困地区和少数民族地区妇女发展。动员社会力量，多渠道筹集资金，支持妇女发展。

（五）建立健全实施纲要的工作机制。建立政府主导、多部门合作、全社会参与的工作机制，共同做好纲要实施工作。建立目标管理责任制，将纲要主要目标纳入相关部门、机构和社会团体的目标管理和考核体系，考核结果作为对领导班子和有关负责人综合考核评价的重要内容。健全报告制度，各有关部门每年向本级政府妇儿工委和上级主管部门报告纲要实施的情况，各级妇儿工委每年向上级妇儿工委报告本地区纲要实施的总体情况。健全会议制度，定期召开各级妇儿工委全体会议，汇报、交流实施纲要的进展情况。健全监测评估制度，明确监测评估责任，加强监测评估工作。

（六）坚持和创新实施纲要的有效做法。及时开展对妇女发展和权益保护状况的调查研究，掌握新情况，分析新问题，为制定相关法规政策提供依据。加强妇女发展领域理论研究，总结探索妇女发展规律和妇女工作规律。开展国际交流与合作，学习借鉴促进妇女发展的先进理念和经验。不断创新工作方法，通过实施项目、为妇女办实事等方式解决重点难点问题；通过分类指导、示范先行，总结推广经验，推进纲要实施。

（七）加大实施纲要宣传力度。多渠道、多形式面向各级领导干部、妇女工作者、广大妇女和全社会宣传纲要内容及纲要实施中的典型经验和成效，宣传促进妇女发展的法规政策和国际公约，营造有利于妇女发展的社会氛围。

（八）加强实施纲要能力建设。将实施纲要所需知识纳入培训计划，举办多层次、多形式培训，增强政府及各有关部门、机构相关人员、相关专业工作者实施纲要的责任意识和能力。

（九）鼓励妇女参与纲要实施。妇女既是纲要实施的受益者，也是纲要实施的参与者。实施纲要应听取妇女的意见和建议。鼓励妇女参与纲要实施，提高参与意识和能力，实现自身发展。

五、监测评估

（一）对纲要实施情况进行年度监测、中期评估和终期评估。及时收集、整理、分析反映妇女发展状况的相关数据和信息，动态反映纲要目标进展情况。在此基础上，系统分析和评价纲要目标达标状况，评判纲要策略措施和纲要实施工作的效率、效果、效益，预测妇女发展趋势。通过监测评估，准确掌握妇女发展状况，制定和调整促进妇女发展的政策措施，推动纲要目标的实现，为规划未来妇女发展奠定基础。

（二）各级妇儿工委设立监测评估领导小组，负责组织领导监测评估工作，审批监测评估方案，审核监测评估报告等。监测评估领导小组下设监测组和评估组。

监测组由各级统计部门牵头，负责纲要监测工作的指导和人员培训，研究制定监测方案，收集、整理、分析数据和信息，撰写并提交年度监测报告等。

评估组由各级妇儿工委办事机构牵头，负责评估工作的指导和人员培训，制定评估方案，组织开展评估工作，撰写并提交评估报告等。

（三）各级政府要将监测评估工作所需经费纳入财政预算。各级政府及有关部门结合监测评估结果开展宣传，研究利用监测评估结果加强纲要实施。

（四）建立妇女发展综合统计制度，规范和完善与妇女生存、发展有关的统计指标和分性别统计指标，将其纳入国家和部门常规统计或统计调查。建立和完善国家、省、地三级妇女发展监测数据库。

（五）各级妇儿工委成员单位、相关机构及有关部门要向同级统计部门报送年度监测数据，向同级妇儿工委提交中期和终期评估报告。

女职工劳动保护特别规定

（2012 年 4 月 18 日通过）

第一条 为了减少和解决女职工在劳动中因生理特点造成的特殊困难，保护女职工健康，制定本规定。

第二条 中华人民共和国境内的国家机关、企业、事业单位、社会团体、个体经济组织以及其他社会组织等用人单位及其女职工，适用本规定。

第三条 用人单位应当加强女职工劳动保护，采取措施改善女职工劳动安全卫生条件，对女职工进行劳动安全卫生知识培训。

第四条 用人单位应当遵守女职工禁忌从事的劳动范围的规定。用人单位应当将本单位属于女职工禁忌从事的劳动范围的岗位书面告知女职工。

女职工禁忌从事的劳动范围由本规定附录列示。国务院安全生产监督管理部门会同国务院人力资源社会保障行政部门、国务院卫生行政部门根据经济社会发展情况，对女职工禁忌从事的劳动范围进行调整。

第五条 用人单位不得因女职工怀孕、生育、哺乳降低其工资、予以辞退、与其解除劳动或者聘用合同。

第六条 女职工在孕期不能适应原劳动的，用人单位应当根据医疗机构的证明，予以减轻劳动量或者安排其他能够适应的劳动。

对怀孕 7 个月以上的女职工，用人单位不得延长劳动时间或者安排夜班劳动，并应当在劳动时间内安排一定的休息时间。

怀孕女职工在劳动时间内进行产前检查，所需时间计入劳动时间。

第七条 女职工生育享受 98 天产假，其中产前可以休假 15 天；难产的，增加产假 15 天；生育多胞胎的，每多生育 1 个婴儿，增加产假 15 天。

女职工怀孕未满 4 个月流产的，享受 15 天产假；怀孕满 4 个月流产的，享受 42 天产假。

第八条 女职工产假期间的生育津贴，对已经参加生育保险的，按照用人单位上年度职工月平均工资的标准由生育保险基金支付；对未参加生育保险的，按照女职工产假前工资的标准由用人单位支付。

女职工生育或者流产的医疗费用，按照生育保险规定的项目和标准，对已经参加生育保险的，由生育保险基金支付；对未参加生育保险的，由用人单位支付。

第九条 对哺乳未满1周岁婴儿的女职工，用人单位不得延长劳动时间或者安排夜班劳动。

用人单位应当在每天的劳动时间内为哺乳期女职工安排1小时哺乳时间；女职工生育多胞胎的，每多哺乳1个婴儿每天增加1小时哺乳时间。

第十条 女职工比较多的用人单位应当根据女职工的需要，建立女职工卫生室、孕妇休息室、哺乳室等设施，妥善解决女职工在生理卫生、哺乳方面的困难。

第十一条 在劳动场所，用人单位应当预防和制止对女职工的性骚扰。

第十二条 县级以上人民政府人力资源社会保障行政部门、安全生产监督管理部门按照各自职责负责对用人单位遵守本规定的情况进行监督检查。

工会、妇女组织依法对用人单位遵守本规定的情况进行监督。

第十三条 用人单位违反本规定第六条第二款、第七条、第九条第一款规定的，由县级以上人民政府人力资源社会保障行政部门责令限期改正，按照受侵害女职工每人1000元以上5000元以下的标准计算，处以罚款。

用人单位违反本规定附录第一条、第二条规定的，由县级以上人民政府安全生产监督管理部门责令限期改正，按照受侵害女职工每人1000元以上5000元以下的标准计算，处以罚款。用人单位违反本规定附录第三条、第四条规定的，由县级以上人民政府安全生产监督管理部门责令限期治理，处5万元以上30万元以下的罚款；情节严重的，责令停止有关作业，或者提请有关人民政府按照国务院规定的权限责令关闭。

第十四条 用人单位违反本规定，侵害女职工合法权益的，女职工可以依法投诉、举报、申诉，依法向劳动人事争议调解仲裁机构申请调解仲裁，对仲裁裁决不服的，依法向人民法院提起诉讼。

第十五条 用人单位违反本规定，侵害女职工合法权益，造成女职工损害的，依法给予赔偿；用人单位及其直接负责的主管人员和其他直接责任人员构成犯罪的，依法追究刑事责任。

第十六条 本规定自公布之日起施行。1988 年 7 月 21 日国务院发布的《女职工劳动保护规定》同时废止。

附录：

女职工禁忌从事的劳动范围

一、女职工禁忌从事的劳动范围：

（一）矿山井下作业；

（二）体力劳动强度分级标准中规定的第四级体力劳动强度的作业；

（三）每小时负重 6 次以上、每次负重超过 20 公斤的作业，或者间断负重、每次负重超过 25 公斤的作业。

二、女职工在经期禁忌从事的劳动范围：

（一）冷水作业分级标准中规定的第二级、第三级、第四级冷水作业；

（二）低温作业分级标准中规定的第二级、第三级、第四级低温作业；

（三）体力劳动强度分级标准中规定的第三级、第四级体力劳动强度的作业；

（四）高处作业分级标准中规定的第三级、第四级高处作业。

三、女职工在孕期禁忌从事的劳动范围：

（一）作业场所空气中铅及其化合物、汞及其化合物、苯、镉、铍、砷、氰化物、氮氧化物、一氧化碳、二硫化碳、氯、己内酰胺、氯丁二烯、氯乙烯、环氧乙烷、苯胺、甲醛等有毒物质浓度超过国家职业卫生标准的作业；

（二）从事抗癌药物、己烯雌酚生产，接触麻醉剂气体等的作业；

（三）非密封源放射性物质的操作，核事故与放射事故的应急处置；

（四）高处作业分级标准中规定的高处作业；

（五）冷水作业分级标准中规定的冷水作业；

（六）低温作业分级标准中规定的低温作业；

（七）高温作业分级标准中规定的第三级、第四级的作业；

（八）噪声作业分级标准中规定的第三级、第四级的作业；

（九）体力劳动强度分级标准中规定的第三级、第四级体力劳动强度的作业；

（十）在密闭空间、高压室作业或者潜水作业，伴有强烈振动的作业，或者需要频繁弯腰、攀高、下蹲的作业。

四、女职工在哺乳期禁忌从事的劳动范围：

（一）孕期禁忌从事的劳动范围的第一项、第三项、第九项；

（二）作业场所空气中锰、氟、溴、甲醇、有机磷化合物、有机氯化合物等有毒物质浓度超过国家职业卫生标准的作业。

使用有毒物品作业场所劳动保护条例

（2002 年 5 月 12 日颁布）

第一章　总　则

第一条　为了保证作业场所安全使用有毒物品，预防、控制和消除职业中毒危害，保护劳动者的生命安全、身体健康及其相关权益，根据职业病防治法和其他有关法律、行政法规的规定，制定本条例。

第二条　作业场所使用有毒物品可能产生职业中毒危害的劳动保护，适用本条例。

第三条　按照有毒物品产生的职业中毒危害程度，有毒物品分为一般有毒物品和高毒物品。国家对作业场所使用高毒物品实行特殊管理。

一般有毒物品目录、高毒物品目录由国务院卫生行政部门会同有关部门依据国家标准制定、调整并公布。

第四条　从事使用有毒物品作业的用人单位（以下简称用人单位）应当使用符合国家标准的有毒物品，不得在作业场所使用国家明令禁止使用的有毒物品或者使用不符合国家标准的有毒物品。

用人单位应当尽可能使用无毒物品；需要使用有毒物品的，应当优先选择使用低毒物品。

第五条　用人单位应当依照本条例和其他有关法律、行政法规的规定，采取有效的防护措施，预防职业中毒事故的发生，依法参加工伤保险，保障劳动者的生命安全和身体健康。

第六条　国家鼓励研制、开发、推广、应用有利于预防、控制、消除职业中毒危害和保护劳动者健康的新技术、新工艺、新材料；限制使用或者淘汰有关职业中毒危害严重的技术、工艺、材料；加强对有关职业病的机理和发生规律的基础研究，提高有关职业病防治科学技术水平。

第七条　禁止使用童工。

用人单位不得安排未成年人和孕期、哺乳期的女职工从事使用有毒物品的作业。

第八条　工会组织应当督促并协助用人单位开展职业卫生宣传教育和培训，对用人单位的职业卫生工作提出意见和建议，与用人单位就劳动者反映的职业病防治问题进行协调并督促解决。

工会组织对用人单位违反法律、法规，侵犯劳动者合法权益的行为，有权要求纠正；产生严重职业中毒危害时，有权要求用人单位采取防护措施，或者向政府有关部门建议采取强制性措施；发生职业中毒事故时，有权参与事故调查处理；发现危及劳动者生命、健康的情形时，有权建议用人单位组织劳动者撤离危险现场，用人单位应当立即作出处理。

第九条　县级以上人民政府卫生行政部门及其他有关行政部门应当依据各自的职责，监督用人单位严格遵守本条例和其他有关法律、法规的规定，加强作业场所使用有毒物品的劳动保护，防止职业中毒事故发生，确保劳动者依法享有的权利。

第十条　各级人民政府应当加强对使用有毒物品作业场所职业卫生安全及相关劳动保护工作的领导，督促、支持卫生行政部门及其他有关行政部门依法履行监督检查职责，及时协调、解决有关重大问题；在发生职业中毒事故时，应当采取有效措施，控制事故危害的蔓延并消除事故危害，并妥善处理有关善后工作。

第二章　作业场所的预防措施

第十一条　用人单位的设立，应当符合有关法律、行政法规规定的设立条件，并依法办理有关手续，取得营业执照。

用人单位的使用有毒物品作业场所，除应当符合职业病防治法规定的职业卫生要求外，还必须符合下列要求：

（一）作业场所与生活场所分开，作业场所不得住人；

（二）有害作业与无害作业分开，高毒作业场所与其他作业场所隔离；

（三）设置有效的通风装置；可能突然泄漏大量有毒物品或者易造成急

性中毒的作业场所，设置自动报警装置和事故通风设施；

（四）高毒作业场所设置应急撤离通道和必要的泄险区。

用人单位及其作业场所符合前两款规定的，由卫生行政部门发给职业卫生安全许可证，方可从事使用有毒物品的作业。

第十二条 使用有毒物品作业场所应当设置黄色区域警示线、警示标识和中文警示说明。警示说明应当载明产生职业中毒危害的种类、后果、预防以及应急救治措施等内容。

高毒作业场所应当设置红色区域警示线、警示标识和中文警示说明，并设置通讯报警设备。

第十三条 新建、扩建、改建的建设项目和技术改造、技术引进项目（以下统称建设项目），可能产生职业中毒危害的，应当依照职业病防治法的规定进行职业中毒危害预评价，并经卫生行政部门审核同意；可能产生职业中毒危害的建设项目的职业中毒危害防护设施应当与主体工程同时设计，同时施工，同时投入生产和使用；建设项目竣工，应当进行职业中毒危害控制效果评价，并经卫生行政部门验收合格。

存在高毒作业的建设项目的职业中毒危害防护设施设计，应当经卫生行政部门进行卫生审查；经审查，符合国家职业卫生标准和卫生要求的，方可施工。

第十四条 用人单位应当按照国务院卫生行政部门的规定，向卫生行政部门及时、如实申报存在职业中毒危害项目。

从事使用高毒物品作业的用人单位，在申报使用高毒物品作业项目时，应当向卫生行政部门提交下列有关资料：

（一）职业中毒危害控制效果评价报告；

（二）职业卫生管理制度和操作规程等材料；

（三）职业中毒事故应急救援预案。

从事使用高毒物品作业的用人单位变更所使用的高毒物品品种的，应当依照前款规定向原受理申报的卫生行政部门重新申报。

第十五条 用人单位变更名称、法定代表人或者负责人的，应当向原受理申报的卫生行政部门备案。

第十六条 从事使用高毒物品作业的用人单位，应当配备应急救援人员和必要的应急救援器材、设备，制定事故应急救援预案，并根据实际情况变化对应急救援预案适时进行修订，定期组织演练。事故应急救援预案和演练记录应当报当地卫生行政部门、安全生产监督管理部门和公安部门备案。

第三章　劳动过程的防护

第十七条　用人单位应当依照职业病防治法的有关规定，采取有效的职业卫生防护管理措施，加强劳动过程中的防护与管理。

从事使用高毒物品作业的用人单位，应当配备专职的或者兼职的职业卫生医师和护士；不具备配备专职的或者兼职的职业卫生医师和护士条件的，应当与依法取得资质认证的职业卫生技术服务机构签订合同，由其提供职业卫生服务。

第十八条　用人单位应当与劳动者订立劳动合同，将工作过程中可能产生的职业中毒危害及其后果、职业中毒危害防护措施和待遇等如实告知劳动者，并在劳动合同中写明，不得隐瞒或者欺骗。

劳动者在已订立劳动合同期间因工作岗位或者工作内容变更，从事劳动合同中未告知的存在职业中毒危害的作业时，用人单位应当依照前款规定，如实告知劳动者，并协商变更原劳动合同有关条款。

用人单位违反前两款规定的，劳动者有权拒绝从事存在职业中毒危害的作业，用人单位不得因此单方面解除或者终止与劳动者所订立的劳动合同。

第十九条　用人单位有关管理人员应当熟悉有关职业病防治的法律、法规以及确保劳动者安全使用有毒物品作业的知识。

用人单位应当对劳动者进行上岗前的职业卫生培训和在岗期间的定期职业卫生培训，普及有关职业卫生知识，督促劳动者遵守有关法律、法规和操作规程，指导劳动者正确使用职业中毒危害防护设备和个人使用的职业中毒危害防护用品。

劳动者经培训考核合格，方可上岗作业。

第二十条　用人单位应当确保职业中毒危害防护设备、应急救援设施、通讯报警装置处于正常适用状态，不得擅自拆除或者停止运行。

用人单位应当对前款所列设施进行经常性的维护、检修，定期检测其性能和效果，确保其处于良好运行状态。

职业中毒危害防护设备、应急救援设施和通讯报警装置处于不正常状态时，用人单位应当立即停止使用有毒物品作业；恢复正常状态后，方可重新作业。

第二十一条 用人单位应当为从事使用有毒物品作业的劳动者提供符合国家职业卫生标准的防护用品，并确保劳动者正确使用。

第二十二条 有毒物品必须附具说明书，如实载明产品特性、主要成分、存在的职业中毒危害因素、可能产生的危害后果、安全使用注意事项、职业中毒危害防护以及应急救治措施等内容；没有说明书或者说明书不符合要求的，不得向用人单位销售。

用人单位有权向生产、经营有毒物品的单位索取说明书。

第二十三条 有毒物品的包装应当符合国家标准，并以易于劳动者理解的方式加贴或者拴挂有毒物品安全标签。有毒物品的包装必须有醒目的警示标识和中文警示说明。

经营、使用有毒物品的单位，不得经营、使用没有安全标签、警示标识和中文警示说明的有毒物品。

第二十四条 用人单位维护、检修存在高毒物品的生产装置，必须事先制订维护、检修方案，明确职业中毒危害防护措施，确保维护、检修人员的生命安全和身体健康。

维护、检修存在高毒物品的生产装置，必须严格按照维护、检修方案和操作规程进行。维护、检修现场应当有专人监护，并设置警示标志。

第二十五条 需要进入存在高毒物品的设备、容器或者狭窄封闭场所作业时，用人单位应当事先采取下列措施：

（一）保持作业场所良好的通风状态，确保作业场所职业中毒危害因素浓度符合国家职业卫生标准；

（二）为劳动者配备符合国家职业卫生标准的防护用品；

（三）设置现场监护人员和现场救援设备。

未采取前款规定措施或者采取的措施不符合要求的，用人单位不得安排劳动者进入存在高毒物品的设备、容器或者狭窄封闭场所作业。

第二十六条 用人单位应当按照国务院卫生行政部门的规定，定期对使用有毒物品作业场所职业中毒危害因素进行检测、评价。检测、评价结果存入用人单位职业卫生档案，定期向所在地卫生行政部门报告并向劳动者公布。

从事使用高毒物品作业的用人单位应当至少每一个月对高毒作业场所进行一次职业中毒危害因素检测；至少每半年进行一次职业中毒危害控制效果评价。

高毒作业场所职业中毒危害因素不符合国家职业卫生标准和卫生要求时，用人单位必须立即停止高毒作业，并采取相应的治理措施；经治理，职业中毒危害因素符合国家职业卫生标准和卫生要求的，方可重新作业。

第二十七条　从事使用高毒物品作业的用人单位应当设置淋浴间和更衣室，并设置清洗、存放或者处理从事使用高毒物品作业劳动者的工作服、工作鞋帽等物品的专用间。

劳动者结束作业时，其使用的工作服、工作鞋帽等物品必须存放在高毒作业区域内，不得穿戴到非高毒作业区域。

第二十八条　用人单位应当按照规定对从事使用高毒物品作业的劳动者进行岗位轮换。

用人单位应当为从事使用高毒物品作业的劳动者提供岗位津贴。

第二十九条　用人单位转产、停产、停业或者解散、破产的，应当采取有效措施，妥善处理留存或者残留有毒物品的设备、包装物和容器。

第三十条　用人单位应当对本单位执行本条例规定的情况进行经常性的监督检查；发现问题，应当及时依照本条例规定的要求进行处理。

第四章　职业健康监护

第三十一条　用人单位应当组织从事使用有毒物品作业的劳动者进行上岗前职业健康检查。

用人单位不得安排未经上岗前职业健康检查的劳动者从事使用有毒物品的作业，不得安排有职业禁忌的劳动者从事其所禁忌的作业。

第三十二条　用人单位应当对从事使用有毒物品作业的劳动者进行定期职业健康检查。

用人单位发现有职业禁忌或者有与所从事职业相关的健康损害的劳动者，应当将其及时调离原工作岗位，并妥善安置。

用人单位对需要复查和医学观察的劳动者，应当按照体检机构的要求安排其复查和医学观察。

第三十三条 用人单位应当对从事使用有毒物品作业的劳动者进行离岗时的职业健康检查；对离岗时未进行职业健康检查的劳动者，不得解除或者终止与其订立的劳动合同。

用人单位发生分立、合并、解散、破产等情形的，应当对从事使用有毒物品作业的劳动者进行健康检查，并按照国家有关规定妥善安置职业病病人。

第三十四条 用人单位对受到或者可能受到急性职业中毒危害的劳动者，应当及时组织进行健康检查和医学观察。

第三十五条 劳动者职业健康检查和医学观察的费用，由用人单位承担。

第三十六条 用人单位应当建立职业健康监护档案。

职业健康监护档案应当包括下列内容：

（一）劳动者的职业史和职业中毒危害接触史；

（二）相应作业场所职业中毒危害因素监测结果；

（三）职业健康检查结果及处理情况；

（四）职业病诊疗等劳动者健康资料。

第五章 劳动者的权利与义务

第三十七条 从事使用有毒物品作业的劳动者在存在威胁生命安全或者身体健康危险的情况下，有权通知用人单位并从使用有毒物品造成的危险现场撤离。

用人单位不得因劳动者依据前款规定行使权利，而取消或者减少劳动者在正常工作时享有的工资、福利待遇。

第三十八条 劳动者享有下列职业卫生保护权利：

（一）获得职业卫生教育、培训；

（二）获得职业健康检查、职业病诊疗、康复等职业病防治服务；

（三）了解工作场所产生或者可能产生的职业中毒危害因素、危害后果和应当采取的职业中毒危害防护措施；

（四）要求用人单位提供符合防治职业病要求的职业中毒危害防护设施和个人使用的职业中毒危害防护用品，改善工作条件；

（五）对违反职业病防治法律、法规，危及生命、健康的行为提出批评、检举和控告；

（六）拒绝违章指挥和强令进行没有职业中毒危害防护措施的作业；

（七）参与用人单位职业卫生工作的民主管理，对职业病防治工作提出意见和建议。

用人单位应当保障劳动者行使前款所列权利。禁止因劳动者依法行使正当权利而降低其工资、福利等待遇或者解除、终止与其订立的劳动合同。

第三十九条　劳动者有权在正式上岗前从用人单位获得下列资料：

（一）作业场所使用的有毒物品的特性、有害成分、预防措施、教育和培训资料；

（二）有毒物品的标签、标识及有关资料；

（三）有毒物品安全使用说明书；

（四）可能影响安全使用有毒物品的其他有关资料。

第四十条　劳动者有权查阅、复印其本人职业健康监护档案。

劳动者离开用人单位时，有权索取本人健康监护档案复印件；用人单位应当如实、无偿提供，并在所提供的复印件上签章。

第四十一条　用人单位按照国家规定参加工伤保险的，患职业病的劳动者有权按照国家有关工伤保险的规定，享受下列工伤保险待遇：

（一）医疗费：因患职业病进行诊疗所需费用，由工伤保险基金按照规定标准支付；

（二）住院伙食补助费：由用人单位按照当地因公出差伙食标准的一定比例支付；

（三）康复费：由工伤保险基金按照规定标准支付；

（四）残疾用具费：因残疾需要配置辅助器具的，所需费用由工伤保险基金按照普及型辅助器具标准支付；

（五）停工留薪期待遇：原工资、福利待遇不变，由用人单位支付；

（六）生活护理补助费：经评残并确认需要生活护理的，生活护理补助费由工伤保险基金按照规定标准支付；

（七）一次性伤残补助金：经鉴定为十级至一级伤残的，按照伤残等级享受相当于6个月至24个月的本人工资的一次性伤残补助金，由工伤保险基金支付；

（八）伤残津贴：经鉴定为四级至一级伤残的，按照规定享受相当于本人工资75%至90%的伤残津贴，由工伤保险基金支付；

（九）死亡补助金：因职业中毒死亡的，由工伤保险基金按照不低于48个月的统筹地区上年度职工月平均工资的标准一次支付；

（十）丧葬补助金：因职业中毒死亡的，由工伤保险基金按照6个月的统筹地区上年度职工月平均工资的标准一次支付；

（十一）供养亲属抚恤金：因职业中毒死亡的，对由死者生前提供主要生活来源的亲属由工伤保险基金支付抚恤金：对其配偶每月按照统筹地区上年度职工月平均工资的40%发给，对其生前供养的直系亲属每人每月按照统筹地区上年度职工月平均工资的30%发给；

（十二）国家规定的其他工伤保险待遇。

本条例施行后，国家对工伤保险待遇的项目和标准作出调整时，从其规定。

第四十二条 用人单位未参加工伤保险的，其劳动者从事有毒物品作业患职业病的，用人单位应当按照国家有关工伤保险规定的项目和标准，保证劳动者享受工伤待遇。

第四十三条 用人单位无营业执照以及被依法吊销营业执照，其劳动者从事使用有毒物品作业患职业病的，应当按照国家有关工伤保险规定的项目和标准，给予劳动者一次性赔偿。

第四十四条 用人单位分立、合并的，承继单位应当承担由原用人单位对患职业病的劳动者承担的补偿责任。

用人单位解散、破产的，应当依法从其清算财产中优先支付患职业病的劳动者的补偿费用。

第四十五条 劳动者除依法享有工伤保险外，依照有关民事法律的规定，尚有获得赔偿的权利的，有权向用人单位提出赔偿要求。

第四十六条 劳动者应当学习和掌握相关职业卫生知识，遵守有关劳动保护的法律、法规和操作规程，正确使用和维护职业中毒危害防护设施及其用品；发现职业中毒事故隐患时，应当及时报告。

作业场所出现使用有毒物品产生的危险时，劳动者应当采取必要措施，按照规定正确使用防护设施，将危险加以消除或者减少到最低限度。

第六章　监督管理

第四十七条　县级以上人民政府卫生行政部门应当依照本条例的规定和国家有关职业卫生要求，依据职责划分，对作业场所使用有毒物品作业及职业中毒危害检测、评价活动进行监督检查。

卫生行政部门实施监督检查，不得收取费用，不得接受用人单位的财物或者其他利益。

第四十八条　卫生行政部门应当建立、健全监督制度，核查反映用人单位有关劳动保护的材料，履行监督责任。

用人单位应当向卫生行政部门如实、具体提供反映有关劳动保护的材料；必要时，卫生行政部门可以查阅或者要求用人单位报送有关材料。

第四十九条　卫生行政部门应当监督用人单位严格执行有关职业卫生规范。

卫生行政部门应当依照本条例的规定对使用有毒物品作业场所的职业卫生防护设备、设施的防护性能进行定期检验和不定期的抽查；发现职业卫生防护设备、设施存在隐患时，应当责令用人单位立即消除隐患；消除隐患期间，应当责令其停止作业。

第五十条　卫生行政部门应当采取措施，鼓励对用人单位的违法行为进行举报、投诉、检举和控告。

卫生行政部门对举报、投诉、检举和控告应当及时核实，依法作出处理，并将处理结果予以公布。

卫生行政部门对举报人、投诉人、检举人和控告人负有保密的义务。

第五十一条　卫生行政部门执法人员依法执行职务时，应当出示执法证件。

卫生行政部门执法人员应当忠于职守，秉公执法；涉及用人单位秘密的，应当为其保密。

第五十二条　卫生行政部门依法实施罚款的行政处罚，应当依照有关法律、行政法规的规定，实施罚款决定与罚款收缴分离；收缴的罚款以及依法没收的经营所得，必须全部上缴国库。

第五十三条 卫生行政部门履行监督检查职责时，有权采取下列措施：

（一）进入用人单位和使用有毒物品作业场所现场，了解情况，调查取证，进行抽样检查、检测、检验，进行实地检查；

（二）查阅或者复制与违反本条例行为有关的资料，采集样品；

（三）责令违反本条例规定的单位和个人停止违法行为。

第五十四条 发生职业中毒事故或者有证据证明职业中毒危害状态可能导致事故发生时，卫生行政部门有权采取下列临时控制措施：

（一）责令暂停导致职业中毒事故的作业；

（二）封存造成职业中毒事故或者可能导致事故发生的物品；

（三）组织控制职业中毒事故现场。

在职业中毒事故或者危害状态得到有效控制后，卫生行政部门应当及时解除控制措施。

第五十五条 卫生行政部门执法人员依法执行职务时，被检查单位应当接受检查并予以支持、配合，不得拒绝和阻碍。

第五十六条 卫生行政部门应当加强队伍建设，提高执法人员的政治、业务素质，依照本条例的规定，建立、健全内部监督制度，对执法人员执行法律、法规和遵守纪律的情况进行监督检查。

第七章 罚 则

第五十七条 卫生行政部门的工作人员有下列行为之一，导致职业中毒事故发生的，依照刑法关于滥用职权罪、玩忽职守罪或者其他罪的规定，依法追究刑事责任；造成职业中毒危害但尚未导致职业中毒事故发生，不够刑事处罚的，根据不同情节，依法给予降级、撤职或者开除的行政处分：

（一）对不符合本条例规定条件的涉及使用有毒物品作业事项，予以批准的；

（二）发现用人单位擅自从事使用有毒物品作业，不予取缔的；

（三）对依法取得批准的用人单位不履行监督检查职责，发现其不再具备本条例规定的条件而不撤销原批准或者发现违反本条例的其他行为不予查处的；

（四）发现用人单位存在职业中毒危害，可能造成职业中毒事故，不及时依法采取控制措施的。

第五十八条　用人单位违反本条例的规定，有下列情形之一的，由卫生行政部门给予警告，责令限期改正，处10万元以上50万元以下的罚款；逾期不改正的，提请有关人民政府按照国务院规定的权限责令停建、予以关闭；造成严重职业中毒危害或者导致职业中毒事故发生的，对负有责任的主管人员和其他直接责任人员依照刑法关于重大劳动安全事故罪或者其他罪的规定，依法追究刑事责任：

（一）可能产生职业中毒危害的建设项目，未依照职业病防治法的规定进行职业中毒危害预评价，或者预评价未经卫生行政部门审核同意，擅自开工的；

（二）职业卫生防护设施未与主体工程同时设计，同时施工，同时投入生产和使用的；

（三）建设项目竣工，未进行职业中毒危害控制效果评价，或者未经卫生行政部门验收或者验收不合格，擅自投入使用的；

（四）存在高毒作业的建设项目的防护设施设计未经卫生行政部门审查同意，擅自施工的。

第五十九条　用人单位违反本条例的规定，有下列情形之一的，由卫生行政部门给予警告，责令限期改正，处5万元以上20万元以下的罚款；逾期不改正的，提请有关人民政府按照国务院规定的权限予以关闭；造成严重职业中毒危害或者导致职业中毒事故发生的，对负有责任的主管人员和其他直接责任人员依照刑法关于重大劳动安全事故罪或者其他罪的规定，依法追究刑事责任：

（一）使用有毒物品作业场所未按照规定设置警示标识和中文警示说明的；

（二）未对职业卫生防护设备、应急救援设施、通讯报警装置进行维护、检修和定期检测，导致上述设施处于不正常状态的；

（三）未依照本条例的规定进行职业中毒危害因素检测和职业中毒危害控制效果评价的；

（四）高毒作业场所未按照规定设置撤离通道和泄险区的；

（五）高毒作业场所未按照规定设置警示线的；

（六）未向从事使用有毒物品作业的劳动者提供符合国家职业卫生标准的防护用品，或者未保证劳动者正确使用的。

第六十条 用人单位违反本条例的规定，有下列情形之一的，由卫生行政部门给予警告，责令限期改正，处5万元以上30万元以下的罚款；逾期不改正的，提请有关人民政府按照国务院规定的权限予以关闭；造成严重职业中毒危害或者导致职业中毒事故发生的，对负有责任的主管人员和其他直接责任人员依照刑法关于重大责任事故罪、重大劳动安全事故罪或者其他罪的规定，依法追究刑事责任：

（一）使用有毒物品作业场所未设置有效通风装置的，或者可能突然泄漏大量有毒物品或者易造成急性中毒的作业场所未设置自动报警装置或者事故通风设施的；

（二）职业卫生防护设备、应急救援设施、通讯报警装置处于不正常状态而不停止作业，或者擅自拆除或者停止运行职业卫生防护设备、应急救援设施、通讯报警装置的。

第六十一条 从事使用高毒物品作业的用人单位违反本条例的规定，有下列行为之一的，由卫生行政部门给予警告，责令限期改正，处5万元以上20万元以下的罚款；逾期不改正的，提请有关人民政府按照国务院规定的权限予以关闭；造成严重职业中毒危害或者导致职业中毒事故发生的，对负有责任的主管人员和其他直接责任人员依照刑法关于重大责任事故罪或者其他罪的规定，依法追究刑事责任：

（一）作业场所职业中毒危害因素不符合国家职业卫生标准和卫生要求而不立即停止高毒作业并采取相应的治理措施的，或者职业中毒危害因素治理不符合国家职业卫生标准和卫生要求重新作业的；

（二）未依照本条例的规定维护、检修存在高毒物品的生产装置的；

（三）未采取本条例规定的措施，安排劳动者进入存在高毒物品的设备、容器或者狭窄封闭场所作业的。

第六十二条 在作业场所使用国家明令禁止使用的有毒物品或者使用不符合国家标准的有毒物品的，由卫生行政部门责令立即停止使用，处5万元以上30万元以下的罚款；情节严重的，责令停止使用有毒物品作业，或者提请有关人民政府按照国务院规定的权限予以关闭；造成严重职业中毒危害或者导致职业中毒事故发生的，对负有责任的主管人员和其他直接责任人员依照刑法关于危险物品肇事罪、重大责任事故罪或者其他罪的规定，依法追究刑事责任。

第六十三条 用人单位违反本条例的规定，有下列行为之一的，由卫生行政部门给予警告，责令限期改正；逾期不改正的，处5万元以上30万元以下的罚款；造成严重职业中毒危害或者导致职业中毒事故发生的，对负有责任的主管人员和其他直接责任人员依照刑法关于重大责任事故罪或者其他罪的规定，依法追究刑事责任：

（一）使用未经培训考核合格的劳动者从事高毒作业的；

（二）安排有职业禁忌的劳动者从事所禁忌的作业的；

（三）发现有职业禁忌或者有与所从事职业相关的健康损害的劳动者，未及时调离原工作岗位，并妥善安置的；

（四）安排未成年人或者孕期、哺乳期的女职工从事使用有毒物品作业的；

（五）使用童工的。

第六十四条 违反本条例的规定，未经许可，擅自从事使用有毒物品作业的，由工商行政管理部门、卫生行政部门依据各自职权予以取缔；造成职业中毒事故的，依照刑法关于危险物品肇事罪或者其他罪的规定，依法追究刑事责任；尚不够刑事处罚的，由卫生行政部门没收经营所得，并处经营所得3倍以上5倍以下的罚款；对劳动者造成人身伤害的，依法承担赔偿责任。

第六十五条 从事使用有毒物品作业的用人单位违反本条例的规定，在转产、停产、停业或者解散、破产时未采取有效措施，妥善处理留存或者残留高毒物品的设备、包装物和容器的，由卫生行政部门责令改正，处2万元以上10万元以下的罚款；触犯刑律的，对负有责任的主管人员和其他直接责任人员依照刑法关于重大环境污染事故罪、危险物品肇事罪或者其他罪的规定，依法追究刑事责任。

第六十六条 用人单位违反本条例的规定，有下列情形之一的，由卫生行政部门给予警告，责令限期改正，处5000元以上2万元以下的罚款；逾期不改正的，责令停止使用有毒物品作业，或者提请有关人民政府按照国务院规定的权限予以关闭；造成严重职业中毒危害或者导致职业中毒事故发生的，对负有责任的主管人员和其他直接责任人员依照刑法关于重大劳动安全事故罪、危险物品肇事罪或者其他罪的规定，依法追究刑事责任：

（一）使用有毒物品作业场所未与生活场所分开或者在作业场所住人的；

（二）未将有害作业与无害作业分开的；

（三）高毒作业场所未与其他作业场所有效隔离的；

（四）从事高毒作业未按照规定配备应急救援设施或者制定事故应急救援预案的。

第六十七条 用人单位违反本条例的规定，有下列情形之一的，由卫生行政部门给予警告，责令限期改正，处2万元以上5万元以下的罚款；逾期不改正的，提请有关人民政府按照国务院规定的权限予以关闭：

（一）未按照规定向卫生行政部门申报高毒作业项目的；

（二）变更使用高毒物品品种，未按照规定向原受理申报的卫生行政部门重新申报，或者申报不及时、有虚假的。

第六十八条 用人单位违反本条例的规定，有下列行为之一的，由卫生行政部门给予警告，责令限期改正，处2万元以上5万元以下的罚款；逾期不改正的，责令停止使用有毒物品作业，或者提请有关人民政府按照国务院规定的权限予以关闭：

（一）未组织从事使用有毒物品作业的劳动者进行上岗前职业健康检查，安排未经上岗前职业健康检查的劳动者从事使用有毒物品作业的；

（二）未组织从事使用有毒物品作业的劳动者进行定期职业健康检查的；

（三）未组织从事使用有毒物品作业的劳动者进行离岗职业健康检查的；

（四）对未进行离岗职业健康检查的劳动者，解除或者终止与其订立的劳动合同的；

（五）发生分立、合并、解散、破产情形，未对从事使用有毒物品作业的劳动者进行健康检查，并按照国家有关规定妥善安置职业病病人的；

（六）对受到或者可能受到急性职业中毒危害的劳动者，未及时组织进行健康检查和医学观察的；

（七）未建立职业健康监护档案的；

（八）劳动者离开用人单位时，用人单位未如实、无偿提供职业健康监护档案的；

（九）未依照职业病防治法和本条例的规定将工作过程中可能产生的职业中毒危害及其后果、有关职业卫生防护措施和待遇等如实告知劳动者并在劳动合同中写明的；

（十）劳动者在存在威胁生命、健康危险的情况下，从危险现场中撤离，而被取消或者减少应当享有的待遇的。

第六十九条　用人单位违反本条例的规定，有下列行为之一的，由卫生行政部门给予警告，责令限期改正，处 5000 元以上 2 万元以下的罚款；逾期不改正的，责令停止使用有毒物品作业，或者提请有关人民政府按照国务院规定的权限予以关闭：

（一）未按照规定配备或者聘请职业卫生医师和护士的；

（二）未为从事使用高毒物品作业的劳动者设置淋浴间、更衣室或者未设置清洗、存放和处理工作服、工作鞋帽等物品的专用间，或者不能正常使用的；

（三）未安排从事使用高毒物品作业一定年限的劳动者进行岗位轮换的。

第八章　附　则

第七十条　涉及作业场所使用有毒物品可能产生职业中毒危害的劳动保护的有关事项，本条例未作规定的，依照职业病防治法和其他有关法律、行政法规的规定执行。

有毒物品的生产、经营、储存、运输、使用和废弃处置的安全管理，依照危险化学品安全管理条例执行。

第七十一条　本条例自公布之日起施行

女职工保健工作规定

（1993年11月26日劳动部、人事部、卫生部、
全国总工会、全国妇联颁发）

第一章　总　则

第一条　为保护女职工的身心健康及其子女的健康发育和成长，提高民族素质，根据《中华人民共和国妇女权益保障法》和《女职工劳动保护规定》特制定本规定。

第二条　女职工保健工作必须贯彻预防为主的方针，注意女性生理和职业特点，认真执行国家有关保护女职工的各项政策和法规。

第三条　本规定适用于中华人民共和国境内的一切党政机关、人民团体和企业、事业单位。

第二章　组织措施

第四条　本规定由各单位分管女职工保健工作的行政领导负责组织本单位医疗卫生、劳动、人事部门工会、妇联组织及有关人员共同实施。

第五条　县（含城市区）以上的各级妇幼保健机构，负责对管辖范围内的各单位实施本规定进行业务指导。

第六条　各单位的医疗卫生部门应负责本单位女职工保健工作。女职工人数在1000人以下的厂矿应设兼妇女保健人员；女职工人数在1000人以上的厂矿，在职工医院的妇产科或妇幼保健站中应有专人负责女职工保健工作。

第三章　保健措施

第七条　月经期保健

1. 宣传普及月经期卫生知识。

2. 女职工在100人以上的单位，应逐步建立女职工卫生室，健全相应的制度并设专人管理，对卫生室管理人员应进行专业培训。女职工每班在100人以下的单位，应设置简易的温水箱及冲洗器。对流动，分散工作的单位的女职工发放单人自用冲洗器。

3. 女职工在月经期间不得从事《女职工禁忌劳动范围的规定》中第四条所规定的作业。

4. 患有重度痛经过多的女职工，经医疗或妇幼保健机构确诊后，月经期间可适当给予1至2天的休假。

第八条　婚前保健对欲婚女职工必须进行婚前卫生知识的宣传教育及咨询，并进行婚前健康检查及指导。

第九条　孕前保健

1. 已婚待孕女职工禁忌从事铅、汞、苯、镉等作业场所属于《有毒作业分级》标准中第Ⅲ－Ⅳ级的作业。

2. 积极开展优生宣传和咨询。

3. 对女职工应进行妊娠知识的健康教育，使她们在月经超期时主动接受检查。

4. 患有射线病、慢性职业中毒、近期内有过急性中毒史及其它有碍母体和胎儿健康疾病者，暂时不宜妊娠。

5. 对有过两次以上自然流产史，现又无子女的女职工，应暂时调离有可能直接或间接导致流产的作业岗位。

第十条　孕期保健

1. 自确立妊娠之日起，应建立孕产妇保健卡（册），进行血压、体重、血、尿常规等基础检查。对接触铅、汞的孕妇。应进行尿中铅、汞含量的测定。

2. 定期进行产前检查、孕期保健和营养指导。

3. 推广孕妇家庭自我监护，系统观察胎动、胎心。宫底高度及体重等。

4. 实行高危孕妇专案管理，无诊疗条件的单位应及时转院就诊，并配合上级医疗和保健机构严密观察和监护。

5. 女职工较多的单位应建立孕妇休息室。妊娠满7个月后，应给予工间休息或适当减轻工作。

6. 妊娠女职工不应加班加点。妊娠7个月以上含（含7个月）一般不得上夜班。

7. 女职工妊娠期间不得从事劳动部颁布的《女职工禁忌劳动范围的规定》第六条所规定的作业。

8. 从事立位作业的女职工，妊娠满7个月后，其工作场所应设立工间休息座位。

9. 有关女职工产前、产后、流产的假期及待遇按1988年国务院颁发的《女职工劳动保护规定》（国务院令第9号）和1988年劳动部《关于女职工生育待遇若干问题的能知》（劳险字〔1988〕2号）执行。

第十一条 产后保健

1. 进行产后访视及母乳喂养指导。

2. 产后的42天对母子进行健康检查。

3. 产假期满恢复工作时，应允许有1至2周时间逐渐恢复原工作量。

第十二条 哺乳期保健

1. 宣传科学育儿知识，提倡4个月内纯母乳喂养。

2. 对有未满1周岁婴儿的女工，应保证其授乳时间。

3. 婴儿满周岁时，经县（区）以上（含县、区）医疗或保健机构确诊为体弱儿，可适合延长授乳时间，但不得超过6个月。

4. 有未满1周岁婴儿的女职工，一般不得安排上夜班及加班、加点。

5. 有哺乳婴儿5名以上的单位，应逐步建立哺乳室。

6. 不得安排哺乳女职工从事《女职工劳动保护规定》和《女职工禁忌劳动范围的规定》所指出的作业。

第十三条 更年期保健

1. 宣传更年期生理卫生知识，使进入更年期的女职工得到社会广泛的关怀。

2. 经县（区）以上（含县、区）的医疗或妇幼保健机构诊断为更年期综合症者，以治疗效果仍不是显著，且不适应原工作的，应暂时安排适宜的工作。

3. 进入更年期的女职工应每1到2年进行一次妇科疾病的查治。

第十四条　对女职工定期进行妇科疾病及乳腺疾病的查治。

第十五条　女职工浴室要淋浴化，厕所要求蹲位。

第十六条　建立健全职工保健工作统计制度。

第四章　监督管理

第十七条　各级卫生行政部门会同同级劳动、人事部门，工会及妇联组织对本规定的实施情况进行监督。

第十八条　凡违反本规定第七条第3款第（1）、（2）、（3）项、第十条第7、9款、第十二条第2、6款的单位负责人或直接责任者，可依据《女职工劳动保护规定》第十三条规定进行处理。

第十九条　凡违反本规定其它条款的单位或直接责任者，各级卫生行政部门可根据情节给予警告、通报批评、限期改进的处罚。

第二十条　女职工违反国家的有关计划生育规定的，其女职工的保健应当按照国家有关计划生育规定办理。

第五章　附　则

第二十一条　本规定中所称企业，系指全民、城镇集体企业，中外合资、合作、独资企业，乡镇企业，农村联户企业，私人企业等。

第二十二条　女职工包括单位固定女职工、合同制女职工、临时女职工。

第二十三条　本规定由中华人民共和国卫生部负责解释。

第二十四条　本规定由颁发之日起实施。

劳动保障监察条例

（2004 年 10 月 26 日通过）

第一章　总　则

第一条　为了贯彻实施劳动和社会保障（以下称劳动保障）法律、法规和规章，规范劳动保障监察工作，维护劳动者的合法权益，根据劳动法和有关法律，制定本条例。

第二条　对企业和个体工商户（以下称用人单位）进行劳动保障监察，适用本条例。

对职业介绍机构、职业技能培训机构和职业技能考核鉴定机构进行劳动保障监察，依照本条例执行。

第三条　国务院劳动保障行政部门主管全国的劳动保障监察工作。县级以上地方各级人民政府劳动保障行政部门主管本行政区域内的劳动保障监察工作。

县级以上各级人民政府有关部门根据各自职责，支持、协助劳动保障行政部门的劳动保障监察工作。

第四条　县级、设区的市级人民政府劳动保障行政部门可以委托符合监察执法条件的组织实施劳动保障监察。

劳动保障行政部门和受委托实施劳动保障监察的组织中的劳动保障监察员应当经过相应的考核或者考试录用。

劳动保障监察证件由国务院劳动保障行政部门监制。

第五条　县级以上地方各级人民政府应当加强劳动保障监察工作。劳动保障监察所需经费列入本级财政预算。

第六条　用人单位应当遵守劳动保障法律、法规和规章，接受并配合劳动保障监察。

第七条 各级工会依法维护劳动者的合法权益，对用人单位遵守劳动保障法律、法规和规章的情况进行监督。

劳动保障行政部门在劳动保障监察工作中应当注意听取工会组织的意见和建议。

第八条 劳动保障监察遵循公正、公开、高效、便民的原则。

实施劳动保障监察，坚持教育与处罚相结合，接受社会监督。

第九条 任何组织或者个人对违反劳动保障法律、法规或者规章的行为，有权向劳动保障行政部门举报。

劳动者认为用人单位侵犯其劳动保障合法权益的，有权向劳动保障行政部门投诉。

劳动保障行政部门应当为举报人保密；对举报属实，为查处重大违反劳动保障法律、法规或者规章的行为提供主要线索和证据的举报人，给予奖励。

第二章 劳动保障监察职责

第十条 劳动保障行政部门实施劳动保障监察，履行下列职责：

（一）宣传劳动保障法律、法规和规章，督促用人单位贯彻执行；

（二）检查用人单位遵守劳动保障法律、法规和规章的情况；

（三）受理对违反劳动保障法律、法规或者规章的行为的举报、投诉；

（四）依法纠正和查处违反劳动保障法律、法规或者规章的行为。

第十一条 劳动保障行政部门对下列事项实施劳动保障监察：

（一）用人单位制定内部劳动保障规章制度的情况；

（二）用人单位与劳动者订立劳动合同的情况；

（三）用人单位遵守禁止使用童工规定的情况；

（四）用人单位遵守女职工和未成年工特殊劳动保护规定的情况；

（五）用人单位遵守工作时间和休息休假规定的情况；

（六）用人单位支付劳动者工资和执行最低工资标准的情况；

（七）用人单位参加各项社会保险和缴纳社会保险费的情况；

（八）职业介绍机构、职业技能培训机构和职业技能考核鉴定机构遵守国家有关职业介绍、职业技能培训和职业技能考核鉴定的规定的情况；

（九）法律、法规规定的其他劳动保障监察事项。

第十二条 劳动保障监察员依法履行劳动保障监察职责，受法律保护。

劳动保障监察员应当忠于职守，秉公执法，勤政廉洁，保守秘密。

任何组织或者个人对劳动保障监察员的违法违纪行为，有权向劳动保障行政部门或者有关机关检举、控告。

第三章 劳动保障监察的实施

第十三条 对用人单位的劳动保障监察，由用人单位用工所在地的县级或者设区的市级劳动保障行政部门管辖。

上级劳动保障行政部门根据工作需要，可以调查处理下级劳动保障行政部门管辖的案件。劳动保障行政部门对劳动保障监察管辖发生争议的，报请共同的上一级劳动保障行政部门指定管辖。

省、自治区、直辖市人民政府可以对劳动保障监察的管辖制定具体办法。

第十四条 劳动保障监察以日常巡视检查、审查用人单位按照要求报送的书面材料以及接受举报投诉等形式进行。

劳动保障行政部门认为用人单位有违反劳动保障法律、法规或者规章的行为，需要进行调查处理的，应当及时立案。

劳动保障行政部门或者受委托实施劳动保障监察的组织应当设立举报、投诉信箱和电话。

对因违反劳动保障法律、法规或者规章的行为引起的群体性事件，劳动保障行政部门应当根据应急预案，迅速会同有关部门处理。

第十五条 劳动保障行政部门实施劳动保障监察，有权采取下列调查、检查措施：

（一）进入用人单位的劳动场所进行检查；

（二）就调查、检查事项询问有关人员；

（三）要求用人单位提供与调查、检查事项相关的文件资料，并作出解释和说明，必要时可以发出调查询问书；

（四）采取记录、录音、录像、照相或者复制等方式收集有关情况和资料；

（五）委托会计师事务所对用人单位工资支付、缴纳社会保险费的情况进行审计；

（六）法律、法规规定可以由劳动保障行政部门采取的其他调查、检查措施。

劳动保障行政部门对事实清楚、证据确凿、可以当场处理的违反劳动保障法律、法规或者规章的行为有权当场予以纠正。

第十六条　劳动保障监察员进行调查、检查，不得少于2人，并应当佩戴劳动保障监察标志、出示劳动保障监察证件。

劳动保障监察员办理的劳动保障监察事项与本人或者其近亲属有直接利害关系的，应当回避。

第十七条　劳动保障行政部门对违反劳动保障法律、法规或者规章的行为的调查，应当自立案之日起60个工作日内完成；对情况复杂的，经劳动保障行政部门负责人批准，可以延长30个工作日。

第十八条　劳动保障行政部门对违反劳动保障法律、法规或者规章的行为，根据调查、检查的结果，作出以下处理：

（一）对依法应当受到行政处罚的，依法作出行政处罚决定；

（二）对应当改正未改正的，依法责令改正或者作出相应的行政处理决定；

（三）对情节轻微且已改正的，撤销立案。

发现违法案件不属于劳动保障监察事项的，应当及时移送有关部门处理；涉嫌犯罪的，应当依法移送司法机关。

第十九条　劳动保障行政部门对违反劳动保障法律、法规或者规章的行为作出行政处罚或者行政处理决定前，应当听取用人单位的陈述、申辩；作出行政处罚或者行政处理决定，应当告知用人单位依法享有申请行政复议或者提起行政诉讼的权利。

第二十条　违反劳动保障法律、法规或者规章的行为在2年内未被劳动保障行政部门发现，也未被举报、投诉的，劳动保障行政部门不再查处。

前款规定的期限，自违反劳动保障法律、法规或者规章的行为发生之日起计算；违反劳动保障法律、法规或者规章的行为有连续或者继续状态的，自行为终了之日起计算。

第二十一条　用人单位违反劳动保障法律、法规或者规章，对劳动者造成损害的，依法承担赔偿责任。劳动者与用人单位就赔偿发生争议的，依照国家有关劳动争议处理的规定处理。

对应当通过劳动争议处理程序解决的事项或者已经按照劳动争议处理程序申请调解、仲裁或者已经提起诉讼的事项，劳动保障行政部门应当告知投诉人依照劳动争议处理或者诉讼的程序办理。

第二十二条 劳动保障行政部门应当建立用人单位劳动保障守法诚信档案。用人单位有重大违反劳动保障法律、法规或者规章的行为的，由有关的劳动保障行政部门向社会公布。

第四章 法律责任

第二十三条 用人单位有下列行为之一的，由劳动保障行政部门责令改正，按照受侵害的劳动者每人1000元以上5000元以下的标准计算，处以罚款：

（一）安排女职工从事矿山井下劳动、国家规定的第四级体力劳动强度的劳动或者其他禁忌从事的劳动的；

（二）安排女职工在经期从事高处、低温、冷水作业或者国家规定的第三级体力劳动强度的劳动的；

（三）安排女职工在怀孕期间从事国家规定的第三级体力劳动强度的劳动或者孕期禁忌从事的劳动的；

（四）安排怀孕7个月以上的女职工夜班劳动或者延长其工作时间的；

（五）女职工生育享受产假少于90天的；

（六）安排女职工在哺乳未满1周岁的婴儿期间从事国家规定的第三级体力劳动强度的劳动或者哺乳期禁忌从事的其他劳动，以及延长其工作时间或者安排其夜班劳动的；

（七）安排未成年工从事矿山井下、有毒有害、国家规定的第四级体力劳动强度的劳动或者其他禁忌从事的劳动的；

（八）未对未成年工定期进行健康检查的。

第二十四条 用人单位与劳动者建立劳动关系不依法订立劳动合同的，由劳动保障行政部门责令改正。

第二十五条 用人单位违反劳动保障法律、法规或者规章延长劳动者工作时间的，由劳动保障行政部门给予警告，责令限期改正，并可以按照受侵害的劳动者每人100元以上500元以下的标准计算，处以罚款。

第二十六条 用人单位有下列行为之一的，由劳动保障行政部门分别责令限期支付劳动者的工资报酬、劳动者工资低于当地最低工资标准的差额或者解除劳动合同的经济补偿；逾期不支付的，责令用人单位按照应付金额50%以上1倍以下的标准计算，向劳动者加付赔偿金：

（一）克扣或者无故拖欠劳动者工资报酬的；

（二）支付劳动者的工资低于当地最低工资标准的；

（三）解除劳动合同未依法给予劳动者经济补偿的。

第二十七条 用人单位向社会保险经办机构申报应缴纳的社会保险费数额时，瞒报工资总额或者职工人数的，由劳动保障行政部门责令改正，并处瞒报工资数额1倍以上3倍以下的罚款。

骗取社会保险待遇或者骗取社会保险基金支出的，由劳动保障行政部门责令退还，并处骗取金额1倍以上3倍以下的罚款；构成犯罪的，依法追究刑事责任。

第二十八条 职业介绍机构、职业技能培训机构或者职业技能考核鉴定机构违反国家有关职业介绍、职业技能培训或者职业技能考核鉴定的规定的，由劳动保障行政部门责令改正，没收违法所得，并处1万元以上5万元以下的罚款；情节严重的，吊销许可证。

未经劳动保障行政部门许可，从事职业介绍、职业技能培训或者职业技能考核鉴定的组织或者个人，由劳动保障行政部门、工商行政管理部门依照国家有关无照经营查处取缔的规定查处取缔。

第二十九条 用人单位违反《中华人民共和国工会法》，有下列行为之一的，由劳动保障行政部门责令改正：

（一）阻挠劳动者依法参加和组织工会，或者阻挠上级工会帮助、指导劳动者筹建工会的；

（二）无正当理由调动依法履行职责的工会工作人员的工作岗位，进行打击报复的；

（三）劳动者因参加工会活动而被解除劳动合同的；

（四）工会工作人员因依法履行职责被解除劳动合同的。

第三十条 有下列行为之一的，由劳动保障行政部门责令改正；对有第（一）项、第（二）项或者第（三）项规定的行为的，处2000元以上2万元以下的罚款：

（一）无理抗拒、阻挠劳动保障行政部门依照本条例的规定实施劳动保障监察的；

（二）不按照劳动保障行政部门的要求报送书面材料，隐瞒事实真相，出具伪证或者隐匿、毁灭证据的；

（三）经劳动保障行政部门责令改正拒不改正，或者拒不履行劳动保障行政部门的行政处理决定的；

（四）打击报复举报人、投诉人的。

违反前款规定，构成违反治安管理行为的，由公安机关依法给予治安管理处罚；构成犯罪的，依法追究刑事责任。

第三十一条 劳动保障监察员滥用职权、玩忽职守、徇私舞弊或者泄露在履行职责过程中知悉的商业秘密的，依法给予行政处分；构成犯罪的，依法追究刑事责任。

劳动保障行政部门和劳动保障监察员违法行使职权，侵犯用人单位或者劳动者的合法权益的，依法承担赔偿责任。

第三十二条 属于本条例规定的劳动保障监察事项，法律、其他行政法规对处罚另有规定的，从其规定。

第五章　附　则

第三十三条 对无营业执照或者已被依法吊销营业执照，有劳动用工行为的，由劳动保障行政部门依照本条例实施劳动保障监察，并及时通报工商行政管理部门予以查处取缔。

第三十四条 国家机关、事业单位、社会团体执行劳动保障法律、法规和规章的情况，由劳动保障行政部门根据其职责，依照本条例实施劳动保障监察。

第三十五条 劳动安全卫生的监督检查，由卫生部门、安全生产监督管理部门、特种设备安全监督管理部门等有关部门依照有关法律、行政法规的规定执行。

第三十六条 本条例自 2004 年 12 月 1 日起施行。

第三部分

全总文件

关于开展2015年女职工维权行动月活动通知

工女委发〔2015〕1号

各省、自治区、直辖市总工会女职工委员会：

2015年是全面推进依法治国的开局之年。为贯彻《中华全国总工会关于贯彻落实党的十八届四中全会精神进一步推进工会工作法治化的实施意见》，推动落实《女职工劳动保护特别规定》（以下简称《特别规定》），全国总工会女职工委员会决定，在2015年“三八”国际劳动妇女节期间开展女职工维权行动月活动。现将有关事项通知如下：

一、指导思想

认真学习贯彻党的十八大和十八届三中、四中全会精神，深入贯彻落实习近平总书记系列重要讲话精神特别是关于工人阶级和工会工作的重要论述，贯彻全总十六届三次执委会议精神，按照全总女职工委员会六届一次会议的部署，深入推进《特别规定》的贯彻实施，在广大女职工中大力弘扬法治精神，大力普及法治知识，积极引导广大女职工自觉守法、遇事找法、解决问题靠法，依法维护女职工合法权益和特殊利益。

二、活动主题

女职工法治宣传教育与权益维护。

三、活动内容

（一）大力宣传普及女职工权益保护法律法规。以《劳动法》颁布实施20周年和《特殊规定》颁布实施3周年为契机，广泛开展形式多样的群众性法治宣传教育活动，并充分运用电视、广播、报刊、网络、微信等各类传播手段，大力宣传依法治国理念，宣传男女平等基本国策，宣传《妇女权益保障法》、《劳动法》、《劳动合同法》、《特别规定》等法律法规。

（二）积极推动各地制定贯彻落实《特别规定》实施细则。积极推动各省级立法机构研究制订贯彻落实《特别规定》实施细则，使之与现行国家法律法规相衔接，与地方相关政策法规相配套，为用人单位贯彻落实《特别规定》提供法律依据，为广大女职工依法维护自身权益提供政策支撑，为基层工会女职工组织依法维护女职工权益提供制度保障。

（三）继续深化女职工权益保护专项集体合同工作。依法推动企业深入开展平等协商与集体合同，将《特别规定》内容纳入女职工权益保护专项集体合同，依托联席会议制度、三方协商机制、企业职工代表大会和厂务公开制度，推动建立完善女职工工资协商机制、"四期"保护共决机制、福利待遇保障机制，不断提高女职工权益保护专项集体合同签约履约率，切实保障女职工同工同酬、同职同权。

（四）广泛开展群众性女职工劳动安全隐患自查活动。充分发挥工会女职工组织优势，在女职工相对集中和职业安全隐患高危行业，广泛开展群众性职业安全隐患自查活动，将女职工劳动安全隐患排查工作纳入"安康杯"竞赛活动内容，结合企业安全生产培训、职业危害防治和班组安全管理，动员广大女职工立足本职岗位，联系工作实际，学习职业安全卫生知识，增强自我防护意识，规范安全生产程序，开展安全隐患自主排查，提出对策建议，最大限度消除安全隐患，防范事故发生，保障女职工生命安全和生育健康。

（五）建立完善女职工权益维护工作机制。围绕全面深化改革进程中涉及女职工特殊权益保障的新情况新问题，协调政府职能部门强化监督检查，推动建立和完善女职工权益维护调研评估机制、监督检查机制、劳动争议调解机制，逐步构建政府主导、工会监督、女职工参与的女职工权益维护工作格局。

四、工作要求

（一）加强组织领导，集中开展维权行动月活动。各级工会女职工委员会要按照全总女职工委员会确定的活动内容和工作要求，将开展维权行动月活动作为2015年女职工重点工作，结合本地工作实际，自行确定本地活动周期、宣传方法和活动形式，及时总结推广基层开展活动的成功经验，确保女职工维权行动月活动取得实效。

（二）突出活动重点，不断提高维权行动月的实效性。本次全国女职工维权行动月活动，要以女职工相对集中、职业危害相对严重的产（行）业为重点领域，以一线女职工、女农民工、女劳务派遣工为重点对象，通过普法宣传教育、安全隐患自查和集中整改相结合的方式，依法推动解决女职工最关心最直接最现实的突出问题和实际困难。

（三）创新活动方式，着力扩大维权行动月活动参与面。各级工会在组织实施女职工维权行动月活动中，要准确把握与女职工、特别是青年女职工的维权需求，开阔思路，创新载体，广泛普及政策法规，解读相关知识，提供法律咨询服务，努力扩大基层企业和一线女职工参与面。

全国总工会女职工委员会

2015 年 1 月 16 日

中华全国总工会贯彻国务院《中国妇女发展纲要（2011—2020年）》实施方案

女职工是中国妇女的骨干力量，是中国工人阶级的重要组成部分，在推动我国经济社会发展中起着重要作用。做好女职工工作、促进女职工全面发展，对实现妇女解放、推动社会文明进步具有重要意义。

为推动落实男女平等基本国策，贯彻国务院《中国妇女发展纲要（2011—2020年）》，更好地履行工会组织的基本职责，组织动员广大女职工在参与经济社会发展中建功立业，制定本实施方案。

一、指导思想和基本原则

（一）指导思想

高举中国特色社会主义伟大旗帜，以邓小平理论和“三个代表”重要思想为指导，深入落实科学发展观，贯彻男女平等基本国策，坚持走中国特色社会主义工会发展道路，优化女职工发展环境，提高女职工社会地位，保障女职工合法权益，推动女职工平等依法行使民主权利，平等参与经济社会发展，平等享有改革发展成果，实现体面劳动。

（二）基本原则

1. 全面发展原则。从女职工发展的基本需求出发，着力推动解决关系女职工切身利益的现实问题，努力实现女职工在经济、政治、文化和社会等方面的全面发展。

2. 平等发展原则。坚持以人为本，更加注重社会公平，积极推进构建文明先进的性别文化，营造良好社会环境，促进女职工平等享有各项合法权利。

3. 协调发展原则。统筹协调，进一步保障包括女农民工、女劳务派遣工在内的广大女职工在收入水平、生活质量、文化教育、医疗卫生、社会保障等方面的合法权益。

4. 女职工参与原则。依法保障女职工参与经济社会发展的权利，尊重女职工的主力军地位，引导和支持广大女职工在推动中国特色社会主义建设的实践中实现自身进步与发展。

二、总目标

推动将社会性别意识纳入法律体系和公共政策，促进女职工与经济社会同步发展，使男女平等在政治、经济、文化、教育、社会和婚姻家庭等领域进一步得到实现。保障女职工获得平等就业和分享经济资源的权利，促进就业机会均等和男女同工同酬；保障女职工获得平等享有接受教育和职业技能培训的权利，持续提高女职工科学文化技术素质；保障女职工平等参与国家和社会事务管理，提高女职工参政议政的能力和水平；保障女职工平等享有社会保障，普遍提高女职工的社会福利水平；保障女职工在从事劳动和工作过程中的安全与健康，优化女职工的健康环境，加强对女职工的劳动保护；重视和加强女职工工作，促进女职工工作不断发展。

三、主要目标和策略措施

（一）女职工与健康

主要目标：

维护女职工的健康权利，进一步提高女职工的身心健康水平；全面开展健康知识普及，引导女职工树立科学文明的健康意识；提高女职工心理素质、身体素质和社会适应能力。

策略措施：

1. 加大女职工常见病防治力度。积极督促相关方面加大资金投入，定期组织女职工进行妇科体检，扩大宫颈癌、乳腺癌检查覆盖范围。

2. 提高女职工健康服务水平。对工会干部加强相关知识培训，提高其开展女职工健康服务工作的能力；针对女职工生理和心理特点，做好心理抚慰工作；开展心理健康和精神疾病预防知识咨询和服务。

3. 开展女职工保健知识和常见妇科病防治知识的宣传普及。利用工会各类活动场所和整合社会资源，组织开展女职工健康知识讲座等各类宣传教育活动，普及健康保健相关知识；针对重点人群加强预防和控制艾滋病宣传教育，努力控制女职工艾滋病感染率。

4. 引导和鼓励女职工参加经常性体育锻炼。充分利用俱乐部、工人文化宫和公共广场等工会及社会文体活动场所，组织开展各种形式的文体活动，增强女职工的身体素质。

（二）女职工与教育

主要目标：

保障女职工与男职工平等享有受教育权，提高女职工在接受职业学校教育、职业培训、技能劳动者和高级专业技术人员中的比例，为女职工发展创造条件、搭建平台。

策略措施：

1. 推动国家建立完善技能人才培养、评价和激励等政策。防止和纠正性别歧视，维护和保障女职工受教育及接受职业技能培训的权利。

2. 加强女职工思想道德教育。在女职工中广泛开展形式多样的思想道德和“四自”精神教育，引导女职工树立正确的世界观、人生观、价值观和婚恋观。

3. 满足女职工接受职业教育的需求。大力实施职工素质教育工程，充分发挥工会大学校作用，为女职工接受职业教育提供更多的机会和资源；组织女职工参加各类教育培训，扩大女职工接受职业学校教育和职业培训的覆盖面。

4. 为女职工提升文化技术技能素质搭建平台。深入实施女职工提升素质建功立业工程，组织开展多种形式的劳动竞赛活动，激发女职工的劳动热情和创造活力，不断提高女职工的职业竞争能力。

5. 培养选树女职工先进典型。推动完善女职工先进典型的培养、选树、表彰、管理等机制，为优秀人才脱颖而出创造条件；坚持正确的舆论导向，大力宣传先进典型，发挥其示范引领作用，营造学先进、赶先进、超先进的浓厚氛围。

（三）女职工与经济

主要目标：

保障女职工平等享有劳动权利，推动消除就业性别歧视；保障女职工职业安全卫生，进一步提高执行《女职工劳动保护特别规定》和禁止安排女职工从事禁忌劳动范围相关规定的企业比重，降低女职工职业病发病率。

策略措施：

1. 保障女职工劳动权益。加大立法参与力度，推动女职工劳动保护法律法规的健全与完善，确保女职工平等获得经济资源和有效服务；围绕女职工就业、劳动安全及职业病防治等开展调查研究，针对发现的问题提出意见建议。

2. 加强女职工劳动保护。推动有关部门加大执法监督力度、将女职工特殊劳动保护作为劳动保障监察和劳动安全监督的重要内容；督促相关方面严格执行《就业促进法》、《劳动合同法》、《职业病防治法》、《女职工劳动保护特别规定》等法律法规。

3. 保障女职工职业安全卫生。规范企业用工行为，对用人单位执行《女职工劳动保护特别规定》的情况进行监督检查，督促用人单位增强执法意识，自觉做好女职工劳动保护工作；禁止安排女职工从事禁忌劳动范围的劳动，减少女职工职业病的发生；加大对从事有毒有害作业女职工健康的保护力度。

4. 提高女职工自我维权能力。对女职工加强法律法规、安全卫生知识的宣传教育及培训，提高女职工特别是灵活就业女职工的自我保护意识；组织开展女职工权益保护法律法规知识竞赛等主题活动，提高女职工依法自我维权的能力。

5. 推动消除就业中的性别歧视。推动相关方面依法查处用人单位和职业中介机构的性别歧视行为；推动建立健全科学合理的收入分配制度，逐步实现从事相同工作、付出等量劳动、取得相同劳绩的劳动者获得同等劳动报酬，全面落实男女同工同酬。

（四）女职工参与决策和管理

主要目标：

维护女职工参与国家和社会事务及企事业管理的权利；积极推动有关方面逐步提高工会系统女性在全国和地方各级人大代表、政协委员以及人大、政协常委中的比例；推动企业职工代表大会、教职工代表大会中女代表比例与女职工比例同步提高；推动企业董事会、监事会成员及管理层中的女性比例逐步提高。

策略措施：

1. 制定和完善工会系统干部协管相关规定。在各级工会相关决策中注重体现社会性别平等理念，提高各级工会领导班子中女性成员比例；提高工会系统人大代表、政协委员中的女性比例，在制定涉及女职工权益的重大决策时，充分发挥其代表作用，提高工会组织参与决策和管理的影响力。

2. 贯彻落实女职工参与决策和管理的相关法规政策。贯彻中央有关加强企业民主管理工作的重要指示精神，完善以职工代表大会为基本形式的各项民主管理制度，积极探索在职工代表大会、教职工代表大会以及企业的董事会、监事会等机构中发挥女职工民主参与的有效形式，企业职工代表大会中女代表比例与女职工比例相适应。

3. 加大宣传引导和教育培训力度。采取多种形式大力宣传相关法规政策，引导社会充分尊重女职工、客观评价女职工、给予女职工相应的社会地位；将社会性别平等内容纳入各级工会的培训课程和计划，为女职工参与决策和管理创造良好环境，提高女职工参与决策和管理的能力水平。

4. 加大培养、选拔女干部力度。贯彻落实相关法规政策中关于女干部培养选拔和配备的要求，加强对工会女干部的培训，将工会女干部的教育培训纳入工会院校干部培训计划，坚决防止和纠正性别歧视，推动后备干部队伍中女干部比例逐步提高。

5. 加强工会女职工组织建设。将女职工组织建设纳入工会组织建设的总体规划，做到基层工会女职工组织与工会组织的筹备、产生、报批“三同时”，推动女职工组织在已建企业工会的全覆盖。

（五）女职工与社会保障

主要目标：

维护女职工平等享有各项社会保障的权利；推动有劳动关系的女职工全部参加工伤保险；女职工享有各项社会保障的覆盖面逐步扩大，参加生育保险的比例快速提高。

策略措施：

1. 积极推动社会保障法律体系建设。组织开展专项调研，向有关方面提出工会的意见和建议，推动完善并制定养老、医疗、生育等各类涉及女职工社会保障权益法律的配套法规和政策。

2. 加大执法监督力度。建立健全工会劳动法律监督组织，积极开展专项监督检查，督促企事业单位贯彻落实女职工权益保护相关法律法规，切实保障女职工普遍享有生育保险、医疗保险、养老保险、失业保险和工伤保险等权利。

3. 加大培训力度。将女职工社会保障相关法律法规纳入各级工会院校干部培训课程，开展层层培训，增进工会干部对相关法律法规的了解和把握，增强贯彻落实的自觉性，提高依法维护女职工合法权益和特殊利益的能力水平。

4. 完善困难女职工帮扶制度。根据经济增长和物价水平适时调整帮扶救助标准，不断创新帮扶救助手段、拓展帮扶内容、提高帮扶救助覆盖面；积极倡导社会力量参与困难女职工帮扶救助。

（六）女职工与环境

主要目标：

进一步落实男女平等基本国策，推动形成两性平等、和谐的家庭和社会环境，丰富女职工的业余文化生活，满足她们日益增长的精神文化需求。

策略措施：

1. 大力宣传男女平等基本国策。开展多渠道、多形式的宣传教育活动，引导工会干部、企业经营者、职工群众牢固树立性别平等理念，不断提高基本国策的社会影响力。

2. 大力宣传女职工在推动经济社会发展中的积极作用。通过新闻出版、广播影视以及文学艺术等形式，充分展示女职工参与和推动经济发展及社会进步的成就、价值和贡献，营造有利于女职工全面发展和进步的社会环境。

3. 加强家庭美德建设。开展多种形式的宣传教育活动，弘扬尊老爱幼、男女平等、夫妻和睦、勤俭持家、邻里团结的家庭美德，鼓励和引导女职工自觉做和谐家庭建设的推动者。

4. 组织开展多种形式的文化活动。充分发挥工会宣传阵地的优势，组织女职工开展形式多样、健康有益、寓教于乐的文化娱乐活动，丰富女职工的业余文化生活。

5. 倡导女职工参与节能减排活动。践行低碳生活，减少环境污染对女职工的危害，保护女职工的身心健康。

（七）女职工与法律

主要目标：

积极参与涉及女职工权益法律法规政策的制定，促进男女平等法律法规的不断完善；依法保障女职工的合法权益和特殊利益；开展普法宣传教育，提高女职工依法维护自身权益的意识和能力；加强监督检查，推动保障女职工权益法律法规的贯彻落实，提高女职工法律援助和司法救助水平。

策略措施：

1. 推动保障女职工权益法律体系的不断完善。围绕女职工权益保障中的突出问题开展调研，推动有关方面制定和完善相关法律法规；拓展工会组织参与立法的途径，推动女职工权益保护法律法规的贯彻落实。

2. 加大执法检查参与和监督检查力度。支持和配合各级人大开展专项执法检查，深入了解法律法规执行中的情况和问题，积极提出解决问题的对策建议；健全完善工会劳动法律监督组织，加强监督检查，对侵犯女职工合法权益和特殊利益的违法行为，提请有关部门严肃处理，切实维护女职工的合法权益。

3. 深入开展普法教育。面向广大女职工多渠道、多形式开展专项普法宣传活动，将涉及女职工权益保护的法律法规纳入工会干部和职工法制宣传教育内容，提高女职工的法律意识和法律素质。

4. 依法为女职工提供法律援助和服务。健全完善法律援助工作网络，推动扩大法律援助覆盖面，鼓励符合条件的女职工申请法律援助并为其提供便利；参与劳动争议调解、仲裁和诉讼，积极为女职工提供公益性法律援助和服务。

四、组织实施

（一）加强组织领导。全总及各省级工会成立领导小组，负责组织协调工作。全总各部门、各全国产业工会，根据本实施方案要求，按照任务分工，结合各自职责制定具体实施意见并负责实施。各省、自治区、直辖市总工会要认真贯彻本实施方案，结合实际制定本地区的实施方案，统筹安排、抓好落实，形成工会系统实施《纲要》规划体系。

（二）积极推进落实。做好实施方案与工会工作总体规划的衔接，将工会系统承担的主要指标纳入工会工作总体规划，统一部署，同步实施。各级工会要拨出专项资金，确保落实实施方案的所需经费。要将实施方案纳入各级工会干部培训内容，不断增强其贯彻实施方案的自觉性。

（三）建立健全工作机制。建立各级工会女职工部负责具体工作、相关部门密切合作、女职工广泛参与的工作机制，共同做好实施方案落实工作。建立目标管理责任制，将实施方案落实情况纳入全总相关部门和各级工会组织的目标管理和考核体系，考核结果作为对领导班子和有关负责人综合考核评价的重要内容。健全工作报告制度，全总各有关部门、各省级工会每年向全总报告情况。健全联系沟通制度，及时汇报、交流有关情况，总结推广典型经验。

五、监测评估

（一）对实施方案落实情况进行年度监测和评估。全总成立监测评估领导小组，组织实施工会系统监测评估工作。各级工会组织要建立监测评估机制，认真完成年度监测评估工作任务。

（二）明确监测评估责任。各省、自治区、直辖市总工会相关部门要向同级工会和全总报送年度监测数据，按照全总监测评估领导小组要求，提交评估报告。

（三）加强监测评估工作。不断创新监测评估方法，就工会系统重点监测指标开展深入调研和专题评估，及时通报评估结果。

（四）建立健全工会系统女职工工作数据库。在工会年度统计中设立并逐步细化分性别统计指标，为做好全面监测评估工作提供依据。

中华全国总工会办公厅关于推进工会女职工组织和女职工权益保护专项集体合同全覆盖工作的意见

总工办发〔2011〕14号

（2011年3月29日）

为进一步夯实工会女职工组织基础，更好地发挥女职工组织作用，切实维护女职工的合法权益和特殊利益，实现在已建工会企业中女职工组织和女职工权益保护专项集体合同的全覆盖（以下简称“两个覆盖”），依据《工会法》、《劳动合同法》、《中国工会章程》、《工会女职工委员会工作条例》等有关规定，特制定推进“两个覆盖”工作意见。

一、重要意义

随着改革开放的深化和社会主义市场经济的发展，我国的经济关系和劳动关系日趋复杂，工会女职工工作面临着许多新情况和新挑战。切实加强新形势下女职工工作，实施“两个覆盖”，是贯彻落实“组织起来、切实维权”工会工作方针的要求，是落实依法推动企业普遍建立工会组织、普遍开展工资集体协商、加强女职工权益保护的举措。实施“两个覆盖”，对于进一步加强工会女职工组织建设和维权机制建设，构建和谐稳定的劳动关系，维护职工队伍稳定和社会稳定具有重要意义。各级工会女职工组织要从战略和全局的高度，充分认识实现“两个覆盖”的重要性和紧迫性，认清形势、把握机遇、明确责任，找准女职工工作与工会全局工作的切入点和着力点。要以依法推进企业的“两个普遍”带动女职工组织的“两个覆盖”，以实现女职工组织的“两个覆盖”服务企业的“两个普遍”。

二、目标任务

自2011年起，用3年时间，基本实现在已建工会企业中女职工组织和女职工权益保护专项集体合同（以下简称“女职工专项合同”）的全覆盖。女职工组织组建工作目标是：在已建工会企业中女职工组织组建率2011年达到85%，2012年达到95%，2013年底基本实现全覆盖；推进女职工专项合同工作目标是：在已建工会女职工组织并签订集体合同的企业中，女职工专项合同覆盖率2011年达到90%，2012年达到95%，2013年底基本实现全覆盖。

三、基本原则

推进“两个覆盖”，要坚持哪里建工会、哪里有女职工，哪里就要建立工会女职工组织的原则；坚持促进企业发展、维护职工权益的原则，贯彻落实保障女职工合法权益和特殊利益的各项法律法规，构建和谐稳定的劳动关系，更好地实现和保障女职工的合法权益；坚持突出重点、分类推进的原则，积极探索不同规模、不同经营状况企业的特点和规律，采取灵活多样的形式和方法，着力推进“两个覆盖”；坚持循序渐进、注重实效的原则，从实际出发，从重点行业、企业入手，抓紧抓实、抓出成效。

四、主要措施

（一）将“两个覆盖”纳入全会重点工作同步推进。进一步贯彻全总《关于加强企业工会女职工工作的意见》和《关于推进女职工权益保护专项集体合同工作的意见》，抓住机遇，借势借力，将“两个覆盖”工作目标纳入工会组建和发展会员预期目标、组建目标考核体系、“模范职工之家”、“创建劳动关系和谐企业”活动、“广普查、深组建、全覆盖”集中行动，做到工会女职工组织与工会组建筹备、产生、报批的“三同时”，女职工专项合同与集体合同协商、签订、履约的“三同步”。

（二）加大重点企业、重点领域推进工作力度。根据企业的特点，因地、因企制宜开展工作。以非公企业特别是中小企业和新建企业为重点，加快在区域性、行业性工会联合会特别是小企业工会联合会推进“两个覆盖”的工作步伐。探索创新女职工组织组建形式，提高组建质量，通过属地联合，促进分层覆盖；通过条块联合，促进区域覆盖；通过垂直联合，促进行业覆盖。加强对签订女职工专项合同工作的指导服务，进一步确立协商主体，完善协商内容，规范协商程序和运作方式等，全面推进区域性、行业性女职工专项合同的签订和履约，切实维护好中小企业女职工的权益。

（三）加强推进“两个覆盖”的制度建设。按照工会女职工组织体系网络化、基础工作标准化、工作格局社会化的总体要求，明确组建工作目标、内容和程序，健全组织制度、工作制度、干部培训制度和督导检查制度，建立顺畅有效的工作运行机制。健全女职工专项合同履约责任制度，把加强平等协商签订女职工专项合同制度与健全企业管理体制有机结合，纳入企业管理制度。健全激励、考核制度，开展争创达标活动，提高推进“两个覆盖”的工作水平。

（四）加强对推进“两个覆盖”的督导检查。定期和不定期督导检查相结合、全面检查与专项检查相结合，集中力量，切实解决工作中存在的突出问题。充分发挥劳动关系三方协调机制作用，形成工作合力。在工会组建检查考核、企业集体合同和劳动法律监督检查、创建劳动关系和谐企业、实行厂务公开和职代会报告制度等工作中，对推进“两个覆盖”统筹安排，一并进行，组织建设和发挥作用并重，扩大覆盖面与提高质量并举。

五、工作要求

（一）要进一步统一思想，提高对推进“两个覆盖”工作重要性的认识，将推进“两个覆盖”作为当前和今后一个时期工会女职工工作的重要内容，采取切实措施，积极稳步推进。各级工会要加强组织领导，争取同级党政的重视与支持，进一步整合资源，加强与工会内外相关部门的沟通协调，优化工作环境，形成协同推进“两个覆盖”的工作格局。

（二）要按照全总推进“两个覆盖”的总体部署和要求，认真分析本地区面临的新情况新问题，结合实际制定实施方案，明确总体目标和阶段目标，逐年逐级分解任务，落实工作责任。要不断创新工作思路，强化工作措施，开展专项培训，提高女职工工作干部的专业能力和水平，确保“两个覆盖”工作规范有序开展。

（三）要加强对基层工作的分类指导，对不同地区、行业、企业的工作情况要做到底数清、情况明，积极为基层工会开展工作提供有效的服务和帮助。要坚持重心下移，深入基层加强调查研究和督导检查，帮助解决基层工作中的突出困难和问题。要及时总结、推广基层的好经验好做法，充分发挥其示范导向作用，提高推进“两个覆盖”工作的整体水平。

（四）要积极做好舆论宣传工作，把宣传引导贯穿于“两个覆盖”工作的始终，借助全会依法推进“两个普遍”的有利契机，充分利用新闻、广播、报刊、网络等主流媒体和工会宣传阵地，大力宣传实施“两个覆盖”的重要意义和作用，宣传各地的典型经验及做法，不断扩大“两个覆盖”的社会影响，推进“两个覆盖”工作的良好发展和目标的如期实现。

中华全国总工会关于加强企业工会女职工工作的意见

总工发〔2009〕32号

（2009年7月17日）

为深入贯彻党的十七大精神，认真落实中国工会十五大提出的目标和任务，更好地发挥企业工会女职工组织的作用，切实维护女职工的合法权益和特殊利益，依据《工会法》、《中国工会章程》、《企业工会工作条例》、《工会女职工委员会工作条例》等有关规定，现就加强企业工会女职工工作提出以下意见。

一、加强企业工会女职工工作的重要意义、指导思想和总体要求

（一）充分认识企业工会女职工工作的重要意义。企业工会女职工组织是企业女职工合法权益和特殊利益的代表者和维护者。切实加强企业工会女职工工作，对于维护女职工的合法权益，更好地调动女职工参与改革和建设的积极性、主动性和创造性，建立和谐稳定的劳动关系，推动和谐企业建设具有十分重要的意义。各级工会要充分认识加强新形势下企业工会女职工工作的重要性和必要性，努力推动企业工会女职工工作的创新和发展。

（二）切实明确企业工会女职工工作的指导思想。坚持高举中国特色社会主义伟大旗帜，以邓小平理论和“三个代表”重要思想为指导，深入贯彻落实科学发展观，坚定不移地走中国特色社会主义工会发展道路，努力建设服务科学发展、服务女职工的企业工会女职工组织，充分发挥企业工会女职工组织的作用，团结和动员广大女职工为促进企业发展，夺取全面建设小康社会新胜利而努力奋斗。

（三）认真把握加强企业工会女职工工作的总体要求。坚持促进企业发展、维护职工权益的原则，认真贯彻“组织起来、切实维权”的工作方针，

最大限度地把女职工吸收到工会组织中来，不断增强女职工组织的吸引力和凝聚力，通过开展各种活动，提高女职工素质，调动女职工参与企业发展的积极性和创造性。坚持以职工为本，进一步建立和完善女职工维权工作机制，及时反映女职工的愿望和诉求，推动解决女职工最关心、最直接、最现实的利益问题，主动依法科学维权，切实代表和维护女职工的合法权益和特殊利益，努力创建劳动关系和谐企业。

二、大力推进企业工会女职工组织建设

（四）努力实现在已建工会组织企业中女职工组织的全覆盖。坚持哪里建工会、哪里有女职工，哪里就要建立工会女职工组织的原则。凡是企业工会中有 10 名以上女会员的，都应建立工会女职工委员会；不足 10 名的，设女职工委员。大力推进非公有制企业工会女职工组织的建立与完善，积极探索创新组建形式。建立县以下区域性、行业性工会联合会的同时建立工会女职工组织。

（五）加强企业工会女职工委员会规范化建设。女职工委员会与工会委员会同时建立。企业在筹备组建工会或工会换届时，同时提名女职工委员会主任、副主任人选。工会女职工委员会主任、副主任与工会委员会同时报上级工会审批。女职工委员会主任由企业工会女主席或女副主席担任，也可按照相应条件配备女职工委员会主任。有条件的企业可直接选举产生女职工委员会主任，享受同级工会副主席待遇。大型企业工会设立女职工委员会办公室（女职工部），女职工 200 人以上的企业工会女职工委员会配备专职女职工工作干部。中小企业工会女职工委员会可根据工作需要设专兼职工作人员和办公室。建立健全女职工委员会向同级工会委员会和上级工会女职工委员会报告工作制度、定期研究工作制度等。企业工会应保障女职工委员会开展工作与活动的必要经费。

企业不建立妇联组织，企业工会女职工委员会通过县以上地方工会接受妇联的业务指导。

三、组织动员女职工充分发挥主力军作用，为推动企业发展作贡献

（六）充分调动女职工立足岗位建功立业的积极性、主动性和创造性。适应全面建设小康社会的新要求，结合企业实际和女职工特点，组织女职工

积极参与争创“工人先锋号”、社会主义劳动竞赛和女职工提升素质建功立业等活动，不断探索创新活动方式，务求活动实效。通过岗位练兵、技能比赛、技术培训、技术交流等形式，不断提高女职工的学习能力、创新能力、竞争能力，为建设创新型企业作贡献。广泛开展富有女职工特色的女职工建功立业标兵（岗）、五一巾帼奖创建等活动，充分发挥女劳模的示范带动作用。

（七）切实把提高女职工队伍整体素质作为一项战略任务抓紧抓好。充分发挥工会“大学校”作用，深入开展社会主义核心价值体系主题教育活动和“创建学习型组织、争做知识型职工”以及女职工素质教育活动，引导女职工不断提高思想道德、科学文化、业务技能等综合素质和树立自尊、自信、自立、自强精神；组织和帮助女职工逐步成长为学习型、知识型、技能型、专家型的复合人才。充分发挥女职工在构建和谐企业、和谐家庭等各项文明建设中的作用。督促企业根据实际情况和女职工需求，为女职工提供多渠道多层次培训和受教育机会。

四、切实维护女职工的合法权益和特殊利益

（八）推动和促进国家保护女职工权益法律法规的贯彻落实。宣传国家保护女职工权益的法律法规，帮助女职工提高法律意识和自我保护能力，促进企业经营者提高遵纪守法的自觉性。指导和帮助女职工签订劳动合同。加强对女职工劳动保护的监督检查，督促《女职工劳动保护规定》、《女职工禁忌劳动范围的规定》等法规的贯彻落实。反映女职工的呼声与诉求，配合有关部门处理侵犯女职工权益的案件，参与劳动争议调解和仲裁工作，在女职工人数较多的企业，劳动争议调解委员会应有女职工组织的代表。

（九）切实做好女职工权益保护专项集体合同工作。围绕女职工的劳动就业、工资分配、休息休假、保险福利待遇、教育发展等内容，特别是女职工经期、孕期、产期和哺乳期保护，禁忌从事的劳动范围，有毒有害工种防护，生育保险，妇科疾病普查等，与企业签订女职工权益保护专项集体合同。凡建立工会女职工组织的企业都应签订女职工权益保护专项集体合同，也可将女职工权益保护专项内容作为集体合同的附件或在集体合同中设立专门章节。中小型非公有制企业工会应根据具体情况，单独签订或参加区域性、行业性女职工权益保护专项集体合同的签订。建立女职工权益保护专项

集体合同监督检查机制，确保企业女职工权益保护专项集体合同的有效实施。

（十）加强和完善企业女职工民主管理工作。组织女职工通过职工代表大会、厂务公开等民主管理方式参与企业民主决策、民主管理和民主监督，行使好职工代表大会及工会会员代表大会代表的各项职权。职工代表大会、工会会员代表大会中女代表比例应与本企业女职工比例相适应。

五、进一步做好对困难女职工的帮扶工作

（十一）积极为困难女职工办实事、做好事、解难事。建立困难女职工档案，做到对困难女职工家庭情况清、致困原因清、经济收入清、救助愿望清，努力实现对困难女职工帮扶工作的经常化、制度化、规范化。配合有关部门积极推进将符合低保条件的女职工家庭纳入低保范围。对低保边缘、零就业、单亲、遭受重大灾害和患重大疾病等特殊困难的女职工家庭以及困难女劳模给予重点帮扶。不断拓展帮扶范围，完善帮扶方式，提高帮扶水平，切实帮助女职工解决生产生活中的实际困难。大力开展结对帮扶、金秋助学等活动，努力为困难女职工特别是单亲困难女职工、女农民工提供多方位的服务和帮助。

（十二）切实维护女职工的劳动就业权益。推动国家有关促进就业法律法规政策的贯彻落实，推进女职工充分就业，稳定就业岗位，改善就业环境，实现体面劳动。配合有关部门积极为下岗失业女职工自谋职业和自主创业提供就业培训、政策咨询、信息交流等各项服务，不断提高女职工的就业技能和创业能力，为其实现就业再就业创造有利条件。

六、强化对企业工会女职工工作的领导和服务

（十三）各级工会要切实加强对企业工会女职工工作的领导和服务。关心和支持企业工会女职工工作，为女职工工作创造良好环境。加强理论政策研究，深入调查、认真研究解决企业工会女职工工作中面临的新情况和新问题。把女职工工作纳入工会整体工作同步部署、检查和考核，列入企业“模范职工之家”、创建“劳动关系和谐企业”等活动评比内容。坚持分类指导，总结和推广企业工会女职工工作经验，注意培育和选树企业工会女职工工作先进典型，以点带面推动工作。产业工会应发挥自身优势，推动本系统企业工会女职工组织建设，创造性地开展工作。

（十四）各级工会要高度重视企业工会女职工工作干部队伍建设。注重培养、选拔、使用女职工工作干部，维护企业工会女职工工作干部的合法权益，保障其依法履行工作职责，真正做到在政治上关心、生活上关爱、工作上支持女职工工作干部。研究探索企业工会女职工工作干部配备和待遇落实的有效途径，更好地调动女职工工作干部的积极性。加大对企业工会女职工工作干部的培训力度，不断提高女职工工作干部的理论水平和业务能力，努力建设一支素质高、能力强、业务精的工会女职工工作干部队伍。

第四部分

国际公约

消除对妇女一切形式歧视公约

（1979年12月18日通过）

本公约缔约各国，注意到《联合国宪章》重申对基本人权、人格尊严和价值以及男女平等权利的信念；注意到《世界人权宣言》申明不容歧视的原则，并宣布人人生而自由，在尊严和权利上一律平等，且人人都有资格享受该宣言所载的一切权利和自由，不得有任何区别，包括基于性别的区别；注意到有关人权的各项国际公约的缔约国有义务使男女在权利平等的基础上享有一切经济、社会、文化、公民和政治权利；考虑到在联合国及各专门机构主持下所签署的各项国际公约旨在促进男女权利平等；还注意到联合国和各专门机构所通过旨在促进男女权利平等的决议、宣言和建议；关心到尽管有这些不同的文件，歧视妇女的现象仍然普遍存在；考虑到对妇女的歧视违反权利平等和尊重人格尊严的原则，阻碍妇女与男子在平等的条件上参加本国的政治、社会、经济和文化生活，妨碍社会和家庭的繁荣发展，并使妇女更难充分发展为国家和人类服务的潜力；关心到在贫穷情况下，妇女在获得粮食、保健、教育、训练、就业和其他需要等方面，往往机会最少；深信基于平等和公正的新的国际经济秩序的建立，将大有助于促进男女平等；强调彻底消除种族隔离、一切形式的种族主义、种族歧视、新老殖民主义、侵略、外国占领和外国统治、对别国内政的干预，对于男女权利的充分享受是必不可少的；申明国际和平与安全的加强，国际紧张局势的缓和，各国不论其社会和经济制度如何彼此之间的相互合作，在严格有效的国际管制下全面彻底裁军、特别是核裁军，国与国之间关系上公平、平等和互利原则的确认，在外国和殖民统治下和外国占领下的人民取得自决与独立权利的实现，以及对各国国家主权和领土完整的尊重，都将会促进社会进步和发展，从而有助于实现男女的完全平等；确信一国的充分和完全的发展，世界的福利以及和平的事业，需要妇女与男子同样充分参加所有各方面的工作；念及妇女对家庭的福利和社会的发展所作出的巨大贡献至今没有充分受到公认，又念及母性的社会意义以及父母在家庭中和在养育子女方面所负任务的社会意义，并理解到妇女不应因生育的任务而受到歧视，因为养育子女是男女和整个社会的共同责任；认识到要同时改变男子和妇女在社会上和家庭中的传统任务，才能实现男女充分的平等；决心执行《消除对妇女歧视宣言》内载的各项原则，并为此目的，采取一切必要措施，消除一切形式和表现的这种歧视；

兹协议如下：

第一部分

第一条

为本公约的目的，“对妇女的歧视”一词是指基于性别而作的任何区别、排除和限制其作用或目的是要妨碍或破坏对在政治、经济、社会、文化、公民或任何其他方面的人权和基本自由的承认以及妇女不论已婚未婚在男女平等的基础上享有或行使这些人权和基本自由。

第二条

缔约各国谴责对妇女一切形式的歧视，协议立即用一切适当办法，推行政策，消除对妇女的歧视。为此目的，承担：

（a）男女平等的原则如尚未列入本国宪法或其他有关法律者，应将其列入，并以法律或其他适当方法，保证实现这项原则；

（b）采取适当立法和其他措施，包括适当时采取制裁，禁止对妇女的一切歧视；

（c）为妇女与男子平等的权利确立法律保护，通过各国的主管法庭及其他公共机构，保证切实保护妇女不受任何歧视；

（d）不采取任何歧视妇女的行为或做法，并保证公共当局和公共机构的行动都不违背这项义务；

（e）应采取一切适当措施，消除任何个人、组织或企业对妇女的歧视；

（f）应采取一切适当措施，包括制定法律，以修改或废除构成对妇女歧视的现行法律、规章、习俗和惯例；

（g）同意废止本国刑法内构成对妇女歧视的一切规定。

第三条

缔约各国应承担在所有领域，特别是在政治、社会、经济、文化领域，采取一切适当措施，包括制定法律，力谋妇女的充分发展和进步，以保证她们在与男子平等的基础上，行使和享有人权和基本自由。

第四条

1. 缔约各国为加速实现男女事实上的平等而采取的暂行特别措施，不得视为本公约所指的歧视，亦不得因此导致维持不平等或分别的标准；这些措施应在男女机会和待遇平等的目的达到之后，停止采用。

2. 缔约各国为保护母性而采取的特别措施，包括本公约所列各项措施，不得视为歧视。

第五条

缔约各国应采取一切适当措施：

（a）改变男女的社会和文化行为模式，以消除基于因性别而分尊卑观念或基于男女定型任务的偏见、习俗和一切其他方法；

（b）保证家庭教育应包括正确了解母性的社会功能和确认教养子女是父母的共同责任，但了解到在任何情况下应首先考虑子女的利益。

第六条

缔约各国同意采取一切适当措施，包括制定法律，以打击一切形式贩卖妇女和迫使妇女卖淫以进行剥削的行为。

第二部分

第七条

缔约各国应采取一切适当措施，消除在本国政治和公众事务中对妇女的歧视，特别应保证妇女在与男子平等的条件下：

（a）在一切选举和公民投票中有选举权，并在一切民选机构有被选举权；

（b）参加政府政策的制订及其执行，并担任各级政府公职，执行一切公务；

（c）参加有关本国公众和政治事务的非政府组织和协会。

第八条

缔约各国应采取一切适当措施，保证妇女在与男子平等不受任何歧视的条件下，有机会在国际上代表本国政府参加各国际组织的工作。

第九条

1. 缔约各国应给予妇女与男子相同的取得、改变或保留国籍的权利。它们应特别保证，与外国人结婚，或婚姻期间丈夫改变国籍，均不当然改变妻子的国籍，使她成为无国籍人，或把丈夫的国籍强加于她。

2. 缔约各国在关于子女的国籍方面，应给予妇女与男子平等的权利。

第三部分

第十条

缔约各国应采取一切适当措施，消除对妇女的歧视，并保证妇女在教育方面享有与男子平等的权利，特别是在男女平等的基础上保证：

（a）在各种教育机构，不论其在农村或城市，职业和行业辅导、学习的机会和文凭的取得，条件相同。在学前教育、普通教育、技术、专业和高等技术教育以及各种职业训练方面，都应保证这种平等；

（b）课程的选择、考试、师资的标准、校舍和设备的质量相同；

（c）为消除在各级和各种方式的教育中对男女任务的任何定型观念，应鼓励实行男女同校和其他有助于实现这个目的的教育形式，并特别应修订教科书和课程，修改教学方法；

（d）领受奖学金和其他研究补助金的机会相同；

（e）接受成人教育、包括成人识字和实用识字教育的机会相同，特别是为了尽早缩短男女之间存在的教育水平上的一切差距；

（f）减少女生退学率，并为离校过早的少女和妇女办理种种方案；

（g）积极参加运动和体育的机会相同；

（h）有接受特殊教育性辅导的机会，以保障家庭健康和幸福，包括关于计划生育的知识和辅导在内。

第十一条

1. 缔约各国应采取一切适当措施，消除在就业方面对妇女的歧视，以保证她们在男女平等的基础上享有相同权利，特别是：

（a）人人有不可剥夺的工作权利；

（b）享有相同就业机会的权利，包括在就业方面相同的甄选标准；

（c）享有自由选择专业和职业，升级和工作保障，一切工作福利和服务条件，接受职业训练和再训练，包括实习训练、高等职业训练和经常训练的权利；

（d）同样价值的工作享有同等报酬（包括福利）、平等待遇的权利，在评定工作的表现方面，享有平等待遇的权利；

（e）享有社会保障的权利，特别是在退休、失业、疾病、残废和老年或其他丧失工作能力的情况下，以及享有带薪假的权利；

（f）在工作条件中享有健康和安全保障，包括保障生育机能的权利。

2. 缔约各国为使妇女不致因结婚或生育而受歧视，又为保障其有效的工作权利起见，应采取适当措施：

（a）禁止以怀孕或产假为理由予以解雇，以及以婚姻状况为理由予以解雇的歧视，违反规定者得受处分；

（b）实施带薪产假或具有同等社会福利的产假，不丧失原有工作、年资或社会津贴；

（c）鼓励提供必要的辅助性社会服务，特别是通过促进建立和发展托儿设施系统，使父母得以兼顾家庭义务和工作责任并参与公共生活；

（d）对于怀孕期间从事确实有害于健康工作的妇女，给予特别保护。

3. 应参照科技知识，定期审查与本条所包含的内容有关的保护性法律，必要时应加以修订、废止或推广。

第十二条

1. 缔约各国应采取一切适当措施，消除在保健方面对妇女的歧视，以保证她们在男女平等的基础上取得各种保健服务，包括有关计划生育的保健服务。

2. 尽管有上面第1款的规定，缔约各国应保证为妇女提供有关怀孕、分娩和产后期间的适当服务，于必要时给予免费服务，并保证在怀孕和哺乳期间得到充分营养。

第十三条

缔约各国应采取一切适当措施，消除在经济和社会生活的其他方面对妇女的歧视，以保证她们在男女平等的基础上有相同权利，特别是：

（a）领取家属津贴的权利；

（b）银行贷款、抵押和其他形式的金融信贷的权利；

（c）参与娱乐活动、运动和文化生活所有各方面的权利。

第十四条

1. 缔约各国应考虑到农村妇女面对的特殊问题和她们对家庭生计包括她们在不具货币性质的经济部门的工作方面所发挥的重要作用；并应采取一切适当措施，保证对农村地区妇女适用本公约的各项规定。

2. 缔约各国应采取一切适当措施，消除对农村地区妇女的歧视，以保证她们在男女平等的基础上参与并受益于农村发展，尤其是保证她们有权：

（a）充分参与各级发展规划的拟订和执行工作；

（b）有权利用充分的保健设施，包括计划生育方面的知识、辅导和服务；

（c）从社会保障方案直接受益；

（d）接受各种正式和非正式的训练和教育，包括实用识字的训练和教育在内，以及除了别的以外，享受一切社区服务和推广服务的益惠，以提高她们的技术熟练程度；

（e）组织自助团体和合作社以通过受雇和自雇的途径取得平等的经济机会；

（f）参加一切社区活动；

（g）有机会取得农业信贷，利用销售设施，获得适当技术，并在土地改革和土地垦殖计划方面享有平等待遇；

（h）享受适当的生活条件，特别是在住房、卫生、水电供应、交通和通讯方面。

第四部分

第十五条

1. 缔约各国应给予男女在法律面前平等的地位。

2. 缔约各国应在公民事务上，给予妇女与男子同等的法律行为能力，以及行使这种行为能力的相同机会。特别应给予妇女签订合同和管理财产的平等权利，并在法院和法庭诉讼的各个阶段给予平等待遇。

3. 缔约各国同意，旨在限制妇女法律行为能力的所有合同和其他任何具有法律效力的私人文书，应一律视为无效。

4. 缔约各国在有关人身移动和自由择居的法律方面，应给予男女相同的权利。

第十六条

1. 缔约各国应采取一切适当措施，消除在有关婚姻和家庭关系的一切事务上对妇女的歧视，并特别应保证她们在男女平等的基础上：

（a）有相同的缔婚权利；

（b）有相同的自由选择配偶和非经本人自由表示、完全同意不得结婚的权利；

（c）在婚姻存续期间以及解除婚姻关系时，有相同的权利和义务；

（d）不论婚姻状况如何，在有关子女的事务上，作为父母亲有相同的权利和义务。但在任何情形下，均应以子女的利益为重；

（e）有相同的权利，自由负责地决定子女人数和生育间隔，并有机会获得使她们能够行使这种权利的知识、教育和方法；

（f）在监护、看管、受托和收养子女或类似的社会措施（如果国家法规有这些观念）方面，有相同的权利和义务。但在任何情形下，均应以子女的利益为重；

（g）夫妻有相同的个人权利，包括选择姓氏、专业和职业的权利；

（h）配偶双方在财产的所有、取得、经营、管理、享有、处置方面，不论是免费的或是收取价值酬报，具有相同的权利。

2. 童年订婚和童婚应不具法律效力，并应采取一切必要行动，包括制订法律，规定结婚最低年龄，并规定婚姻必须向正式登记机构登记。

第五部分

第十七条

1. 为审查执行本公约所取得的进展起见，应设立一个消除对妇女歧视委员会（以下称委员会），由在本公约所适用的领域方面有崇高道德地位和能力的专家组成，其人数在本公约开始生效时为十八人，到第三十五个缔约国批准或加入后为二十三人。这些专家应由缔约各国自其国民中选出，以个人资格任职，选举时须顾及公平地域分配原则及不同文明与各主要法系的代表性。

2. 委员会委员应以无记名投票方式自缔约各国提名的名单中选出。每一缔约国得自本国国民中提名一人候选。

3. 第一次选举应自本公约生效之日起六个月后举行。联合国秘书长应于每次选举日前至少三个月时函请缔约各国于两个月内提出其所提名之人的姓名。秘书长应将所有如此提名的人员依英文字母次序，编成名单，注明推荐此等人员的缔约国，分送缔约各国。

4. 委员会委员的选举应在秘书长于联合国总部召开的缔约国会议中举行。该会议以三分之二缔约国为法定人数，凡得票最多且占出席及投票缔约国代表绝对多数票者当选为委员会委员。

5. 委员会委员任期四年。但第一次选举产生的委员中，九人的任期应于两年终了时届满，第一次选举后，此九人的姓名应立即由委员会主席抽签决定。

6. 在第三十五个国家批准或加入本公约后，委员会将按照本条第 2、3、4 款增选五名委员。

其中两名委员任期为两年，其名单由委员会主席抽签决定。

7. 临时出缺时，其专家不复担任委员会委会的缔约国，应自其国民中指派另一专家，经委员会认可后，填补遗缺。

8. （a）鉴于委员会责任的重要性，委员会委员应经联合国大会批准后，从联合国资源中按照大会可能决定的规定和条件取得报酬；

（b）联合国秘书长应提供必需的工作人员和设备，以便委员会按本公约规定有效地履行其职责。

第十八条

1. 缔约各国应就本国为使本公约各项规定生效所通过的立法、司法、行政或其他措施以及所取得的进展，向联合国秘书长提出报告，供委员会审议：

（a）在公约对本国生效后一年内提出；

（b）自此以后，至少每四年并随时在委员会的请求下提出。

2. 报告中得指出使本公约规定义务的履行受到影响的各种因素和困难。

第十九条

1. 委员会应自行制订其议事规则。

2. 委员会应自行选举主席团成员，任期两年。

第二十条

1. 委员会一般应每年开会为期不超过两星期，以审议按照本公约第十八条规定提出的报告。

2. 委员会会议通常应在联合国总部或在委员会决定的任何其他方便地点举行。

第二十一条

1. 委员会应就其活动，通过联合国经济及社会理事会，每年向联合国大会提出报告并可根据对所收到缔约各国的报告和资料的审查结果，提出意见和一般性建议。这些意见和一般性建议，应连同缔约各国可能提出的评论载入委员会所提出的报告中。

2. 秘书长应将委员会的报告转送妇女地位委员会，供其参考。

第二十二条

各专门机构对属于其工作范围内的本公约各项规定，有权派代表出席关于其执行情况的审议。委员会可邀请各专门机构就在其工作范围内各个领域对本公约的执行情况提出报告。

第六部分

第二十三条

（a）缔约各国的法律；

（b）对该国生效的任何其他国际公约、条约或协定，如有对实现男女平等更为有利的任何规定，本公约的任何规定不得影响其效力。

第二十四条

缔约各国承担在国家一级采取一切必要措施，以充分实现本公约承认的各项权利。

第二十五条

1. 本公约开放给所有国家签署。

2. 指定联合国秘书长为本公约受托人。

3. 本公约须经批准，批准书交存联合国秘书长。

4. 本公约开放给所有国家加入，加入书交存联合国秘书长后开始生效。

第二十六条

1. 任何缔约国可以随时向联合国秘书长提出书面通知，请求修正本公约。

2. 联合国大会对此项请求，应决定所须采取的步骤。

第二十七条

1. 本公约自第二十份批准书或加入书交存联合国秘书长之日后第三十天开始生效。

2. 在第二十份批准书或加入书交存后，本公约对于批准或加入本公约的每一国家，自该国交存其批准书或加入书之日后第三十天开始生效。

第二十八条

1. 联合国秘书长应接受各国在批准或加入时提出的保留，并分发给所有国家。

2. 不得提出与本公约目的和宗旨抵触的保留。

3. 缔约国可以随时向联合国秘书长提出通知，请求撤销保留，并由他将此项通知通知全体国家。通知收到后，当日生效。

第二十九条

1. 两个或两个以上的缔约国之间关于本公约的解释或适用方面的任何争端，如不能谈判解决，经缔约国一方要求，应交付仲裁。如果自要求仲裁之日起六个月内，当事各方不能就仲裁的组成达成协议，任何一方得依照《国际法院规约》提出请求，将争端提交国际法院审理。

2. 每一个缔约国在签署或批准本公约或加入本公约时，得声明本国不受本条第 1 款的约束，其他缔约国对于作出这项保留的任何缔约国，也不受本条第 1 款的约束。

3. 依照本条第 2 款的规定作出保留的任何缔约国，得随时通知联合国秘书长撤回该项保留。

第三十条

本公约阿拉伯文、中文、英文、法文、俄文和西班牙文文本具有同等效力，均应交存联合国秘书长。

下列署名的全权代表，在本公约之末签名，以昭信守。

对男女工人同等价值的工作付予同等报酬公约

（1951 年 6 月 29 日通过）

国际劳工组织大会：

经国际劳工局理事会召集，于一九五一年六月六日在日内瓦举行其第三十四届会议，并经决定采纳本届会议议程第七项关于男女工人同等价值的工作付予同等报酬的原则的某些提议，并经确定这些提议应采取国际公约的形式，于一九五一年六月二十九日通过以下公约，引用时得称之为一九五一年同酬公约。

第一条

就本公约而言：

（a）“报酬”一词包括因工人就业而由雇主直接或间接以现金或实物向其支付的常规的、基本或最低的工资或薪金，以及任何附加报酬；

（b）“对男女工人同等价值的工作付予同等报酬”一词，系指不以性别歧视为基础而确定的报酬标准。

第二条

1. 各会员国应通过与确定报酬标准的现行方法相适应的手段，促进并在尽可能与这些方法协调的情况下保证在所有工人中实行对男女工人同等价值的工作付予同等报酬的原则。

2. 此项原则得通过下列手段予以实行：

（a）国家法律或条例；

（b）合法建立或承认的确定工资的方法；

（c）雇主与工人间的集体协议；或

（d）上述几种办法的结合。

第三条

1. 只要以下行动能有助于本公约条款的实施，应采取措施以需从事的工作为依据，促使对各种工作岗位进行客观评定。

2. 用以进行这种评定的方法得由负责确定报酬标准的当局决定，或如此种标准系由集体协议确定，则由协议各方予以决定。

3. 经此种客观评定所确定的不论性别而依所从事工作的差别而造成相应的工人之间标准的差距不应被认为违反对男女工人同等价值的工作付予同等报酬的原则。

第四条

为实施本公约的规定，各会员国应酌情与有关的雇主组织和工人组织合作。

第五条

本公约的正式批准书应送请国际劳工局长登记。

第六条

1. 本公约应仅对其批准书已经国际劳工局长登记的国际劳工组织会员国有约束力。

2. 本公约应自两个会员国的批准书已经局长登记之日起十二个月后生效。

3. 此后，对于任何会员国，本公约应自其批准书已经登记之日起十二个月后生效。

第七条

1. 按照国际劳工组织章程第 35 条第 2 款的规定提交国际劳工局长的声明书中应指出：

（a）有关会员国承诺将本公约的规定不加修改即行适用的领地；

（b）该会员国承诺将本公约的规定加以修改而后适用的领地，附送此项修改的详细内容；

（c）本公约不适用的领地，在此种情况下，说明不适用的理由；

（d）该会员国在对情况进一步研究前，暂不作出决定的领地。

2. 本条第 1 款（a）项和（b）项所指的“承诺”，应视为批准书的一个组成部分，并应具有批准书的效力。

3. 任何会员国对于在原声明书中按照本条第 1 款（b）、（c）或（d）项所作的任何保留，此后得随时以另一声明书以全部或部分撤销。

4. 任何会员国在按照第 9 条的规定可以解除本公约的时期内，得向局长提交一项声明书，在其他任何方面修改其以前声明书的内容，并说明其所举领地的现状。

第八条

1. 按照国际劳工组织章程第 35 条第 4 或第 5 款的规定提交国际劳工局长的声明书，应声明本公约的规定将不加修改或经修改后适用于有关领地，如此项声明书中声明本公约的规定将经修改后适用时，应列举修改的详细内容。

2. 有关的一个或几个会员国或国际机构，此后得随时以另一声明书，全部或部分放弃援用以前任何一个声明书中所作任何修改的权利。

3. 有关的一个或几个会员国或国际机构，在按照第 9 条的规定可以解除本公约的时期内，得向局长提交一项声明书，在其他任何方面修改其以前任何声明书的内容，并说明本公约目前的适用状况。

第九条

1. 凡批准本公约的会员国，自本公约初次生效之日起满十年后，得向国际劳工局长通知解约，并请其登记。此项解约通知书自登记之日起满一年后开始生效。

2. 凡批准本公约的会员国，在前款所述十年期满后的一年内未行使本条所规定的解约权利者，即须再遵守十年，此后每当十年期满，得依本条的规定通知解约。

第十条

1. 国际劳工局长应将国际劳工组织各会员国所送达的一切批准书和解约通知书的登记情况，通知本组织的全体会员国。

2. 局长在将所送达的第二份批准书的登记通知本组织的各会员国时，应提请本组织各会员国注意本公约开始生效的日期。

第十一条

国际劳工局长应将他按照以上各条规定所登记的一切批准书和解约通知书的详细情况，按照联合国宪章第 102 条的规定，送请联合国秘书长进行登记。

第十二条

国际劳工局理事会在必要时，应将本公约的实施情况向大会提出报告，并审查应否将本公约的全部或部分修订问题列入大会议程。

第十三条

1. 如大会通过新公约对本公约作全部或部分修订时，除新公约另有规定外，应：

(a) 如新修订公约生效和当其生效之时，会员国对于新修订公约的批准，不须按照上述第 9 条的规定，依法应为对本公约立即解约；

(b) 自新修订公约生效之日起，本公约应立即停止接受会员国的批准。

2. 对于已批准本公约而未批准修订公约的会员国，本公约以其现有的形式和内容，在任何情况下仍应有效。

第十四条

本公约的英文本和法文本同等为准。

1958年消除就业和职业歧视公约

（1958年6月25日通过）

国际劳工组织大会：

经国际劳工组织理事会召集，于1958年6月4日在日内瓦举行其第42届会议，经决定采纳会议议程第四项关于就业和职业领域的歧视的某些提议，并经确定这些提议应采取国际公约的形式，并考虑到费城宣言肯定全人类不分种族、信仰或性别都有权在自由和尊严、经济保障和机会均等的条件下谋求其物质福利和精神发展，并进一步考虑到歧视构成对世界人权宣言所阐明的各项权利的侵犯，于1958年6月25日通过以下公约，引用时得称之为1958年消除就业和职业歧视公约。

第一条

一、就本公约而言，“歧视”一词包括：

（一）基于种族、肤色、性别、宗教、政治见解、民族血统或社会出身等原因，具有取消或损害就业或职业机会均等或待遇平等作用的任何区别、排斥或优惠；

（二）有关会员国经与有代表性的雇主组织和工人组织（如存在此种组织）以及其他适当机构协商后可能确定的、具有取消或损害就业或职业机会均等或待遇平等作用的其他此种区别、排斥或优惠。

二、对一项特定职业基于其内在需要的任何区别、排斥或优惠不应视为歧视。

三、就本公约而言，“就业”和“职业”二词所指包括获得职业培训、获得就业和特定职业以及就业条款和条件。

第二条

凡本公约生效的会员国，承诺宣布和遵循一项旨在以符合国家条件和惯例的方法促进就业和职业机会均等和待遇平等的国家政策，以消除这方面的任何歧视。

第三条

凡本公约生效的会员国，承诺以符合国家条件和实践的方法：

（一）寻求雇主组织和工人组织及其他适当机构在促进接受和遵守该项政策方面的合作；

（二）制定可赖以使人接受和遵守该项政策的法规，推进可赖以使人接受和遵守该项政策的教育计划；

（三）废除任何不符合该项政策的法令规定，修改任何不符合该项政策的行政指示或做法；

（四）在一个国家当局的直接控制下在就业方面执行该项政策；

（五）在一个国家当局的指导下在职业指导、职业培训和安置服务活动方面保证遵守该项政策；

（六）在公约实施情况年度报告中说明为执行该项政策采取的行动以及这种行动所获得的结果。

第四条

针对有正当理由被怀疑为或证实参与了有损国家安全活动的个人所采取的任何措施，不应视为歧视，只是有关个人应有权向按照国家实践建立的主管机构提出申诉。

第五条

一、国际劳工大会通过的其他公约和建议书规定的保护或援助的特殊措施不应视为歧视。

二、凡会员国经与有代表性的雇主组织和工人组织（如存在此种组织）协商，得确定为适合某些人员特殊需要而制定的其他专门措施应不被视为歧视，这些人员由于诸如性别、年龄、残疾、家庭负担，或社会或文化地位等原因而一般被认为需要特殊保护或援助。

第六条

凡批准本公约的会员国承诺按照国际劳工组织章程的规定将其实施于非本土领地。

第七条

本公约的正式批准书须送请国际劳工组织总干事登记。

第八条

一、本公约对其批准书经国际劳工组织总干事登记的国际劳工组织会员国有约束力。

二、本公约自两个会员国的批准书经总干事登记之日起 12 个月后生效。

三、此后，对于任何会员国，本公约应自其批准书经登记之日起 12 个月后生效。

第九条

一、凡批准本公约的会员国，自本公约初次生效之日起满 10 年后得向国际劳工组织总干事通知解约，并请其登记。此项解约通知书自登记之日起满 1 年后始得生效。

二、凡批准本公约的会员国，在前款所述 10 年期满后的 1 年内未行使本条所规定的解约权利者，即须再遵守 10 年，此后每当 10 年期满，得依本条的规定通知解约。

第十条

一、国际劳工组织总干事须将国际劳工组织各会员国所送达的一切批准书和解约通知书的登记情况，通知本组织的全体会员国。

二、总干事在将所送达的第二份批准书的登记通知本组织全体会员国时，须提请各会员国注意本公约开始生效的日期。

第十一条

国际劳工组织总干事须将他按照本公约以上各条规定所登记的一切批准书和解约通知书的详细情况，按照《联合国宪章》第 102 条的规定，送请联合国秘书长进行登记。

第十二条

国际劳工组织理事会在必要时，须将本公约的实施情况向大会提出报告，并审查应否将本公约的全部或部分修订问题列入大会议程。

第十三条

一、如大会通过新公约对本公约作全部或部分修订时，除新公约另有规定外，应：

（一）如新修订公约生效和当其生效之时，会员国对于新修订公约的批准，依法应为对本公约立即解约，而不须按照本公约第九条的规定办理；

（二）自新修订公约生效之日起，本公约须即停止接受会员国的批准。

二、对于已批准本公约而未批准修订公约的会员国，本公约以其现有的形式和内容，在任何情况下仍须有效。

第十四条

本公约的英文本和法文本同等为准。

2000年保护生育公约

（2000年6月15日通过）

国际劳工组织大会：

经国际劳工局理事会召集，于2000年5月30日在日内瓦举行其第88届会议，并注意到需要修订1952年保护生育公约（修订本）和1952年保护生育建议书，以便进一步促进劳动力中的所有妇女享有平等和母子的健康与安全，而且是为了承认成员国在经济与社会发展上的差异，以及企业的差异和国家法律和惯例在生育保护方面的发展，并注意到《世界人权宣言》（1948年）、《联合国消除对妇女一切形式歧视公约》（1979年）、《联合国儿童权利公约》（1989年）、《北京宣言》和《行动纲领》（1995年）、《国际劳工组织关于女工机会与待遇平等宣言》（1975年）、《国际劳工组织关于工作中基本原则和权利宣言及其后续措施》（1998年）以及旨在保证男女工人机会与待遇平等的国际劳工公约与建议书的条款，特别是1981年有家庭责任工人公约的条款，并考虑到女工的处境和需要提供妊娠保护，这是政府和社会的共同责任，并决定就修订1952年保护生育公约（修订本）和1952年保护生育建议书——本届会议议程的第四个项目——通过若干建议，并确定这些建议须采用一项国际公约的形态；

于2000年6月15日通过以下公约，引用时可称之为2000年保护生育公约：

范　围

第一条

就本公约而言，“妇女”一词不加区别地适用于任何女性；“儿童”一词不加区别地适用于任何儿童。

第二条

1. 本公约适用于所有就业妇女，包括从事非典型形式的隶属工作的妇女。

2. 然而，批准本公约的各成员国，在同有代表性的有关雇主组织和工人组织磋商之后，可以将向其实施公约会引起实质性特殊问题的有限类别的工人，全部或部分地排除在公约的范围之外。

3. 援用前款提供的可能性的各成员国，在其根据《国际劳工组织章程》第 22 条提交的关于公约实施情况的首次报告中，须列出因此而被排除在外的工人类别及其被排除在外的原因。在其以后的报告中，成员国须说明为将公约条款逐步扩大到这些类别而采取的措施。

健康保护

第三条

在同有代表性的雇主组织和工人组织磋商之后，各成员国须采取适宜措施，以保证孕妇或哺乳妇女不得从事主管当局确定的会损害母亲或儿童健康的工作，或是经评估确定对母亲的健康或儿童的健康有重大危险的工作。

产　假

第四条

1. 经出示医疗证明或其他适宜证明说明预产期——这由国家法律和惯例确定，本公约所适用的妇女须有权享受时间不少于 14 周的产假。

2. 各成员国须在其对本公约的批准书中附上一份声明，具体说明以上提到的假期期限。

3. 各成员国以后可将有关延长产假期限的进一步声明，寄存国际劳工局长处。

4. 除非在国家一级政府和有代表性的雇主组织与工人组织另有议定，出于对保护母亲健康和儿童健康的应有考虑，产假须包括六周时间的产后强制性休假。

5. 产前部分的假期，须按预产期和实际分娩之间逾期的时间予以延长，不从强制性产后假期部分中扣除。

在出现患病或并发症情况下的休假

第五条

在因妊娠或分娩而引起患病、并发症或有并发症危险的情况下，经出示医疗证明，须在产假期之前或之后提供休假。此种休假的性质和最长期限，可根据国家法律和惯例具体确定。

津　贴

第六条

1. 须根据国家法律和条例，或是以符合国家惯例的任何其他方式，向因休第 4 条或第 5 条提到的假期而缺勤的妇女提供现金津贴。

2. 现金津贴的水平，须保证妇女能以适当的健康条件和适宜的生活标准供养自己及其孩子。

3. 凡按国家法律或惯例以原先收入为依据为第 4 条提到的休假支付现金津贴，此种津贴的数额不得低于该妇女原先收入或是为计算津贴而加以考虑的收入的三分之二。

4. 凡按国家法律或惯例采用其他方法确定为第 4 条提到的休假支付现金津贴，此种津贴的数额一般说来须类似于运用上一款得出的数额。

5. 各成员国须保证，本公约对其适用的大多数妇女都能够达到享受现金津贴的资格条件。

6. 凡妇女达不到国家法律和条例或是符合国家惯例的任何其他方式，为享受现金津贴而规定的资格条件的，须有权享受社会援助基金的适当津贴——这取决于所要求的家庭经济情况调查的结果。

7. 须根据国家法律和条例或是以符合国家惯例的任何其他方式，为妇女及其孩子提供医疗津贴。医疗津贴须包含产前、分娩和产后医疗护理，以及必要时的住院治疗。

8. 为了保护妇女在劳动力市场中的地位，有关第 4 条和第 5 条提到的休假的津贴，须通过强制性社会保险或公共基金提供，或是以国家法律和惯例确定的方式提供。没有雇主的明确同意，雇主个人对其雇用的妇女不承担任何此类货币津贴的直接费用的责任，除非：

（a）在国际劳工大会通过本公约之前，成员国的国家法律或惯例对此已有规定；或是

（b）政府和有代表性的雇主组织与工人组织因此而会后在国家一级达成了协议。

第七条

1. 经济与社会保障制度发展不充分的成员国，如果所提供的现金津贴比率不低于按国家法律和条例对疾病或临时伤残应支付的津贴比率，须被视为履行了第 6 条第 3 和 4 款的规定。

2. 援用前款提供的可能性的成员国，在其根据《国际劳工组织章程》第 22 条提交的关于本公约实施情况的首次报告中，须解释如此做的原因，并说明所提供的现金津贴的比率。在其以后的报告中，成员国须说明为逐步提高津贴比率而采取的措施。

就业保护和非歧视

第八条

1. 雇主在妇女妊娠期间或是在休第 4 条或第 5 条所说假期而缺勤期间，或是在其重返工作岗位后国家法律或条例规定的一段时间内，终止其就业是非法的，除非终止的理由同妊娠或分娩及其结果或哺乳无关。证明解雇的理由同妊娠或分娩及其结果或哺乳无关的责任，由雇主承担。

2. 要保证妇女在其产假结束后返回同一岗位或工资相同的岗位的权利。

第九条

1. 各成员国须采取适宜措施，以保证生育不成为就业歧视的原因，包括进入就业——尽管有第 2 条第 1 款。

2. 前款提到的措施，须包括禁止要求求职妇女进行妊娠检验或提供此类检验的证明，但属于国家法律或条例有要求的工作除外：

（a）根据国家法律或条例禁止或是限制孕妇或哺乳妇女从事的工作；或是

（b）属于对妇女和儿童健康有公认的或重大危险的工作。

哺乳母亲

第十条

1. 须使妇女拥有可每日一次或多次休息或是减少每天工时为其婴儿哺乳的权利。

2. 允许哺乳时间或减少每天工时的那段时间、哺乳休息的次数和时间的长短，以及减少每天工时的程序，须由国家法律和惯例确定。这些休息时间或每天所减少的工时，须算作工作时间，因而要付给报酬。

定期审查

第十一条

各成员国须在同最有代表性的雇主组织和工人组织磋商的情况下，定期审议延长第 4 条所说假期或是提高第 6 条所说现金津贴数额或比率的适当性。

实　施

第十二条

本公约须以法律或条例的手段予以实施，除非是以诸如集体协议、仲裁裁决、法院判决等其他手段，或是以符合国家惯例的任何其他方式予以实施。

第十三条

本公约修订 1952 年保护生育公约（修订本）。

第十四条至第二十一条　按标准最后条款 1。

经国际劳工局理事会召集，于 1999 年 6 月 1 日在日内瓦举行其第 87 届会议，并考虑到需要为禁止和消除最有害的童工形式——国家和国际行动包括国际合作和支援在内的主要优先重点——通过新的文书，以便补充依然是童工问题之基本文书的 1973 年准予就业最低年龄公约和建议书，并考虑到免费基础教育的重要性和需要使有关儿童脱离所有此类工作以及为其提供康复和与社会结合，同时解决其家庭需求问题，有效消除最有害的童工形式要求有立即和综合的行动，并忆及国际劳工大会于 1996 年在其第 83 届会议上通过的关于消除童工问题的决议，并认识到，童工问题在很大程度上是由于贫困造成的，以及长期的解决需要有能导致社会进步，特别是导致缓和贫困和普及教育的持续经济增长，并忆及联合国大会于 1989 年 11 月 20 日通过的儿童权利公约，并忆及国际劳工大会于 1998 年在其第 86 届会议上通过的《国际劳工组织关于工作中基本原则和权利宣言及其后续措施》，并忆及最有害的童工形式中的某些形式已被包括在其他国际文书之中。

第五部分

附　录

《女职工劳动保护特别规定》释义

第一条 为了减少和解决女职工在劳动中因生理特点造成的特殊困难，保护女职工健康，制定本规定。

【释义】本条是关于《女职工劳动保护特别规定》（以下简称《特别规定》）立法宗旨的规定。

立法宗旨是立法的初衷和法律实施所要达到的目标，它是一部法律的基础，为立法活动指明方向，提供理论依据，对于确定法律原则、设计法律制度、理解法律条文、解决分歧争议，具有重要的指导意义。

根据本条规定，《特别规定》的立法宗旨是“减少和解决女职工在劳动中因生理特点造成的特殊困难”与“保护女职工健康”。

劳动保护是所有劳动者都会面临的健康和安全方面的需求。但是，女性在劳动的同时还承担着生育和抚育婴儿的天职，使得女性在生理特殊时期会遇到特殊困难。在我国社会主义制度下，对女职工进行特殊保护，具有重要的政治意义和经济意义：一是体现社会主义制度优越性。我国是以工人阶级领导的以工农联盟为基础的人民民主专政国家。人民是国家主人，对女职工进行特殊保护反映了人民意志，符合人民利益；二是有利于促进生产力发展。妇女是一种伟大的人力资源。在我国，妇女参加的工作和劳动的范围很广，遍布各个行业，为使女职工有充沛、持久的精力在各项建设事业中发挥作用，必须关心她们的疾苦，认真做好女职工劳动保护工作；三是涉及中华民族的兴旺发达和民族优秀身体素质的延续和提高。妇女担负着孕育下一代的特殊任务，对女职工的特殊保护不仅是对女职工本身的保护，也是对下一代的安全和健康的保护。为使下一代具备优秀的身体素质，必须从法律上保障怀孕和哺乳期女职工在劳动过程中的安全与卫生。

新中国成立后，我国妇女的解放和发展事业取得举世瞩目的成就，妇女在政治、经济、社会、文化和婚姻家庭等方面享有的权利得到有效促进和保护。党和政府历来十分重视对女职工的劳动保护。根据女职工身体结构、生理特点和哺乳子女的需要，对其在劳动过程中的安全健康采取有别于男子的保护，包括禁止或限制女职工从事某些作业、女职工“三期”（孕期、产期、哺乳期）保护等。从广义角度看，女职工劳动保护范围还包括劳动关系和社会保险等方面，如妇女就业、签订劳动合同等方面的内容。我国有关女职工劳动保护的立法是从广义而言的。在我国整个劳动法制建设中，女职工劳动保护法律制度具有立法时间早、层次高、内容全的特点。1988 年国务院颁布的《女职工劳动保护规定》，是我国第一部综合性的女职工劳动保护法规，对于减少和解决女职工在劳动中因生理特点造成的特殊困难、保障女职工的身心健康，发挥了重要作用。之后，国家陆续颁布了《妇女权益保障法》、《企业职工生育保险试行办法》、《女职工禁忌劳动范围的规定》、《女职工保健工作规定》等法律法规规章，形成了较为完备的女职工劳动保护法律体系。

随着改革开放的深入和社会主义市场经济的发展，用工单位多元化，给企业女职工劳动保护工作带来了一些新情况、新问题。

一是劳动关系领域发生重大变化。随着经济体制改革的不断深化和所有制结构的调整，我国劳动关系发生了深刻变化，以公有制为主体、多种所有制经济共同发展格局的形成和公有制企业的改革，使劳动关系多样化、复杂化；用工制度的改革和劳动力市场的形成，使劳动关系市场化、契约化。调查显示，不同企业执行《女职工劳动保护规定》的情况不同，国有企业和集体企业遵守法律的情况明显好于非公企业；合资和外资企业好于私营企业和个体经营户，乡镇、私营、小型外商投资等企业问题明显，部分新建企业问题突出；国企受改制影响，女职工劳动保护出现滑坡趋势，尤其在经济效益差的企业中，全面贯彻女职工劳动保护的法律、法规缺乏必要的物质条件。一些企业经营者法制观念差，只注重追求最大经济效益，忽视女职工劳动保护，工厂设备陈旧、作业环境差，事故隐患、尘毒危害问题大量存在，导致生产一线女工直接受到尘埃、噪音、高温、甚至有毒气体的危害，给女职工健康带来严重危害。

二是女职工劳动保护标准和需求发生变化。长期以来，我国确立了劳动者在劳动条件、劳动报酬、休息休假等方面的劳动标准，其中还专门针对女职工的生理特点，确立了女职工劳动保护方面的劳动标准。这些标准体现的既是女职工的基本权利，又是企业义务。女职工劳动保护标准的具体内容包括：保护妇女的生理机能；基于妇女的生理机能的劳动条件、安全卫生设施等的保障；同工同酬；除一般性休息休假以外的产假等标准。中国加入世界贸易组织后，调整劳动关系的重要手段之一就是充分发挥劳动标准的作用。女职工劳动保护标准是劳动标准体系的一项重要内容。随着社会的发展进步，有必要对我国的女职工劳动保护标准及时进行修订。对这些标准修订的原则是，在结合我国具体情况的基础上，力争与国际劳动标准接轨，以求先进性、科学性和客观性的统一。此外，我国女职工队伍不断壮大，由 1988 年的 5036 万发展到今天的 1.37 亿，占职工总数的 42.7%。其中，女农民工已占女职工总数的 37%，女职工劳动保护的对象、利益诉求呈现出多层次、多样化，经济的快速发展和社会文明程度的提高，要求对女职工的劳动保护更明确、更具体、更科学。例如，近年来大家对“性骚扰”案件越来越关注。在我国，虽然已经出现对簿公堂的性骚扰案件，但由于取证难，多以女方败诉告终。为保住饭碗和名誉，许多女职工对性骚扰往往持沉默态度。为此，许多专家、学者、职工、群众、妇联和工会组织呼吁，在修订《女职工劳动保护规定》时完善这方面的规定。

三是在贯彻执行中存在一些问题。《女职工劳动保护规定》的部分条款与国家相继颁布的有关法律法规无法接轨，一定程度上影响了其作用的发挥。如《女职工劳动保护规定》第三条规定：“凡适合妇女从事劳动的单位，不得拒绝招收女职工”。这一条款在劳动力走向市场后无法落到实处。又如第四条规定“不得在女职工怀孕期、产期、哺乳期降低其基本工资，或者解除劳动合同”，但随着我国经济体制改革的不断发展，分配形式发生了很大变化，工资制度和工资结构已经改革，“基本工资”已不是原来意义上的基本工资，实际上只占工资的很少一部分，即使按照《女职工劳动保护规定》做到了不降低基本工资，女职工的经济权益也得不到充分的维护。再如《女职工劳动保护规定》第十一条规定：“用人单位逐步建立女职工卫生室、孕妇休息室、哺乳室、托儿所、幼儿园等设施。”随着现代企业制度的建立，企业办社会已无可能，因而此条款已失去意义。还有《女职工劳动保护规定》第十三条规定：“对违反本规定侵害女职工劳动保护权益的单位负责人及其直接责任人员，其所在单位的主管部门，应当根据情节轻重，给予行政处分”，这与当今多元化的经济体制不相适应，尤其是追究非公经济体责任人的责任，没有强有力的执行手段。此外，1988 年劳动部颁发的《关于女职工生育待遇若干问题的通知》第二条规定：“女职工怀孕……其检查费、接生费、手术费、住院费和药费由所在单位负担，费用由原医疗经费渠道开支”。目前这些费用已由原来的几百元增加到几千元甚至上万元，企业负担费用的数额也不尽相同，造成企业负担加重，生育女职工报销时掌握的尺度也五花八门，企业、职工都有意见。

针对以上问题，全国总工会、原劳动保障部在广泛调研的基础上起草了草案，于 2008 年将送审稿上报国务院审议。国务院法制办经过 3 年多的深入调研和反复论证，于 2012 年初形成了修改草案。2012 年 4 月 28 日，国务院第 200 次常务会议审议通过。《特别规定》的颁布实施，体现了党和国家关心爱护女职工的一贯政策，体现了坚持民生为重、以人为本的服务理念，有利于保护女职工的平等就业、职业安全和生命健康，激发女职工参与经济建设的积极性、主动性和创造性。

需要说明的是，由于本规定立法依据涉及的法律较多，如《劳动法》、《劳动合同法》、《社会保险法》、《妇女权益保障法》、《公务员法》等，为避免挂一漏万，本条没有一一列举。

第二条　中华人民共和国境内的国家机关、企业、事业单位、社会团体、个体经济组织以及其他社会组织等用人单位及其女职工，适用本规定。

【释义】本条是关于《特别规定》适用范围的规定。

法律法规的效力分为空间效力、时间效力和对人的效力。本条是《特别规定》的空间效力，即在中华人民共和国境内的所有国家机关、企业、事业单位、社会团体、个体经济组织以及其他社会组织等用人单位及其女职工，都适用本规定。

（一） 用人单位

用人单位，是指与劳动者或工作人员形成劳动关系或人事关系的各种社会组织。《特别规定》中的用人单位包括：

1. 国家机关、事业单位和社会团体

国家机关，是指从事国家管理和行使国家权力的机关。包括权力机关、行政机关、审判机关、检察机关以及军事机关。权力机关包括全国人民代表大会和地方各级人民代表大会常务委员会和各专门委员会及其办事机构。行政机关包括：国务院及其所属各部委、各直属机构和办事机构；派驻国外的大使馆、代办处、领事馆和其他办事机构；地方各级人民政府及其所属的各工作部门；地方各级人民政府的派出机构，如街道办事处、派出所、乡镇工商所、税务所等。审判机关包括最高人民法院，地方各级人民法院，专门人民法院和派出的人民法庭。检察机关包括最高人民检察院，地方各级人民检察院，专门人民检察院和派出机关。

事业单位，是指为了社会公益目的，由国家机关举办或者其他组织利用国有资产举办的，从事教育、科技、文化、卫生等活动的社会服务组织。包括文化、教育、卫生、科研等各类单位。目前，我国的事业单位有 150 多万个，从业人员超过 4 千万人。

社会团体，是指中国公民自愿组成，为实现会员共同意愿，按照其章程开展活动的非营利性社会组织。社会团体的情况比较复杂，有的社会团体如党派团体，除工勤人员外，其工作人员是公务员。工会、共青团、妇联、工商联等人民团体，免于社会团体登记。

2. 企业、个体经济组织

企业，是指从事产品生产、流通或服务性活动，实行独立核算的经济单位，包括法人企业和非法人企业，国有企业和非国有企业等。在这方面，我国的法律制度比较健全，有国有企业法、集体所有制企业法、外商投资企业法、公司法等法律。

个体经济组织，是指雇工在 7 人以下的个体工商户。1988 年国务院颁布的《女职工劳动保护规定》第二条规定：“本规定适用于中华人民共和国境内一切国家机关、人民团体、企业、事业单位（以下统称单位）的女职工”，未包括个体经济组织。随着市场经济的发展，越来越多职工在个体经济组织中就业，对这些单位就业的女职工，同样需要进行特殊劳动保护。《特别规定》根据我国用人单位的发展变化情况，将个体经济组织纳入到调整范围。需要说明的是，如果以个体工商户注册名义登记，但实际上并未招用雇工，而靠自己家里人提供劳动的，互相之间不构成劳动关系，不适用《特别规定》。

3. 其他社会组织

除国家机关、企业、事业单位、社会团体、个体经济组织这五类组织外，其他社会组织与劳动者建立劳动关系的，也适用本规定。其他社会组织，主要是指会计师事务所、律师事务所等中介组织，其组织形式比较复杂，有的采取合伙制，有的采取合作制。如果它们招用女职工，建立劳动关系，就适用《特别规定》。

（二）女职工

根据《劳动法》、《公务员法》等法律法规的规定，女职工分三类：第一类为建立劳动关系的女性。《劳动法》规定，法定最低就业年龄是16周岁，文艺、体育和特种工艺单位招用未满16周岁的公民除外；第二类为女公务员，即依法履行公职、纳入国家行政编制、由国家财政负担工资福利的工作人员；第三类为事业单位女职员。这三类女职工，均受《特别规定》的保护。

第三条　用人单位应当加强女职工劳动保护，采取措施改善女职工劳动安全卫生条件，对女职工进行劳动安全卫生知识培训。

【释义】本条是对用人单位在女职工劳动保护方面基本要求的规定。

女职工劳动保护，是针对女职工的生理特点进行的特殊保护，包括四方面内容：一是保护女性生理机能（如月经、妊娠、分娩、哺乳等）；二是规范女职工工作时间，禁止孕妇、乳母加班或上夜班；三是禁止女职工从事危险有害作业；四是男女有同等就业机会，同工同酬。

对用人单位而言，在女职工劳动保护方面主要承担以下两项义务。

1. 改善女职工的劳动安全卫生条件

首先，用人单位要建立健全女职工劳动安全卫生制度，根据本单位实际情况，按照法律、法规和规章要求，制定具体规章制度，明确单位负责人，车间、班组负责人，以及每个岗位上女职工的具体责任。同时，加大劳动安全卫生制度的督促、检查，特别是从事有毒、有害以及其他危险作业的用人单位，应有专人负责劳动安全卫生工作。

其次，用人单位要结合各自特点采取改善女职工劳动安全卫生条件的具体措施，包括：

（1）改善女职工工作场所的卫生环境。工作场所的光线应当充足，噪声、有毒有害气体和粉尘浓度在不超过国家规定标准前提下，尽量采取措施降低。工作场所地面应保持平整，工作车间应根据需要设置饮水和洗手设备，并配备相应卫生用品。在高温或粉尘、易脏作业场所，应设置淋浴设备或冲洗设备、更衣室辅助设备、设施等。

（2）改善女职工工作场所的生产设备、设施。所有的机械设备传动件及易造成人身伤害的外传动部件，如转轴、齿轮、传动轴和传送带等，都必须有安全防护装置；对于怀孕女职工，用人单位还应提供相应的防辐射工作服、低辐射电子设备等。

2. 对女职工进行劳动安全卫生知识培训

用人单位录用女职工，有义务对女职工进行劳动安全卫生的教育、培训，保证其了解所从事工作可能造成的职业危害和如何防止这些危害的发生。用人单位必须有一位负责人负责组织建立本单位的安全教育体系，明确本单位各个方面在女职工劳动安全卫生方面的教育培训职责和工作范围。根据生产特点和技术设备，分别不同工种、工序，分别制定女职工劳动安全卫生规程。对新招用女职工进行入厂、车间和班组三级安全教育，考试合格的方可上岗操作。对从事电力、电子等危险性工作的，必须进行特殊的安全操作教育培训，经考试合格方准上岗。采用新的生产方法、添设新的技术设备、制造新产品或者调换女工工作时，必须对女职工进行新工作岗位和新操作方法的安全教育。

第四条　用人单位应当遵守女职工禁忌从事的劳动范围的规定。用人单位应当将本单位属于女职工禁忌从事的劳动范围的岗位书面告知女职工。

女职工禁忌从事的劳动范围由本规定附录列示。国务院安全生产监督管理部门会同国务院人力资源社会保障行政部门、国务院卫生行政部门根据经济社会发展情况，对女职工禁忌从事的劳动范围进行调整。

【释义】本条是关于女职工禁忌从事的劳动范围的规定。

（一）规定女职工禁忌从事的劳动范围的必要性

基于女职工的生理特点、体力状况、“四期”（经期、孕期、产期、哺乳期）的特殊情况，对女职工实行特殊劳动保护，采取有别于男子的安全和健康保护措施，十分必要。规定女职工禁忌劳动范围，就是要保护女职工免受职业病危害，尤其是保护女性生理特殊时期健康，保证劳动力资源的可持续发展。具体而言，规定女职工的禁忌劳动范围是基于以下原因：

1. 在身体结构上，女性平均身高、体重、骨骼宽度密度、上下肢长、足长、肌肉分布等均小于男性，而臀宽、腿围则大于男性，特别是皮下脂肪的分布远大于男性，使得女性在体力、耐力、爆发力、肌力、握力等方面均低于男性，而女性血液循环较慢、肺活量较小，机体的负担又大于男性，因此，女性在工作种类、工作强度、休息时间等方面应有特别保护措施。

2. 在生理机能方面，女性有月经、妊娠、分娩、哺乳和绝经等不同于男性的特殊生理期，会出现一系列生理变化，对作业能力产生一定影响，不能从事过重的体力劳动、强度过大的劳动或在恶劣环境中工作；此外，由于生理机能变化，女性在特殊生理期间对工业有毒有害物质更为敏感，在某些情况下会促进机体对有毒物质的吸收，加重身体损害。

3. 女职工的职业健康不仅关系女工自身，也关系到子女健康和发育。妇女在怀孕期间应注意营养和休息，如果孕妇过度劳累、高度紧张或从事有毒有害作业，将直接损害胎儿的生长和发育，甚至导致畸形、流产、死胎等恶果，也会影响哺乳期妇女的乳源，损害婴儿健康。

（二）女职工禁忌从事的劳动范围

女职工禁忌劳动范围的划定，需建立在我国国情基础上，充分考虑女职工的生理、心理特点，企业用工制度与社会保障方面等情况，权衡女性平等就业与健康保护的关系。《特别规定》将女职工禁忌劳动范围放在附录中加以列示，把原劳动部 1990 年制定的《女职工禁忌劳动范围的规定》由部门规章提高到行政法规层次，并从实际出发对禁忌劳动范围作了适当调整。

（三）用人单位的告知义务

《特别规定》明确规定用人单位应将本单位属于女职工禁忌从事的劳动范围的岗位书面告知女职工。按照这一规定，用人单位应当通过劳动合同或者其他书面形式明确告知本单位哪些岗位属于女职工禁忌从事的劳动范围。这是用人单位必须履行的一项义务，是女职工享有的一项重要权利。其意义在于，女职工只有了解本单位属于女职工禁忌从事劳动范围的岗位，才能作出正确选择，采取必要防护措施，保护身体健康。实践当中，相当一部分女职工不知道女职工禁忌从事劳动范围，特别是进入非公有制企业务工的女性农民工，缺乏自我保护意识、专业知识和能力。另一方面，一些用人单位存在为多赚钱违规要求女职工从事禁忌劳动范围的岗位，不履行告知义务的情况。针对这种情况，《特别规定》作了强制性要求，用人单位必须履行告知义务。如果用人单位不履行告知义务，女职工有权拒绝从事禁忌劳动范围岗位，用人单位不得因此解除或者终止与女职工所订立的劳动合同。

（四）女职工禁忌劳动范围的调整

《特别规定》把原劳动部 1990 年制定的《女职工禁忌劳动范围的规定》的主要内容由部门规章提高到行政法规层次。同时，考虑到禁忌劳动范围需根据社会实际情况不断调整，为避免因禁忌劳动范围调整而导致《特别规定》频繁修订，《特别规定》将女职工禁忌劳动范围放在附录中加以列示，并规定国务院安全生产监督管理部门会同国务院人力资源社会保障行政部门、国务院卫生行政部门根据经济社会发展情况，对女职工禁忌从事的劳动范围进行调整。

第五条　用人单位不得因女职工怀孕、生育、哺乳降低其工资、予以辞退、与其解除劳动或者聘用合同。

【释义】 本条是关于女职工“三期”内的工资权益和解雇保护的规定。

1988年颁布实施的《女职工劳动保护规定》第四条规定：“不得在女职工怀孕期、产期、哺乳期降低其基本工资，或者解除劳动合同。”这一规定确立了女职工“三期”的特殊保护制度：一是不得降薪，二是不得解雇。这个制度影响深远，在后来的《劳动法》、《公务员法》、《妇女权益保障法》、《劳动合同法》等法律中均有相应体现，成为女职工权益保护的基本法律制度之一。如《劳动法》第二十九条规定，女职工在孕期、产期、哺乳期内的，用人单位不得违法解除劳动合同；《妇女权益保障法》第二十七条规定：“任何单位不得因结婚、怀孕、产假、哺乳等情形，降低女职工的工资，辞退女职工，单方解除劳动（聘用）合同或者服务协议。但是，女职工要求终止劳动（聘用）合同或者服务协议的除外。”

《特别规定》同样从工资和解雇保护两个方面作了相应规定。

（一）关于女职工“三期”内的工资权益保护

虽然我国法律、行政法规明确规定不得降低女职工在孕期、产期和哺乳期的基本工资，但实践中，一些女职工一旦怀孕或者生育，就被用人单位以各种借口和手段降低工资，较为常见的是以调岗之名行降薪之实。这是法律需要规范的行为。

同时我们也要看到，一些女职工在怀孕后，因生理等原因，确实不能从事原来工作或者岗位，用人单位是否可以因此调整女职工工作岗位进而相应调整（降低）女职工工资，成为实践中颇具争议的问题。一种意见认为，《女职工劳动保护规定》明确规定，不得在女职工怀孕期、产期、哺乳期降低其基本工资。这是对女职工工资报酬的绝对保护，用人单位应无条件遵守，不得以各种理由降低女职工基本工资（不得调岗、降薪）。另一种意见则认为，女职工因怀孕、生育、哺乳等特殊生理原因，一种情况是法定的不能在原岗位继续工作的，如法定的“三期”禁忌岗位范围，另一种情况是本人不胜任原岗位工作。这两种情况用人单位都可以依法调整工作岗位，并根据本单位岗位薪酬制度相应调整其工资，包括单位单方面降低工资（单方调岗、变薪），以及双方协商一致后确定新的工资标准（双方协商调岗、变薪）。

在草案讨论过程中，有同志提出，虽然从表面上看，赋予用人单位一定条件下调整女职工的岗位和薪酬的权利，有悖于女职工保护的制度规定，但确实符合劳动合同履行的一般规则，给雇主与女雇员之间比较刚性的法律关系增加弹性机制，有利于增强女职工在就业市场的竞争力。综合各方面意见，考虑到实现女职工权益保护与企业用工自主权之间的有效平衡，《特别规定》明确规定："用人单位不得因女职工怀孕、生育、哺乳降低其工资。"这一规定主要包含以下意思：

一是用人单位不得以女职工怀孕、生育、哺乳为由降低其工资。即女职工怀孕、哺乳的，继续在原岗位工作的，用人单位不得因此而降低其工资。

二是女职工怀孕、哺乳，出现下列情形的，用人单位可依法调整其工作岗位：一是女职工原从事的岗位属于国家规定孕期、哺乳期禁忌劳动范围的；二是女职工因怀孕、哺乳等不胜任原工作，用人单位依法调整其工作岗位或者减轻其工作量的，如本规定第六条规定："女职工在孕期不能适应原劳动的，用人单位应当根据医疗机构的证明，予以减轻劳动量或者安排其他能够适应的劳动。"

三是女职工提出调整工作岗位，经双方协商一致后调整工作岗位的。用人单位依据上述情形调整女职工工作岗位的，可以根据本单位依法制定的薪酬制度相应确定女职工孕期、哺乳期的工资。

至于生育期间的工资，则应当按照本规定第八条第一款规定执行。

与1988年原《规定》相比，本规定在表述上有两处变动：一是将原《规定》在三期内不得降低基本工资改为不得因孕、产、哺而降低工资，即将原《规定》的绝对保护调整为法定情形下的相对保护。当然，用人单位调岗、变薪应当严格遵守合法、合理、适当安排和善意保护等基本原则，不得损害女职工合法权益，否则将依法承担法律责任。二是将原《规定》的不得降低其基本工资改为不得降低其工资。这是针对实践中关于"基本工资"如何理解的争议，明确提出应当按照现行关于"工资"的口径把握。这也从法律制度上提高了对女职工"三期"内工资权益保护的水平。

（二）关于女职工“三期”内的解雇保护

禁止解雇处于怀孕、生育、哺乳期的女职工，是世界各国遵循的基本原则。《消除对妇女一切形式歧视公约》（1979 年联合国大会通过）中第十一条规定：“缔约各国为使妇女不致因为结婚或者生育而受歧视，又为保障其有效的工作权利起见，应采取适当措施，禁止以怀孕或者生育为由予以解雇。”

我国法律也作了类似规定，如《劳动法》、《公务员法》、《妇女权益保障法》、《劳动合同法》等。本规定重申了我国关于女职工解雇保护的法律制度，具体包括：

一是用人单位不得因女职工怀孕、生育、哺乳予以辞退。这主要是针对机关女公务员的解雇保护，《公务员法》第八十四条第三项规定，女性公务员在孕期、产假、哺乳期内的，不得辞退。

二是用人单位不得因女职工怀孕、生育、哺乳解除劳动合同。这是依据《劳动合同法》第四十二条第四项规定，女职工在孕期、产期、哺乳期的，用人单位不得依照本法第四十条、第四十一条的规定解除劳动合同。同时，《劳动合同法》第四十五条规定，处于“三期”的女职工的劳动合同即使到期也不能终止，而应续延至相应情形消失时终止。

三是用人单位不得因女职工怀孕、生育、哺乳解除聘用合同。这是依据《关于在事业单位试行人员聘用制度意见的通知》（国办发〔2002〕35 号）第六条中规定，女职工在孕期、产期和哺乳期内的，聘用单位不得解除聘用合同。

需注意的是，对“三期”女职工的解雇保护也不是绝对的，而是有条件的。《劳动合同法》第四十二条规定，用人单位不得依照本法第四十条、第四十一条的规定解除“三期”内的女职工劳动合同，包括两层含义：

1. 用人单位不得解雇的情形：一是用人单位按照第四十条的规定享有单方解除权时，也不得解雇“三期”内的女职工劳动合同，即使该女职工不能胜任工作、协商调整岗位未能达成一致，或者调岗后仍不能胜任工作。二是用人单位按照第四十一条的规定需要裁减人员时，也不能裁减“三期”内的女职工。

2. 用人单位可以解雇的情形：女职工出现《劳动合同法》第三十九条

规定情形的，用人单位可解除其劳动合同，不受《劳动合同法》第四十二条解雇保护的限制。例如，“三期”内的女职工严重违反用人单位规章制度、严重失职、给用人单位造成重大损害，用人单位就可以按照《劳动合同法》第三十九条的规定与其解除劳动合同，并不支付经济补偿。

第六条　女职工在孕期不能适应原劳动的，用人单位应当根据医疗机构的证明，予以减轻劳动量或者安排其他能够适应的劳动。

对怀孕7个月以上的女职工，用人单位不得延长劳动时间或者安排夜班劳动，并应当在劳动时间内安排一定的休息时间。

怀孕女职工在劳动时间内进行产前检查，所需时间计入劳动时间。

【释义】本条是关于女职工孕期特殊劳动保护的规定。

孕期主要是指女性从受孕到产出胎儿的一段时间，通常为280天。女职工怀孕后，体内各系统负担加重，劳动能力受到一定影响。加强孕期女职工的劳动保护工作，不仅关系着女职工自身的健康，还关系到优生优育、提高人口素质的大事。因此，应当在劳动中获得特殊保护，以保证孕妇健康和胎儿的正常发育。

根据《特别规定》，女职工在孕期不能适应原劳动的，用人单位应当根据医疗机构的证明，予以减轻劳动量或者安排其他能够适应的劳动。对怀孕7个月以上的女职工，用人单位不得延长劳动时间或者安排夜班劳动，并应当在劳动时间内安排一定的休息时间。

（一）女职工孕期劳动调整

根据本条规定，女职工在孕期不能适应原劳动的，用人单位应当根据医疗机构的证明，予以减轻劳动量或者安排其他能够适应的劳动。调整怀孕女职工工作岗位有两种情况：

1. 如果女职工怀孕前从事的工作属于孕期禁忌从事的劳动范围，怀孕后必须调离原工作岗位，改为从事不属于孕期禁忌从事的劳动。

根据《特别规定》附录《女职工禁忌从事的劳动范围》第三条规定，女职工在孕期禁忌从事的劳动范围主要包括：（一）作业场所空气中铅及其化合物、汞及其化合物、苯、镉、铍、砷、氰化物、氮氧化物、一氧化碳、二硫化碳、氯、己内酰胺、氯丁二烯、氯乙烯、环氧乙烷、苯胺、甲醛等有毒物质浓度超过国家职业卫生标准的作业；（二）从事抗癌药物、己烯雌酚生产，接触麻醉剂气体等的作业；（三）非密封源放射性物质的操作，核事故与放射事故的应急处置；（四）高处作业分级标准中规定的高处作业；（五）冷水作业分级标准中规定的冷水作业；（六）低温作业分级标准中规定的低温作业；（七）高温作业分级标准中规定的第三级、第四级的作业；（八）噪声作业分级标准中规定的第三级、第四级的作业；（九）体力劳动强度分级标准中规定的第三级、第四级体力劳动强度的作业；（十）在密闭空间、高压室作业或者潜水作业，伴有强烈振动的作业，或者需要频繁弯腰、攀高、下蹲的作业。如果女职工怀孕前从事的是这十类劳动，怀孕后用人单位必须调整其工作岗位，改为从事不属于孕期禁忌从事的劳动。

2. 虽然女职工怀孕前从事的工作不属于孕期禁忌从事的劳动范围，但如果怀孕女职工本人感到不能适应孕前工作，用人单位应当根据医疗机构的证明，减轻劳动量或者安排其他能够适应的劳动。

女性与男性在生理机能上有很大差别。医学研究证实，女性肌肉系统没有男子发达，能量消耗、肺活量、血红蛋白含量、动脉中氧含量低于男性。在同等劳动负荷时，女性心血管系统、呼吸系统的紧张程度大于男性，而肌肉耐力小于男性。因此，女职工难以在特殊劳动环境中承受高强度的体力劳动。特别是在妊娠等特殊生理变化时期，如果从事劳动环境不适或从事过重的体力劳动，就可能影响女职工和下一代的安全和健康。因此本条规定，如果怀孕女职工在孕期不能适应孕前工作的，可以凭医疗机构的证明要求用人单位减轻工作量或者安排其他能够适应的劳动。

理解本条需要注意两个方面：第一，女职工在孕期能否适应原劳动没有确定标准，每个女职工的身体状况、孕期反应以及工作岗位要求不同，法律无法规定一个明确标准，执行中主要靠女职工本人主观感受来确定。一般来说，对在一些可能影响胎儿健康的岗位上工作的女职工需要减轻工作量或者调整岗位，例如，长期从事站立工作、从事电讯传呼和电脑作业的女职工需要减轻工作量或者调整岗位，因为孕妇长期站立对胎儿的位置有一定影响，长期在电脑屏幕前工作、长期射线的影响也不利于孕妇和胎儿的健康。第二，女职工要求用人单位减轻工作量或安排其他劳动需要医疗机构的证明。立法在保护劳动者权益的同时，也要维护用人单位的利益。如果是因为客观身体情况，经医疗机构证明确需减轻工作量或者调整岗位，用人单位应当调整；但实践中也存在一些女职工因为主观意愿、心理原因等提出要求，如果不加限制，就有可能严重影响用人单位的生产秩序，造成管理混乱。因此本条规定，女职工要求用人单位减轻工作量或安排其他劳动，需要提供医疗机构的证明。这里所称的医疗机构，是指依据《医疗机构管理条例》和《医疗机构管理条例实施细则》的规定，经登记取得《医疗机构执业许可证》的机构。

（二）对怀孕7个月以上女职工的特别劳动保护

延长劳动时间，也称加班加点，是指用人单位经过一定程序，要求劳动者超过法律、法规规定的最高限制的日工作时数和周工作天数进行工作。一般分为正常情况下延长工作时间和非正常情况下延长工作时间两种形式。

按照《劳动法》的规定，正常情况下延长工作时间需具备以下三个条件：(1) 生产经营需要；(2) 必须与工会协商，征得工会同意；(3) 必须与劳动者协商，劳动者自愿。除要符合以上条件外，延长工作时间的长度也必须符合劳动法规定，即一般每日不得超过1小时，因特殊原因需要延长工作时间的，在保障劳动者身体健康的条件下延长工作时间每日不得超过3小时，每月不得超过36小时。

非正常情况下延长工作时间，是指依据《劳动法》第四十二条的规定，遇到发生自然灾害、事故或者因其他原因，威胁劳动者生命健康和财产安全，需要紧急处理等特殊情况，用人单位延长工作时间可以不受正常情况下延长工作时间的限制。

为了确保怀孕7个月以上女职工能获得充足的睡眠和休息，为胎儿的健康发育创造条件，本条规定，用人单位不得延长其劳动时间，包括正常情况下和非正常情况下都不得延长工作时间。

夜班，泛指在夜间进行工作和从事劳动的时间，同时也指企业在实行多班制的情况下，轮作夜间生产的班次。1989年原劳动部《关于女职工劳动保护规定问题的解答》对夜班劳动作了解释：夜班劳动，系指在当日22点至次日6点之间从事劳动或工作。之所以不得安排怀孕7个月以上的女职工从事夜班劳动，是因为人体生理机能活动白天以交感神经活动占优势，适应活动状态；而夜间则以副交感神经活动占优势，适于休息睡眠。夜间作业违反了这种生理节奏，将使疲劳增加，连续夜班劳动更会因疲劳的积累而影响身体健康，可能导致体重下降、食欲不振、肠胃机能减弱等。怀孕7个月以上的女职工，本身生理变化，精神状态、肠胃机能等方面都比平常差，此时胎儿又处于生长发育的旺盛期，为了保证女职工和下一代的健康，本条规定，不得安排怀孕7个月以上的女职工参加夜班劳动，用人单位应当在劳动时间内安排一定的休息时间。

需特别说明的是，对怀孕7个月以上的女职工，不得安排其延长工作时间和夜班劳动是一个强制性规定，不因用人单位支付加班加点工资而通融。如果用人单位违反了这一规定，根据《劳动保障监察条例》第二十三条规定，由劳动行政部门责令改正，并按受侵害的女职工每人1000元以上5000元以下的标准处以罚款。

（三）怀孕女职工产前检查计入劳动时间

产前检查，是指妊娠期对孕妇和胎儿所作的临床检查。由于胎儿的生长发育，孕妇身体各系统出现一系列相应变化，若超越生理范围或者孕妇本身患有某种疾病不能适应妊娠的改变，则孕妇和胎儿都可能出现病理情况。通过产前检查，能够及早发现并防治合并症和并发症，及时纠正异常胎位和发现胎儿异常，确定分娩方式，从而减轻产时或产后的危险，保证生育安全。

根据卫生部门的要求，一般在怀孕28周前需要每月做一次产前检查，28～36周每两周做一次产前检查，36周后每周做一次产前检查，不同地区和医院可能会有一些细小的差别。产检的次数取决于孕妇的健康史、怀孕过程中是否出现并发症，以及是否有像高血压这类需要更多产前检查的情况。如果过去曾经有过健康问题，或随着孕期的发展出现新的问题，孕妇的产前检查次数可能更多一些。产前检查的目的是看孕妇的孕期进程是否顺利，在每一次产前检查时，医生都会询问孕妇及胎儿的情况，并记录体重、血压，有无浮肿，测量宫高、腹围，检查宝宝的胎位，为宝宝听胎心，安排进行血、尿化验，以及其他相关的检查和化验程序。在必要时，还会对孕妇已有的或可能发生的并发症进行严密监控和治疗，并做B超或胎心监护等辅助诊断。妊娠晚期医生还会对孕妇进行骨盆测量，和孕妇一起制订分娩计划。

为了保障孕妇和胎儿的健康，怀孕女职工应当按照医生的要求按时到医院进行产前检查。产前检查时间可能与劳动时间重合，一定程度上会影响工作。用人单位在自身发展的同时，还应承担必要的社会责任，即对怀孕女职工予以特别保护。为此本条规定，怀孕女职工在劳动时间内进行产前检查，所需时间计入劳动时间。也就是说，怀孕女职工在劳动时间内产前检查应按出勤对待，不能按病假、事假、旷工处理，也不得因此扣减女职工工资。对于生产第一线的女职工，还要相应减少生产定额，以保证怀孕女职工产前检查的时间。

第七条　女职工生育享受98天产假，其中产前可以休假15天；难产的，增加产假15天；生育多胞胎的，每多生育1个婴儿，增加产假15天。

女职工怀孕未满4个月流产的，享受15天产假；怀孕满4个月流产的，享受42天产假。

【释义】本条是关于女职工产假假期的规定。

生育是人类繁衍生存和劳动力再生产的行为，既是一种自然行为，又是一种社会行为。职业妇女既要从事经济活动，又要担负生育子女的天职，实际上是为社会作出了双重贡献。国家有必要通过制度安排，使生育女职工从开始怀孕就得到生活、身体等方面的照顾，使她们能安心在家休养，逐步恢复身体健康，以投入日后的工作。这对于保护妇女及婴儿的身体健康具有十分重要的意义。

一、国际上关于产假的规定和外国的做法

1919年10月，国际劳工组织通过的《妇女产前产后就业公约》（第3号公约）规定："除仅雇用同一家庭成员的企业外，在任何公营或私营的工业或商业企业里，或在其任何分部，妇女：（a）在产后六周内不准工作；（b）如果她出示医疗证书说明她可能在六周内分娩，有权离开她的工作岗位；（c）当她根据（a）项和（b）项缺勤时，应给予足以使她本人及其孩子无所匮乏地健康生存的津贴，此项津贴由公共基金或通过保险制度支付。”1952年，国际劳工组织通过的《保护生育公约》（第103号公约）规定：“产假假期至少应为12周，并应包括分娩后的强制休假期。”为了进一步促进母子的健康与安全，2000年5月，国际劳工组织通过的《保护生育公约（修订）》规定：“妇女须有权享受时间不少于14周的产假”。

随着经济社会的发展，产假的重要意义得到越来越广泛的认同。目前，世界上大多数国家和地区都通过法律形式对产假作了规定。但是，各国规定相差悬殊，例如在瑞典，每生1个孩子夫妻加在一起可享受16个月的带薪产假，而美国的法律只保证3个月的不带薪产假。《全球社会保障》对136个国家的产假期限进行了统计，结果是：全世界有111个国家的产假标准达到12周以上，占82%，其中有24个国家提供14周或14周以上的产假。各国产假长短不一，与各国国情和体制有关。以美国为例，妇女基本上不休产假，这跟美国的传统文化习俗和个人生理素质有关。此外，美国属于自由市场经济国家，雇佣关系比较自由。在美国也有不少妇女选择产后一年不工作来照顾孩子。美国本身的市场体制决定了美国妇女“退出和进入”劳动力市场没有那么困难。而在欧洲，整体的生活氛围比较悠闲，立法体制也比较完善，能够很好保障妇女的生育权利，因此，很多欧洲国家产假时间很长。

二、中国产假制度的历史沿革

我国关于产假的最早规定是1951年的《劳动保险条例》，该条例第十四条规定：“女工人与女职员生育，产前产后共给假56日，产假期间，工资照发。女工人与女职员小产，怀孕在三个月以内者，给假15日；在3个月以上不满7个月者，给假30日，产假期间，工资照发。产假期满（不论正产或小产）仍不能工作，经医生证明后，均应按第十三条疾病待遇规定处理之。”1953年原劳动部发布的《劳动保险条例实施细则》进一步明确规定：《劳动保险条例》第十六条规定的产假（不论正产或小产）应包括星期日及法定假日在内，不再补假。女工人、女职员怀孕不满7个月小产的产假，为30日以内，但最少应为20日。《劳动保险条例》主要适用于雇用工人与职员人数在一百人以上的国营、公私合营、私营及合作社经营的工厂、矿场及其附属单位与业务管理机关，铁路、航运、邮电的各企业单位及附属单位。关于国家机关工作人员，

1955 年《国务院关于女工作人员生产假期的通知》规定：产前产后共给假 56 天，难产或双生增加假期 14 天。怀孕不满 7 个月流产时，得根据医师的意见，给予 30 天以内的产假。产假期间（包括星期日及法定假日在内），工资照发。产假期满，因病需要继续休养者，按病假处理。

1988 年 7 月，国务院颁布《女职工劳动保护规定》，将正常产假由原来的 56 天延长到 90 天，其中产前假 15 天，难产的增加产假 15 天；多胞胎生育的，每多生育一个婴儿，增加产假 15 天。同年，劳动部发布的《关于女职工生育待遇若干问题的通知》规定：女职工怀孕不满 4 个月流产的，产假为 15～30 天；怀孕满 4 个月以上流产的，产假为 42 天，产假期间工资照发。

三、《特别规定》关于产假的变化

和 1988 年发布的《女职工劳动保护规定》相比，《特别规定》的变化主要有两个方面：

一是延长了产假时间。在立法调研中，女职工普遍反映 90 天产假偏短，不利于身体恢复和母乳喂养，建议延长产假时间。根据《劳动法》关于产假不少于 90 天的规定，延长产假符合《劳动法》的立法精神，同时，考虑到国际劳工组织《2000 年保护生育公约》（第 183 号公约）（我国尚未批准加入）规定："妇女须有权利享受不少于 14 周的产假"，鉴此，《特别规定》规定："女职工生育享受 98 天产假"。

二是规定了流产产假。流产，是指妊娠不足 28 周、胎儿体重少于 1000 克而终止妊娠。流产发生于孕 12 周前者，称为早期流产；发生于 12 周至不足 28 周者，称为晚期流产。流产对女性健康影响很大，从怀孕到生育，女性体内各个系统都会发生很多变化。十月怀胎，身体对此早已做好充足准备工作，中途流产会使身体内分泌水平急剧下降，如果得不到修养调整，使身体机能慢慢恢复，对健康将是一个潜在威胁。在总结劳险字〔1988〕2 号文件实施经验的基础上，《特别规定》明确规定："女职工怀孕未满 4 个月流产的，享受 15 天产假；怀孕满 4 个月流产的，享受 42 天产假。"

四、与计划生育奖励假的关系

计划生育奖励假，是指除国家规定产假外，符合条件的，还可增加休产假时间，包括实行晚婚晚育的奖励假、独生子女奖励假、男方护理假等。

《人口与计划生育法》第二十三条规定："国家对实行计划生育的夫妻，

按照规定给予奖励。”第二十五条规定：“公民晚婚晚育，可以获得延长婚假、生育假的奖励或者其他福利待遇。”第二十九条规定：“奖励措施，省、自治区直辖市和较大的市的人民代表大会及其常务委员会或者人民政府可以依据本法和有关法律、法规的规定，结合当地实际情况，制定具体办法。”据此，各地制定了具体办法。《特别规定》实施后，晚婚晚育女职工在享受产假的同时，仍然可享受各地计划生育法规中规定的计划生育奖励假。

各地的计划生育奖励假假期差异较大，10 天、30 天、7 个月不等。如，广东规定：晚婚的，增加婚假 10 日；晚育的，增加产假 15 日。北京规定：晚育的女职工除享受国家规定的产假外，增加奖励假 30 天（可由男方享受）；领取《独生子女父母光荣证》的女职工经所在单位批准，可以再增加产假 3 个月，但减免 3 年独生子女父母奖励费。天津规定：国家工作人员和企业事业组织职工晚育的，男方所在单位给予 7 日护理假，女方所在单位增加产假 30 日。浙江规定：晚婚的，增加婚假 12 天；晚育的，男方可享受 7 天护理假。领取《独生子女父母光荣证》的女职工，产假期满后抚育婴儿有困难的，经本人申请，所在单位可以给予 6 个月的哺乳假；有条件的单位，可以给予女方产后 1 年假期（含法定产假）。山西规定：晚婚的，享受婚假 1 个月；晚育的，女方享受产假 4 个月，男方享受护理假 15 日；产假期间采取长效节育措施的，享受产假 6 个月。

第八条　女职工产假期间的生育津贴，对已经参加生育保险的，按照用人单位上年度职工月平均工资的标准由生育保险基金支付；对未参加生育保险的，按照女职工产假前工资的标准由用人单位支付。

女职工生育或者流产的医疗费用，按照生育保险规定的项目和标准，对已经参加生育保险的，由生育保险基金支付；对未参加生育保险的，由用人单位支付。

【释义】本条为新增内容，明确了女职工产假期间的生育津贴和女职工生育或流产医疗费用的保障办法。

生育的女职工，按照规定享受产假，产假期间享受生育津贴待遇。根据女职工参加生育保险的情况，生育津贴的保障方式分为两种：一是对于已经参加生育保险的女职工来说，由生育保险基金支付生育津贴，生育津贴的标准是女职工所在用人单位的上年度职工月平均工资；二是对于未参加生育保险的女职工来说，由女职工所在用人单位支付，按照女职工产假前工资为标准进行支付。

女职工生育或者流产的医疗费用，根据女职工参加生育保险的情况，其保障方式也分为两种：一是对于已经参加生育保险的女职工来说，由生育保险基金支付女职工生育或者流产的医疗费用；二是对于未参加生育保险的女职工来说，由女职工所在用人单位支付。

一、生育保险制度的历史沿革与现状

生育保险，是指职业妇女因生育而暂时中断劳动，由国家或单位为其提供生活保障和物质帮助的社会制度。其宗旨是通过向生育女职工提供生育津贴、产假以及医疗服务，保障她们因生育而暂时丧失劳动能力时的基本经济收入和医疗保健，帮助其恢复劳动能力，并使婴儿得到必要照顾和哺育。同时，将妇女生育负担由用人单位责任转化为社会责任，平衡企业间负担，减轻用人单位招用妇女的成本，有利于促进妇女的就业。

（一）劳动保险条例

1951 年公布、1953 年修正的《劳动保险条例》建立了我国生育保险制度。实行劳动保险的企业内工作的女工人和女职工以及男职工的妻子，均可享受不同程度的生育保险待遇：产假期间工资按原标准照发并发给生育补助费，医疗费用由企业方面或资方负担。1955 年国务院发布《国务院关于女工作人员生产假期的通知》，对机关、事业单位女职工生育保险作了规定，其基本内容和《劳动保险条例》中企业的女职工是一致的。

（二）经济转轨期间的地方探索

随着市场经济的建立和发展，原有生育保险制度和市场经济条件下的企业制度不相适应。例如，由于社会分工、行业特点造成女职工分布不均衡，企业之间生育费用负担畸轻畸重，导致女职工生育期间的权益难以兑现，妇女平等就业权难以保障。为此，各地开始探索生育保险制度改革试点。1988—1994 年，各地改革措施归纳起来主要有两种：一是生育保险基金社会统筹。1988年9月1日，江苏省南通市开始实行《南通市全民、大集体企业生养基金统筹暂行办法》，企业按男女全部职工人数每年一次性向社会统筹机构上缴一定数额的资金，建立女职工生养基金。统筹企业中有女职工生育，其中生育医疗费和生育津贴由社会统筹机构负责支付。湖南省株洲市在1988年试行生育保险基金社会统筹。企业按工资总额的一定比例上缴生育保险费，通过银行划归劳动部门统筹。生育女工凭企业证明按月从当地劳动部门领取生育津贴。在这段时间里，试行生育保险基金社会统筹的地区还有昆明、曲阜、绍兴、宁波、德州等几十个市县。二是夫妇双方所在企业平均分担生育保险费用。1988年，辽宁省鞍山市实行《鞍山市保护老人、妇女、儿童合法权益的规定》，要求生育津贴由夫妻双方所在企业各自承担50%，若男方在部队、外地或机关工作，由女方单位全部承担。实行类似规定的还有苏州等市县。生育保险基金社会统筹或生育保险费用分担，在很大程度上减轻了企业生育保险费用的压力，对妇女就业产生了积极作用。但由于地方法规的非权威性、各地操作管理上的复杂性，基金收缴有一定困难，尤其是对于男职工较多的企业，各地办法不统一，也增加了管理与监督上的难度。因此很需要有全国统一的法规出台。

（三）生育保险从企业保险走向社会统筹

1994年12月劳动部发布《企业职工生育保险试行办法》，自1995年1月1日起试行，至此，全国有了统一的生育保险基金统筹办法。《企业职工生育保险试行办法》的主要内容：1. 立法目的是为了维护企业女职工的合法权益，保障她们在生育期间得到必要的经济补偿和医疗保险，均衡企业间生育保险费用的负担；2. 企业按不超过工资总额1%的资金向劳动部门所属的社会保险经办机构缴纳生育保险费（职工个人不缴纳生育保险费），社会保险经办机构负责生育保险基金的收缴、支付和管理；3. 生育保险基金支付项目有生育津贴、与生育有关的医护费用和管理费，其中，生育津贴按本企业上年度职工月平均工资计发。

1995年7月27日，国务院发布《中国妇女发展纲要（1995—2000）》，提出生育保险的目标是在20世纪末在全国城市基本实现女职工生育费用的社会统筹。《中国妇女发展纲要（1995—2000）》有力推动了《企业职工生育保险试行办法》在全国的普遍实行。

（四）生育保险制度现状

目前，全国有30个省份出台了生育保险办法。截至2011年底，全国参加生育保险的职工1.39亿人，有250万人次享受了生育保险待遇，生育保险基金累计结存341亿。除企业等单位职工参加生育保险外，全国有15个省级地方还规定机关、事业单位职工参加生育保险。

目前，我国生育保险的现状是两种制度并存：

一是新中国成立初期延续下来的传统生育保险制度。传统生育保险制度的法律依据是国务院1988年颁布的《女职工劳动保护规定》，覆盖范围包括国家机关、人民团体、企业和事业单位。具体待遇标准，按照《劳动部关于女职工生育待遇若干问题的通知》（劳险字〔1988〕2号）执行，即职工生育后，由所在单位负担职工的生育产假工资、报销生育医疗费，生育保险的管理由职工所在单位负责。这种传统的生育保险制度的特点是：生育保险有关待遇由财政或者用人单位负担，具体管理由用人单位负责。

二是生育保险社会统筹制度。根据《企业职工生育保险试行办法》规定，生育保险的覆盖范围包括城镇企业及其职工，参加生育保险社会统筹的用人单位，应向当地社会保险经办机构缴纳生育保险费，职工个人不缴费。参保单位女职工生育或流产后，其生育津贴和生育医疗费由生育保险基金支付。

二、生育保险的待遇项目

社会保险法规定，生育保险待遇包括生育医疗费用和生育津贴，生育保险待遇所需资金从生育保险基金中支付。

生育津贴，是指根据国家法律、法规规定对职业妇女因生育休产假而离开工作岗位期间，给予的生活费用，是工资收入的替代。生育津贴支付期限一般与产假期限相一致。

《社会保险法》第五十五条规定，生育医疗费用包括：生育的医疗费用，计划生育的医疗费用，法律、法规规定的其他项目费用，例如女职工因怀孕、生育发生的检查费、接生费、手术费、住院费、药费和计划生育手术费。

1. 生育的医疗费用。和基本医疗保险相比，生育的医疗费用有以下特点：一是生育保险待遇从生育之前的孕期就开始给付，事先保障和事后保障相结合，而医疗保险是在疾病发生之后，属于事后救济、补偿保障。二是医疗服务范围的确定性。生育行为本身是人类自然的生理现象，正常生产的产妇不需要特殊的医疗技术和服务，如遇到难产可借助手术助产或进行剖宫产手术，医疗服务均属于传统辅助治疗手段。因此，生育保险的检查项目、治疗手段大都是基础性服务项目，医疗服务项目相对固定、费用比较低廉，这与医疗保险有很大区别。三是生育保险医疗服务保障水平高于医疗保险。考虑到孕产妇及下一代的身体健康和安全，在生育保险制度设计上，医疗费用报销比例一般高于医疗保险，在医疗保险药品目录、诊疗项目目录等规定的范围内，基本可以全部报销。没有规定起付线和封顶线，在门诊进行的产前检查、住院分娩或者出现高危情况下的医疗费用都可以由生育保险基金支付。

生育的医疗费用，包括女职工生育期间的检查费、接生费、手术费、住院费、药费等。女职工生育出院后，因生育引起的疾病的医疗费也由生育保险基金支付；其他疾病的医疗费，按照基本医疗保险待遇的规定办理。

检查费，是指女职工围产期保健过程中，定期到医疗机构进行身体检查的相关费用。大致可分为全身检查、产科检查、化验检查以及特殊检查四部分。全身检查：主要有发育和营养状况、身高、体重、血压，心、肺、肝、脾，以及脊柱和乳房检查。产科检查：腹部检查、骨盆测量、阴道检查。化验检查：血常规、血型、尿常规、尿糖，必要时作肝、肾功能检查。特殊检查：根据情况做超声波检查、羊水检查、胎盘功能检查等。

接生费，主要是指女职工分娩时，医生或助产人员协助产妇分娩出新生儿过程中所发生的费用，即医生以及助产人员提供的医疗服务费用。大部分产妇为自然生产，这是接生过程中最为简单的一种，也是费用最低的一种。也有一部分产妇由于各种原因不能靠自己的力量分娩，需要医务人员手术才能娩出胎儿。无论哪种接生方式，其费用均由生育保险基金支付。

手术费，主要是指分娩过程中的剖宫产术支出的费用。当产妇自身条件不适宜自己娩出胎儿时，必须依靠医务人员进行手术帮助产妇完成分娩过程，其手术费用由生育保险基金支付。

住院费，是指产妇分娩期间住院的床位费、取暖费等。床位费按照国家物价监督管理部门规定的普通床位收费标准支付。母婴同室以及高标准病房所付费用，不属于生育保险基金支付的范围。

药费，是指女职工从怀孕至分娩后出院，医生根据产妇需要给予的药物护理、治疗所发生的费用。产妇私自到药店购药以及购买滋补营养品所发生的费用，不属于生育保险基金支付的范围。

2. 计划生育的医疗费用。1999 年，劳动保障部、国家计生委、财政部、卫生部颁布的《关于妥善解决城镇职工计划生育手术费用问题的通知》规定，职工计划生育手术费用，是指职工因实行计划生育需要，实施放置（取出）宫内节育器，流产术、引产术、绝育及复通手术所发生的医疗费用。已经建立地方企业职工生育保险的地区，参保单位职工的计划生育手术费用可列入生育保险基金支付范围；没有建立企业职工生育保险的地区，在建立城镇职工基本医疗保险制度时，可以将符合基本医疗保险有关规定的参保单位职工计划生育手术费用纳入基本医疗保险统筹基金支付范围；没有参加生育保险和基本医疗保险的单位，职工计划生育手术费用仍由原渠道解决。

3. 法律、法规规定的其他项目费用。这是对生育医疗费用的开放性规定。随着社会的进步和社会保障立法的发展，今后可能会出现新的项目费用。需要强调的是，这里所称法规，包括国务院制定的行政法规和地方人大常委会制定的地方性法规，即给地方规定生育医疗费用留出了空间。我国幅员辽阔，不同地区经济社会发展水平、人口结构差别较大，在符合国家统一规定的前提下，各地可以依据本地区经济、社会、资源、环境实际情况以及人口发展状况确定生育保险基金的具体支付范围。

第九条　对哺乳未满 1 周岁婴儿的女职工，用人单位不得延长劳动时间或者安排夜班劳动。

用人单位应当在每天的劳动时间内为哺乳期女职工安排 1 小时哺乳时间；女职工生育多胞胎的，每多哺乳 1 个婴儿每天增加 1 小时哺乳时间。

【释义】 本条是对哺乳期女职工劳动时间、哺乳时间的特别规定。

哺乳期，是指生育后的产妇喂养婴儿（包括人工喂养）的时期，一般为

1年。为了保护母婴健康，降低乳幼儿死亡率，国际上已将保护、促进和支持母婴喂养作为妇幼卫生工作的一个重要内容。

《劳动法》第六十三条规定："不得安排女职工在哺乳未满一周岁的婴儿期间从事国家规定的第三级劳动强度的劳动和哺乳期禁忌从事的其他劳动，不得安排其延长工作时间和夜班劳动"，据此，本条第一款明确规定用人单位不得延长哺乳期女职工的劳动时间，不得安排哺乳期妇女从事夜班劳动。

本条第二款对原《女职工劳动保护规定》第九条有关喂养时间的内容进行了相应调整。原先的规定是"有不满1周岁婴儿的女职工，其所在单位应当在每班劳动时间内给予其两次哺乳（含人工喂养）时间，每次30分钟。多胞胎生育的，每多哺乳1个婴儿，每次哺乳时间增加30分钟。女职工每班劳动时间内的两次哺乳时间，可以合并使用。哺乳时间和在本单位内哺乳往返途中的时间，算作劳动时间。"新的规定是：用人单位应当在每天的劳动时间内为哺乳期女职工安排1小时哺乳时间；生育多胞胎的，每多哺乳1个婴儿每天增加1小时哺乳时间。哺乳时间总时长与《女职工劳动保护规定》是相同的，仅删除了对次数的规定。

第十条　女职工比较多的用人单位应当根据女职工的需要，建立女职工卫生室、孕妇休息室、哺乳室等设施，妥善解决女职工在生理卫生、哺乳方面的困难。

【释义】本条是关于用人单位建立女职工卫生保健和哺乳设施的规定。

（一）女职工卫生室

女性在其特殊生理期间，生理发生变化，身体抵抗力降低，容易遭受病菌侵袭，做好女职工特殊生理期间的卫生保健工作十分重要。根据1993年卫生部、劳动部、人事部、全国总工会、全国妇联联合发布的《女职工保健工作规定》，女职工在100人以上的单位，应逐步建立女职工卫生室，健全相应制度并设专人管理，对卫生室管理人员应进行专业培训。女职工每班在100人以下的单位，应设置简易的温水箱及冲洗器。对流动、分散工作单位的女职工应发放单人自用冲洗器。

（二）孕妇休息室

妇女担负着人类自身繁衍的重要职责。孕妇的健康状况直接影响胎儿的生长和发育。女职工在怀孕期间应注意营养和休息，如果孕妇过度劳累、高度紧张或从事有毒有害作业，将直接损害胎儿的生长和发育，甚至导致畸形、流产、死胎等恶果。为保证孕妇的身体健康，根据《女职工保健工作规定》，女职工较多的单位应建立孕妇休息室。妊娠满 7 个月应给予工间休息或适当减轻工作。

（三）哺乳室

为保证哺乳期内女职工顺利给婴儿授乳，根据《女职工保健工作规定》，用人单位对有未满 1 周岁婴儿的女工，应保证其授乳时间。婴儿满周岁时，经县（区）以上（含县、区）医疗或保健机构确诊为体弱儿，可适当延长授乳时间，但不得超过 6 个月。有哺乳婴儿 5 名以上女职工的单位，应逐步建立哺乳室。

第十一条　在劳动场所，用人单位应当预防和制止对女职工的性骚扰。

【释义】本条是关于劳动场所性骚扰的规定。

“性骚扰”（Sexual Harassment）这一概念最早于 20 世纪 70 年代在美国出现。目前，很多国家已对性骚扰问题进行立法，尤其是在劳动场所防止性骚扰方面，国际社会已有比较成熟的立法经验。我国加入的联合国《消除对妇女暴力行为宣言》也要求缔约国运用法律等一切措施消除包括性骚扰在内的对妇女的暴力。

我国对“性骚扰”的关注始于 20 世纪 90 年代。在此之前，人们将此类行为一般称之为“猥亵、侮辱他人”或者“耍流氓”，将其归为道德和社会治安问题。新世纪以来，随着社会生活逐渐的多元化和复杂化，我国的性骚扰现象不断显现，已经成为一个社会问题。

（一）性骚扰的界定

关于“性骚扰”的定义，比较权威的是欧洲议会 1990 年在其议会决议中的定义，即“性骚扰是指不受欢迎的性行为，或其他以性为目的的行为，它损害了工作女性与男性的尊严，包括不受欢迎的身体接触、语言或非语言行为”。国际劳工组织对公司性骚扰规章制度的调查表明，判定性骚扰的标准是“行为是否受欢迎”。这以承受者感受为标准，而不以行为者主观动机为标准。对于职场性骚扰，其构成要素包括三方面：一是行为必须带性色彩，以性为目的；二是行为对承受方而言不受欢迎，有损于其人格和尊严；三是承受者对该行为的接受与否被明确或含蓄地用来作为影响该人接受职业培训、得到雇佣、继续雇佣、晋升、工资或者其他雇佣决定的决策基础，或者这种行为可导致承受人在工作场所中产生一种胁迫、敌视、羞辱性的工作环境（欧盟称之为“敌意性工作环境”）。

我国对“性骚扰”一词的理解分为广义和狭义两种。

广义的性骚扰，是指发生在工作场所、公共场所等区域中的针对他人的性暴力行为，根据严重程度可分为一级性骚扰和二级性骚扰。一级性骚扰，指性攻击行为，包括强奸、性虐待及任何造成身体伤害的暴力动作或异常行为。一级性骚扰已构成犯罪，可定罪量刑。二级性骚扰，指下列三种类型的骚扰行为：第一，语言骚扰，包括各种带有性含义的性别歧视、性别偏见的言论以及侮辱、贬低、敌视异性的言论；第二，性挑逗，即一切不受欢迎、不适宜的带亵渎行为的性挑逗行为，包括掀衣服、触摸敏感部位、暴露性器官、展示色情图片等；第三，性胁迫，即以威胁或胁迫等违背人们意志的手段实施的强迫性性行为，如强吻、搂抱或强行猥亵。如果上述语言或行为情节较为严重，给承受方造成敌意性的环境或损害的，就构成了二级性骚扰，应受法律制裁。

狭义的性骚扰，通常指二级性骚扰的行为。对于二级性骚扰行为，主要通过行政责任和民事责任制裁。目前我国尚无国家层面立法界定“性骚扰”，仅在地方立法中以列举方式界定。例如，北京市2009年修订的《实施〈中华人民共和国妇女权益保障法〉办法》第33条规定：“禁止违背妇女意志，以具有性内容或者与性有关的语言、文字、图像、电子信息、肢体行为等形式对妇女实施性骚扰。”

本条所规定的劳动场所性骚扰，属于二级性骚扰行为。“劳动场所”，是指员工因工作而需要在场或前往、并在雇主直接或间接控制之下的一切地点，包括日常办公场所和其他履行职责的场所，还包括本职工作的适当延伸场所，例如，公司组织的旅行、社交活动、下班后的聚会等场所。

（二）性骚扰的危害

性骚扰所造成的危害很严重，主要表现在：

第一，精神压力。性骚扰会使受害者产生情绪上的动荡和沉重的心理压力，表现出害怕、烦躁、困惑、自信心和自尊心下降。

第二，身体损害。由于性骚扰的受害者主要是年轻女性，突如其来的性侵害带来许多不适应的生理反应，如浑身无力、失眠、头痛、恶心等。

第三，交往能力丧失。受害者会对异性甚至对社会产生不信任感和排斥感。

第四，经济损失。很多性骚扰是以升学、就业、提职、涨薪等进行胁迫，这些来自上司和操纵利益人士的骚扰往往使受害者难以应对，有的不得不辞退工作，离开所在岗位，从而造成经济损失。

第五，婚姻损失。已婚受害者遭受性骚扰得不到家人的理解，影响婚姻家庭关系；未婚受害者遭受到性骚扰后也常常因此受到舆论谴责，名誉受损，影响以后的恋爱和婚姻。

第六，少年儿童没有相关知识和自我保护能力，一旦成为受害者，会严重影响他们的身心健康，给其以后的成长和生活烙下阴影。

（三）用人单位预防和制止性骚扰的责任

性骚扰具有隐蔽性、突发性，缺乏实物证据，取证困难。多数受害人害怕在升学、就业、提职、涨薪或者其他利益方面受到损害，或者受传统观念影响，而不愿意声张。因此，美国和欧盟都规定雇主有预防、调查和制止性骚扰的责任，并在一定条件下对事件带来的损失承担责任。国外实践表明，雇主责任使性骚扰的庭外解决更加容易。首先，雇主必须在企业内部建立切实可行的反性骚扰的制度。其次，雇主有义务为雇员提供不受性骚扰的正常工作环境。在交易性性骚扰的情况下，雇主承担严格责任。在敌意环境性骚扰的情况下，承担相应过错赔偿责任。在此情况下，雇主可以进行合理辩护。雇主能证明其在企业内部建立了反性骚扰的切实可行的控制机制，而被害人无正当理由而不利用该救济机制的情况下，可以免除赔偿责任。

本条规定不是关于性骚扰问题的专门立法，没有对性骚扰的投诉机制方面作具体规定，但明确规定了在劳动场所，用人单位应当预防和制止对女职工的性骚扰，包括明确解释哪些行为构成性骚扰行为，建立有效的举报途径及举报程序；规定相应的反报复措施，保证举报员工不受到报复；建立及时高效的调查程序，接到举报后首先确定是否有性骚扰事实存在；一旦确认性骚扰存在，要给予骚扰者严厉的单位内部处理，包括警告、降级、调离、停职停薪或开除等。

（四）性骚扰的法律责任

女职工遭遇劳动场所性骚扰后，应积极向本单位受理投诉的机构投诉。如果本单位没有专门的机构负责，可向工会，市、区妇女儿童工作委员会，妇联等机构投诉，获得他们的法律援助。如果性骚扰行为违反了治安管理法，受害人可提请公安机关对违法行为人依法给予罚款、拘留等行政处罚。如果性骚扰演变成强制猥亵妇女罪、强奸罪或者故意伤害罪等犯罪行为，则应及时向当地公安机关报案，依法追究刑事责任。受害人还可直接向法院起诉，把骚扰者及其所在单位作为共同被告，要求被告停止侵害、赔礼道歉、赔偿经济损失并支付精神损害抚慰金。

1. 公安机关对实施性骚扰的违法行为人依法予以行政处罚

（1）公然侮辱女职工的，由公安机关处5日以下拘留或者500元以下罚款；情节严重的，处5日以上10日以下拘留，可以并处500元以下罚款。

（2）多次发送淫秽、侮辱、恐吓或者其他信息，干扰女职工正常生活的，由公安机关处5日以下拘留或者500元以下罚款；情节严重的，处5日以上10日以下拘留，可以并处500元以下罚款。

（3）猥亵女职工或者在公共场所故意裸露身体，情节恶劣的，由公安机关处5日以上10日以下拘留，可以并处500元以下罚款。

2. 对性骚扰违法行为的追究，除依靠公安机关的行政处罚外，更重要的是受害职工依法向法院主张权利，因为不是所有的性骚扰行为都构成违反治安管理行为，对于那些因为没有造成严重后果，尚未构成违反治安管理处罚法的性骚扰行为，受害人可通过向人民法院提起民事诉讼，依法追究违法行为人的民事责任，如要求赔礼道歉、恢复名誉、请求侵权损害赔偿和精神损害赔偿等方式，维护自身合法权益。违法当事人承担精神损害赔偿责任的方式有：致人精神损害，未造成严重后果的，可判令侵权人停止损害、恢复名誉、消除影响、赔礼道歉；造成严重后果的，应根据受害人一方请求同时判令侵权人赔偿相应的精神损害抚慰金。

第十二条 县级以上人民政府人力资源社会保障行政部门、安全生产监督管理部门按照各自职责负责对用人单位遵守本规定的情况进行监督检查。

工会、妇女组织依法对用人单位遵守本规定的情况进行监督。

【释义】 本条是关于人力资源社会保障行政部门、安全生产监督管理部门以及工会、妇女组织监督职责的规定。

一、女职工特殊劳动保护工作的职能变迁

女职工特殊劳动保护，是劳动保障法律制度的重要内容之一。随着女职工特殊劳动保护制度的发展完善，管理职能也经历了不同的历史阶段。

1998 年以前，女职工特殊保护工作由原劳动部负责，内设职业安全卫生监察局主管全国的职业安全卫生工作，女职工劳动保护是其重要工作内容。1988 年国务院出台《女职工劳动保护规定》；1990 年原劳动部颁发《女职工禁忌劳动范围的规定》，对女职工禁忌劳动作了明确；1994 年《劳动法》设专章对女职工禁忌劳动范围和四期保护作出规定，同时也明确了劳动部门的监督检查职责。

1998 年政府机构改革，原劳动部承担的职业安全、职业卫生、职业伤害防护等职能划转出去，劳动部门、安监部门和卫生部门根据各自职责对女职工特殊劳动保护涉及内容进行监督检查。其中，职业卫生监管职能交由卫生部承担，相关法律法规规章明确了卫生部门对职业卫生的管理责任。2001 年原《职业病防治法》对安排孕期、哺乳期女职工从事禁忌作业的执法主体及法律责任作了明确规定，“安排未经职业健康检查的劳动者、有职业禁忌的劳动者、未成年工或者孕期、哺乳期女职工从事接触职业病危害的作业或者禁忌作业的，由卫生行政部门责令限期治理，并处 5 万元以上 30 万元以下的罚款”。2002 年卫生部出台的《职业健康监护监督管理办法》规定，用人单位不得安排未成年工从事接触职业病危害的作业；不得安排孕期、哺乳期的女职工从事对本人和胎儿、婴儿有危害的作业。同时规定对于用人单位违反职业病防治法，安排孕期、哺乳期女职工从事对本人和胎儿、婴儿有危害作业的，由卫生行政部门责令限期治理，并处5万元以上10万元以下的罚款；情节严重或者造成健康损害后果的，可处10万元以上30万元以下的罚款。

2001年，国家安全生产监督管理局成立，负责全国的安全生产监管工作。2003年，根据中央编办《关于国家安全生产监督管理局（国家煤矿安全监察局）主要职责内设机构和人员编制调整意见的通知》，原卫生部承担的作业场所职业卫生监督检查职责交由国家安全生产监督管理局承担。2008年7月，国家安全生产监督管理局职业安全健康监督管理司成立，其主要职能包括“依法监督检查工矿商贸作业场院所职业卫生情况；按照职责分工，制订作业场院所职业卫生有关执法规章和标准”等。安全生产监督管理部门的监管职责也通过法律形式予以明确。2009年，安全生产监督管理局出台《作业场所职业健康监督管理暂行规定》，对于安排孕期、哺乳期女职工从事接触产生职业危害作业或者禁忌作业的，安全生产监督管理部门责令限期改正，并处5万元以上30万元以下的罚款；情节严重的，责令停止产生职业危害的作业，或者提请有关人民政府按照国务院规定的权限责令关闭。2011年修订的《职业病防治法》进一步从法律上明确了职业健康监管职责从2012年5月起由安全生产监督管理部门进行监督检查。

二、女职工特殊劳动保护部门职责划分

女职工特殊劳动保护涉及劳动用工、职业卫生、劳动安全等多方面内容。《劳动法》、《妇女权益保障法》、《职业病防治法》、《劳动保障监察条例》、《有毒有害作业场所劳动保护条例》等，对于涉及女职工特殊劳动保护的监管职责作出了不同规定。

为进一步明确部门职责，就职业卫生监管方面存在的职责不清和职能交叉的问题，中央编制委员会《关于职业卫生监管部门职责分工的通知》对职业卫生监管的职责作了明确，也确立了女职工特殊劳动保护工作的基本管理构架：

卫生部负责拟订职业病防治法律法规、职业病防治规划，组织制定发布国家职业卫生标准等七项工作。

国家安全生产监管总局的职责包括：（1）起草职业卫生监管有关法规，

制定用人单位职业卫生监管相关规章。组织拟订国家职业卫生标准中的用人单位职业危害因素工程控制、职业防护设施、个体职业防护等相关标准。（2）负责用人单位职业卫生监督检查工作，依法监督用人单位贯彻执行国家有关职业病防治法律法规和标准情况。组织查处职业危害事故和违法违规行为。（3）负责新建、改建、扩建工程项目和技术改造、技术引进项目的职业卫生“三同时”审查及监督检查。负责监督管理用人单位职业危害项目申报工作。（4）依法管理职业卫生安全许可证的颁发工作。负责职业卫生检测、评价技术服务机构的资质认定和监督管理工作。组织指导并监督检查有关职业卫生培训工作。（5）监督检查和督促用人单位依法建立职业危害因素检测、评价、劳动者职业健康监护、相关职业卫生检查等管理制度；监督检查和督促用人单位提供劳动者健康损害与职业史、职业危害接触关系等相关证明材料。（6）汇总、分析职业危害因素检测、评价、劳动者职业健康监护等信息，向相关部门和机构提供职业卫生监督检查情况。

人力资源社会保障部的职责包括：（1）劳动合同实施情况监管，督促用人单位依法签订劳动合同。（2）根据职业病诊断结果，做好职业病人的社会保障工作。根据《国务院办公厅关于印发人力资源和社会保障部主要职责内设机构和人员编制规定的通知》，人力资源社会保障部门负责“制定女工的特殊劳动保护政策”，主要是指女职工四期劳动合同保护、工作时间以及工资待遇等政策规定。

三、县级以上人力资源社会保障部门、安全生产监督管理部门承担具体监督检查职责

根据法律规定和部门职能划分，县级以上人力资源社会保障部门和安全生产监督管理部门承担女职工特殊劳动保护的监督检查职责。这两个部门都建立起了本部门独立的行政执法体系，贯彻实施相关的法律法规规定。

四、妇联与工会的监督

工会组织对女职工劳动保护的监督职责主要体现在依法实施监督权。一是对用人单位执行女职工特别规定情况进行监督，督促用人单位执行；二是对发现的违法行为及时向用人单位提出建议，并向有关监督管理部门报告情况。《职业病防治法》、《工会法》对工会的监督权、督促协助职业卫生宣传教育和培训等都有规定。《工会法》第二十二条规定，“企业、事业单位违

反劳动法律、法规规定，侵犯女职工和未成年工特殊权益的，工会应当代表职工与企业、事业单位交涉，要求企业、事业单位采取措施予以改正；企业、事业单位应当予以研究处理，并向工会作出答复；企业、事业单位拒不改正的，工会可以请求当地人民政府依法作出处理”。《关于职业卫生监管部门职责分工的通知》也明确了全国总工会依法参与职业危害事故调查处理，反映劳动者职业健康方面的诉求，提出意见和建议，维护劳动者合法权益等职责。

妇女组织在维护女职工权益方面发挥着重要作用。《妇女权益保障法》第五十三条规定，“妇女的合法权益受到侵害的，可以向妇女组织投诉，妇女组织应当维护被侵害妇女的合法权益，有权要求并协助有关部门或者单位查处。有关部门或者单位应当依法查处，并予以答复”。妇女组织可以通过向女职工提供相关援助的方式，维护女职工特殊劳动保护权益，如在预防性骚扰工作方面，受侵害女职工可以向当地妇联、法院等反映情况，维护自身的合法权益。

第十三条　用人单位违反本规定第六条第二款、第七条、第九条第一款规定的，由县级以上人民政府人力资源社会保障行政部门责令限期改正，按照受侵害女职工每人 1000 元以上 5000 元以下的标准计算，处以罚款。

用人单位违反本规定附录第一条、第二条规定的，由县级以上人民政府安全生产监督管理部门责令限期改正，按照受侵害女职工每人 1000 元以上 5000 元以下的标准计算，处以罚款。用人单位违反本规定附录第三条、第四条规定，由县级以上人民政府安全生产监督管理部门责令限期治理，处 5 万元以上 30 万元以下的罚款；情节严重的，责令停止有关作业，或者提请有关人民政府按照国务院规定的权限责令关闭。

【释义】本条是关于人力资源社会保障行政部门、安全生产监督管理部门对有关违法行为进行处罚的规定。

一、人力资源社会保障行政部门对女职工劳动保护的监督检查

《特别规定》第六条、第七条以及第九条规定了用人单位不得安排怀孕7个月以上女职工延长劳动时间或夜班劳动、女职工产假待遇以及哺乳期女职工不得上夜班的情形。对于违反以上规定的，由人力资源社会保障行政部门责令改正，并给予罚款。

（一）用人单位违反第六条第二款、第七条及第九条第一款规定的情形

1. 违反禁止安排怀孕7个月以上女职工延长劳动时间或夜班劳动规定的情形

第六条第二款规定“对怀孕7个月以上的女职工，用人单位不得延长劳动时间或者安排夜班劳动，并应当在劳动时间内安排一定的休息时间”。怀孕7个月以上女职工不延长劳动时间或者从事夜班劳动，主要是为了保证女职工有足够的休息时间，以维护女职工和胎儿的身体健康。《劳动法》、《劳动合同法》、1988年原《女职工劳动保护规定》对此都作了一致的规定。

用人单位安排怀孕7个月以上的女职工劳动时，可能存在的违法情形包括：一是延长劳动时间。对于怀孕7个月以上的女职工用人单位不得延长其劳动时间，不能安排其加班加点；二是安排从事夜班劳动，根据原劳动部对夜班劳动的解释，夜班劳动是指在当日二十二点至次日六点间从事的劳动或工作；三是没有在劳动时间内安排一定的休息时间。

2. 违反产假规定的情形

本规定第七条规定，“女职工生育享受98天产假，其中产前可以休假15天；难产的，增加产假15天；生育多胞胎的，每多生育1个婴儿，增加产假15天。女职工怀孕未满4个月流产的，享受15天产假；怀孕满4个月流产的，享受42天产假”。用人单位违反上述规定，侵害女职工合法权益主要包括如下情形：

一是没有给予法定产假。《劳动法》第六十二条规定：“女职工生育享受不少于90天的产假”。新条例将女职工生育产假由原来的90天延长为98天，用人单位没有依法保障女职工98天产假的，属于违法行为。

二是没有给予产前假。产前假是指预产期前15天的假期。

三是没有依法增加假期。根据国家规定，增加产假的情形包括难产和多胞胎生育两种情形：难产的，在98天产假基础上增加产假15天；多胞胎生

育的，每多生育1个婴儿，增加产假15天。

四是没有给予流产产假。未满4个月流产的，无论主动流产还是意外流产，都享有15天产假；怀孕满4个月流产的，享有42天产假。需要注意的是，对于流产的，要有医疗机构的相关证明。

3. 违反规定安排哺乳未满1周岁婴儿的女职工延长工作时间、从事夜班劳动的情形

哺乳期的劳动保护，是为了保证女职工的健康及婴儿的健康成长。《特别规定》第九条第一款规定对哺乳未满1周岁婴儿的女职工，用人单位不得延长劳动时间或者安排夜班劳动。用人单位安排哺乳未满1周岁婴儿的女职工延长工作时间或夜班劳动的，属于违法行为。

（二）用人单位违法应承担的法律责任

用人单位存在以上违法行为的，由人力资源社会保障行政部门依法追究法律责任：

一是责令限期改正，下达责令整改指令书，要求用人单位执行法律规定，落实女职工的特殊劳动保护权益；

二是罚款。每侵害一名女职工按1000元以上5000元以下标准给予罚款。这一罚款数额的设定与《劳动保障监察条例》设定的处罚标准一致。只要发现用人单位存在违法行为的，人力资源社会保障行政部门在责令改正的同时，依法按照受侵害劳动者人数给予罚款处罚。

二、安全生产监督管理部门对女职工劳动保护的监督检查

安全生产监督管理部门根据本部门职责承担对附录所涉及禁忌劳动等内容的监督检查。

（一）用人单位违反女职工禁忌劳动规定的情形

禁忌劳动包括女职工普遍适用的禁忌劳动以及女职工在经期、孕期、哺乳期“三期”的禁忌劳动。

1. 女职工普遍适用的禁忌劳动范围

根据附录第一条，女职工禁忌从事的劳动范围包括三种情形：（1）矿山井下作业。（2）体力劳动强度分级标准中规定的第四级体力劳动强度的作业。第四级体力劳动，是指根据《体力劳动强度分级》（GB3869－83），劳动强度指数大于25，8小时工作日平均耗能值为11304.4千焦耳/人，劳动

时间率为 77%，即净劳动时间为 370 分钟的劳动。（3）每小时负重 6 次以上、每次负重超过 20 公斤的作业或者间断负重、每次负重超过 25 公斤的作业。

以上三种情形，是基于女职工的生理特点从劳动环境、劳动强度以及劳动频度等方面规定的禁忌劳动范围，适用于所有女职工。用人单位违反法律规定，招用女职工从事以上三种禁忌劳动中的任何一种，都是违法行为。

2. 经期禁忌劳动范围

《劳动法》以及 1988 年原《女职工劳动保护规定》对女职工在月经期间禁忌从事的劳动都规定为：高处、低温、冷水作业和国家规定的第三级体力劳动强度的劳动。《特别规定》附录第二条对冷水作业、低温作业、体力劳动以及高处作业的等级作了具体规定，强化了对女职工经期劳动的保护力度：

（1）冷水作业分级标准中规定的第二级、第三级、第四级冷水作业

冷水作业是指根据《冷水作业分级》（GB/T14439－1993），在生产劳动过程中，操作人员接触冷水温度等于或小于 12℃的作业。按照操作人员实际接触的冷水温度和冷水作业时间率将冷水作业分为四级，级别越高，冷度越大。

（2）低温作业分级标准中规定的第二级、第三级、第四级低温作业

按照国家低温作业分级（GB/T 14440）的规定，工作环境平均气温等于或低于 5℃的作业，即属于低温作业。按照操作人员实际接触的温度和作业时间率将低温作业分为四级。

（3）体力劳动强度分级标准中规定的第三级、第四级体力劳动强度的作业

我国体力劳动强度分级（GB3869）将体力劳动强度分为四级。其方法是按能量代谢率与劳动时间率计算劳动强度指数，按劳动强度指数分别为≤15、16～25、21～25、≥25，依次将体力劳动强度分为一级（轻）、二级（中）、三级（重）、四级（很重），级别越高表示体力劳动强度越大。

具体而言，第三级体力劳动强度的劳动是指 8 小时工作日平均耗能为 7310.2 千焦耳/人，劳动时间率为 73%，即净劳动时间为 350 分钟，相当于重强度劳动。第四级体力劳动强度的劳动比第三级更重，是指根据《体力劳动强

度分级》（GB3869－83），劳动强度指数大于25，8小时工作日平均耗能值为11304.4千焦耳/人，劳动时间率为77%，即净劳动时间为370分钟的劳动。

（4）高处作业分级标准中规定的第三级、第四级高处作业

《高处作业分级》（GB3608－83）规定的三级高处作业，即在坠落高度基准面15米以上至30米，有可能坠落的高处进行的作业；四级高处作业，指高处作业高度在30米以上时的作业。

女职工在月经期的生理机能和肌体活动能力出现变化，身体防御能力暂被破坏，生理波动较大，作业能力下降，工作效率低，要适当避免过重劳动和冷水刺激。本规定附录二规定了女职工经期禁忌从事的劳动范围，用人单位违反附录二规定安排经期女职工从事这些劳动的，都属于违法行为。

3. 孕期禁忌劳动范围

根据附录第三条，女职工孕期禁忌从事的劳动范围包括：

（1）作业场所空气中铅及其化合物、汞及其化合物、苯、镉、铍、砷、氰化物、氮氧化物、一氧化碳、二硫化碳、氯、己内酰胺、氯丁二烯、氯乙烯、环氧乙烷、苯胺、甲醛等有毒物质浓度超过国家职业卫生标准的作业；

（2）从事抗癌药物、己烯雌酚生产，接触麻醉剂气体等的作业；

（3）非密封源放射性物质的操作，核事故与放射事故的应急处置；

（4）高处作业分级标准中规定的高处作业；

（5）冷水作业分级标准中规定的冷水作业；

（6）低温作业分级标准中规定的低温作业；

（7）高温作业分级标准中规定的第三级、第四级的作业；

（8）噪声作业分级标准中规定的第三级、第四级的作业；

（9）体力劳动强度分级标准中规定的第三级、第四级体力劳动强度的作业；

（10）在密闭空间、高压室作业或者潜水作业，伴有强烈振动的作业，或者需要频繁弯腰、攀高、下蹲的作业。

保证孕期女职工的安全和健康，防止有害物理因素和化学因素造成胎儿生长迟缓、智力缺陷和发育畸形等，是女职工劳动保护工作最重要的一环。国家法律、法规对女职工在怀孕期间禁忌从事的劳动范围作了严格规定，并考虑了负重因素、化学因素和物理因素的各种影响，对可能引起胎儿发育障碍的劳动，都作了禁止安排女职工的规定。用人单位违反这些规定安排女职

工劳动的，都属于违法行为。

4. 哺乳期禁忌劳动范围

附录第四条规定，女职工在哺乳期禁忌从事的劳动有两类：一是孕期禁忌从事的劳动范围的第一项、第三项、第九项；二是作业场所空气中锰、氟、溴、甲醇、有机磷化合物、有机氯化合物等有毒物质浓度超过国家职业卫生标准的作业。

女职工在哺乳期禁忌从事有毒有害物质作业，避免接触能够从乳汁中排出的化学物质，以保证婴儿有丰富、优质的乳汁喂养。

（二）违反女职工禁忌劳动规定的法律责任

安全生产监督管理部门对用人单位违反女职工禁忌劳动规定的处理和处罚包括：责令限期改正、罚款、责令停业、关闭等。

用人单位违反附录第一条、第二条，安排女职工从事禁忌劳动的，由县级以上人民政府安全生产监督管理部门责令限期改正，按照受侵害女职工每人1000元以上5000元以下的标准计算，处以罚款。

用人单位违反附录第三条、第四条关于孕期和哺乳期禁忌劳动规定的，依照《职业病防治法》的规定，将承担更重的法律责任。由县级以上人民政府安全生产监督管理部门责令限期治理，处5万元以上30万元以下的罚款；情节严重的，责令停止有关作业，或者提请有关人民政府按照国务院规定的权限责令关闭。

三、部门协作对违法行为的查处

在对同一用人单位的监督检查过程中，用人单位存在多个违法行为，分属不同职能部门进行监督检查的，由相关的职能部门按照各自职责对违法行为分别作出处理。

第十四条　用人单位违反本规定，侵害女职工合法权益的，女职工可以依法投诉、举报、申诉，依法向劳动人事争议调解仲裁机构申请调解仲裁，对仲裁裁决不服的，依法向人民法院提起诉讼。

【释义】 本条是关于女职工合法权益受到侵害的救济途径的规定。

女职工群体广泛，大致可分为企业、个体经济组织中的女职工，事业单位中的女职员，机关中的公务员或者参照公务员法管理的人员。这三类人员的救济渠道有所不同。

（一）企业、个体经济组织中的女职工

这部分女职工合法权益受到侵害的，有三种解决方式：

一是投诉、举报。《劳动保障监察条例》第九条规定："任何组织或者个人对违反劳动保障法律、法规或者规章的行为，有权向劳动保障行政部门举报。劳动者认为用人单位侵犯其劳动保障合法权益的，有权向劳动保障行政部门投诉。劳动保障行政部门应当为举报人保密；对举报属实，为查处重大违反劳动保障法律、法规或者规章的行为提供主要线索和证据的举报人，给予奖励。"同时，根据该条例第二条关于"对企业和个体工商户（以下称用人单位）进行劳动保障监察，适用本条例"的规定，企业和个体经济组织中的女职工合法权益受到侵害的，有权向人力资源社会保障行政部门投诉、举报。

二是调解、仲裁。女职工与用人单位发生的特殊劳动保护方面的争议属于劳动争议，适用劳动争议调解仲裁法。

劳动争议，是指用人单位与职工之间因劳动权利和劳动义务所发生的争议。劳动争议的主体是劳动关系双方当事人，即用人单位和与用人单位建立劳动关系的劳动者。在规定调整范围内，女职工与用人单位发生的特殊劳动保护方面的争议主要有：女职工在孕期、产期、哺乳期与用人单位因解除劳动关系发生的争议，女职工在孕期、产期、哺乳期因工作时间、休息休假发生的争议，女职工在产期因社会保险发生的争议，女职工因从事禁忌劳动发生的争议等。

《劳动争议调解仲裁法》第五条规定："发生劳动争议，当事人不愿协商、协商不成或者达成和解协议后不履行的，可以向调解组织申请调解；不愿调解、调解不成或者达成调解协议不履行的，可以向劳动争议仲裁委员会申请仲裁；对仲裁裁决不服的，除本法另有规定外，可以向人民法院提起诉讼。"

（1）协商。发生劳动争议后，劳动者可以与用人单位进行协商，也可以请工会或者第三方共同与用人单位进行协商，双方达成和解协议。

（2）调解。发生劳动争议，当事人不愿协商、协商不成或者达成和解协议后不履行的，可以向调解组织申请调解。调解组织包括企业劳动调解委员会、依法设立的基层人民调解组织、在乡镇街道设立的具有劳动争议调解职能的组织。经调解达成协议的，应当制作调解协议书。

（3）仲裁。当事人不愿调解、调解不成或者达成调解协议后不履行的，可以向劳动争议仲裁委员会申请仲裁。

劳动争议申请仲裁的时效期间为一年，从当事人知道或者应当知道其权利被侵害之日起计算。仲裁时效，因当事人一方向对方当事人主张权利，或者向有关部门请求权利救济，或者对方当事人同意履行义务而中断；从中断时起，仲裁时效期间重新计算。因不可抗力或者有其他正当理由，当事人不能在规定的仲裁时效期间申请仲裁的，仲裁时效中止；从中止时效的原因消除之日起，仲裁时效期间继续计算。劳动关系存续期间因拖欠劳动报酬发生争议的，劳动者申请仲裁不受申请仲裁时效期间的限制；但是，劳动关系终止的，应当自劳动关系终止之日起一年内提出。

申请人申请仲裁应当提交书面仲裁申请，并按照被申请人人数提交副本。仲裁申请书应当载明下列事项：劳动者的姓名、性别、年龄、职业、工作单位和住所，用人单位的名称、住所和法定代表人或者主要负责人的姓名、职务；仲裁请求和所根据的事实、理由；证据和证据来源、证人姓名和住所。书写仲裁申请确有困难的，可以口头申请，由劳动争议仲裁委员会记入笔录，并告知对方当事人。

劳动争议仲裁委员会收到仲裁申请之日起 5 日内，认为符合受理条件的应当受理，并通知申请人；认为不符合受理条件的，应当书面通知申请人不予受理，并说明理由。对劳动争议仲裁委员会不予受理或者逾期未作出决定的，申请人可以就该劳动争议事项向人民法院提起诉讼。

劳动争议仲裁委员会受理仲裁申请后，应当在 5 日内将仲裁申请书副本送达被申请人。被申请人收到仲裁申请书副本后，应当在 10 日内向劳动争议仲裁委员会提交答辩书。劳动争议仲裁委员会收到答辩书后，应当在 5 日内将答辩书副本送达申请人。被申请人未提交答辩书的，不影响仲裁程序的进行。

劳动争议仲裁委员会应当在受理仲裁申请之日起 5 日内将仲裁庭的组成

情况书面通知当事人。仲裁庭应当在开庭5日前，将开庭日期、地点书面通知双方当事人。当事人有正当理由的，可以在开庭3日前请求延期开庭。是否延期，由劳动争议仲裁委员会决定。申请人收到书面通知，无正当理由拒不到庭或者未经仲裁庭同意中途退庭的，可以视为撤回仲裁申请；被申请人收到书面通知，无正当理由拒不到庭或者未经仲裁庭同意中途退庭的，可以缺席裁决。

当事人在仲裁过程中有权进行质证和辩论。当事人对自己提出的主张，有责任提供证据。劳动者无法提供由用人单位掌握管理的与仲裁请求有关的证据，仲裁庭可以要求用人单位在指定期限内提供。用人单位在指定期限内不提供的，应当承担不利后果。

当事人申请劳动争议仲裁后，可以自行和解。达成和解协议的，可以撤回仲裁申请。仲裁庭在作出裁决前，应当先行调解。调解达成协议的，仲裁庭应当制作调解书。调解书应当写明仲裁请求和当事人协议的结果。调解书由仲裁员签名，加盖劳动争议仲裁委员会印章，送达双方当事人。调解书经双方当事人签收后，发生法律效力。

调解不成或者调解书送达前，一方当事人反悔的，仲裁庭应当及时作出裁决。仲裁庭裁决劳动争议案件，应当自劳动争议仲裁委员会受理仲裁申请之日起45日内结束。案情复杂需要延期的，经劳动争议仲裁委员会主任批准，可以延期并书面通知当事人，但是延长期限不得超过15日。逾期未作出仲裁裁决的，当事人可以就该劳动争议事项向人民法院提起诉讼。

仲裁庭裁决劳动争议案件时，其中一部分事实已经清楚，可以就该部分先行裁决。仲裁庭对追索劳动报酬、工伤医疗费、经济补偿或者赔偿金的案件，根据当事人的申请，可以裁决先予执行，移送人民法院执行。仲裁庭裁决先予执行的，应当符合下列条件：当事人之间权利义务关系明确；不先予执行将严重影响申请人的生活。劳动者申请先予执行的，可以不提供担保。

用人单位有证据证明终局裁决有下列情形之一，可以自收到仲裁裁决书之日起30日内向劳动争议仲裁委员会所在地的中级人民法院申请撤销裁决：适用法律、法规确有错误的；劳动争议仲裁委员会无管辖权的；违反法定程序的；裁决所根据的证据是伪造的；对方当事人隐瞒了足以影响公正裁决的证据的；仲裁员在仲裁该案时有索贿受贿、徇私舞弊、枉法裁决行为的。人民法院经组成合议庭审查核实裁决有前款规定情形之一的，应当裁定撤销。仲裁裁决被人民法院裁定撤销的，当事人可以自收到裁定书之日起 15 日内就该劳动争议事项向人民法院提起诉讼。

劳动合同双方当事人对发生法律效力的调解书、裁决书，应当依照规定的期限履行。一方当事人逾期不履行的，另一方当事人可以依照民事诉讼法的有关规定向人民法院申请执行。受理申请的人民法院应当依法执行。

三是起诉。对劳动争议仲裁案件的裁决，劳动者不服的，可以自收到仲裁裁决书之日起 15 日内向人民法院提起诉讼，但是下列争议案件的仲裁为终局裁决，不得提起诉讼：追索劳动报酬、工伤医疗费、经济补偿或者赔偿金，不超过当地月最低工资标准 12 个月金额的争议；因执行国家的劳动标准在工作时间、休息休假、社会保险等方面发生的争议。

（二）事业单位的女职工

这部分女职工与事业单位发生人事争议的，通过事业单位人事争议的处理渠道加以解决。

（三）公务员和参照公务员法管理的女职工

这部分女职工按照《公务员法》关于申诉的规定执行。《公务员法》第九十条规定：公务员对涉及本人的下列人事处理不服的，可以自知道该人事处理之日起 30 日内向原处理机关申请复核；对复核结果不服的，可以自接到复核决定之日起 15 日内，按照规定向同级公务员主管部门或者作出该人事处理的机关的上一级机关提出申诉；也可以不经复核，自知道该人事处理之日起 30 日内直接提出申诉：（一）处分；（二）辞退或者取消录用；（三）降职；（四）定期考核定为不称职；（五）免职；（六）申请辞职、提前退休未予批准；（七）未按规定确定或者扣减工资、福利、保险待遇；（八）法律、法规规定可以申诉的其他情形。对省级以下机关作出的申诉处理决定不服的，可以向作出处理决定的上一级机关提出再申诉。行政机关公务员对处分不服向行政监察机关申诉的，按照《中华人民共和国行政监察法》的规定办理。第九十一条规定：原处理机关应当自接到复核申请书后的 30 日内作出复核决定。受理公务员申诉的机关应当自受理之日起 60 日内作出处理决定；案情复杂的，可以适当延长，但是延长时间不得超过 30 日。复核、申诉期间不停止人事处理的执行。第九十二条规定：公务员申诉的受理机关审查认定人事处理有错误的，原处理机关应当及时予以纠正。

第十五条　用人单位违反本规定，侵害女职工合法权益，造成女职工损害的，依法给予赔偿；用人单位及其直接负责的主管人员和其他直接责任人员构成犯罪的，依法追究刑事责任。

【释义】 本条是关于用人单位除行政处罚外的其他法律责任的规定。

一、民事侵权责任

《民法通则》第一百一十九条规定：侵害公民身体造成伤害的，应当赔偿医疗费、因误工减少的收入、残废者生活补助费等费用；造成死亡的，并应当支付丧葬费、死者生前扶养的人必要的生活费等费用。根据上述规定，用人单位构成民事侵权的，应当承担民事责任。这里的民事责任主要是指财产责任，以财产赔偿的方式来承担责任，补偿受害女职工的损失。构成侵权责任的要件有：一是侵权损害的事实。没有损害事实，不承担民事责任。损害是指由一定的行为或者事件给人身或者财产造成的不良后果和不良状态，包括财产减损、健康恶化等；二是民事违法行为。一种是违法的作为，如殴打他人，另一种是违法的不作为，不作为的赔偿责任，须是法律明文规定当事人有作为义务而不尽这种义务，造成他人损害的情形；三是侵权行为与损害结果之间具有因果关系；四是行为人主观有过错，包括故意和过失。行为人能预见自己行为的后果，希望这样的结果发生或者放任这种结果的发生，称之为故意，行为人对行为的结果应当预见而没有预见，或者虽然预见但又轻信能够避免的，称之为过失。对于侵害女职工合法权益的违法行为，只要符合上述侵权民事行为构成要件的，即构成侵权行为，应当依据《民法通则》的规定承担民事侵权责任。

二、刑事责任

刑事责任又称刑罚，是依据刑法规定，对实施犯罪行为的行为人给予的处罚。犯罪，是指一切危害国家主权、领土完整和安全、分裂国家、颠覆人民民主专政的政权和推翻社会主义制度，破坏社会秩序，侵犯国有资产或者劳动群众集体所有的财产，侵犯公民私人所有的财产，侵犯公民的人身权利、民主权利和其他权利，以及其他危害社会，依照法律应当受到刑罚处罚的行为。

用人单位及其自然人违反本规定，侵害女职工合法权益，构成犯罪的，依法承担刑事责任。本条涉及的犯罪行为主要有：

一是重大责任事故罪。《刑法》第一百三十四条规定：在生产、作业中违反有关安全管理的规定，因而发生重大伤亡事故或者造成其他严重后果的，处三年以下有期徒刑或者拘役；情节特别恶劣的，处三年以上七年以下有期徒刑。

强令他人违章冒险作业，因而发生重大伤亡事故或者造成其他严重后果的，处五年以下有期徒刑或者拘役；情节特别恶劣的，处五年以上有期徒刑。

二是重大劳动安全事故罪。《刑法》第一百三十五条规定：安全生产设施或者安全生产条件不符合国家规定，因而发生重大伤亡事故或者造成其他严重后果的，对直接负责的主管人员和其他直接责任人员，处三年以下有期徒刑或者拘役；情节特别恶劣的，处三年以上七年以下有期徒刑。

三是强迫职工劳动罪。《刑法》第二百四十四条规定：以暴力、威胁或者限制人身自由的方法强迫他人劳动的，处三年以下有期徒刑或者拘役，并处罚金；情节严重的，处三年以上十年以下有期徒刑，并处罚金。

明知他人实施前款行为，为其招募、运送人员或者有其他协助强迫他人劳动行为的，依照前款的规定处罚。

单位犯前两款罪的，对单位判处罚金，并对其直接负责的主管人员和其他直接责任人员，依照第一款的规定处罚。

第十六条　本规定自公布之日起施行。1988 年 7 月 21 日国务院发布的《女职工劳动保护规定》同时废止。

【释义】本条是关于法律生效日期的规定。

法律的生效日期是关于法律时间效力的规定。《立法法》第五十一条规定："法律应当明确规定施行日期。"法律从何时开始生效，要根据法律的性质和实际需要来确定。我国立法实践中有两种生效方式：一是法律、法规公布后，经过一段时间才施行，法律、法规中明确规定生效施行的具体日期；二是在法律条文中没有直接规定具体的生效日期，而是规定“本法自公布之日起施行”，而法律何时公布，则根据《立法法》关于“全国人民代表大会通过的法律由国家主席签署主席令予以公布”、“行政法规由总理签署国务院令公布”、“部门规章由部门首长签署命令予以公布”和“地方政府规章由省长或者自治区主席或者市长签署命令予以公布”的规定执行。本规定的生效属于第二种。新规定生效的同时，原《女职工劳动保护规定》废止，不再执行。

《女职工禁忌从事的劳动范围》释义

妇女是劳动力资源的重要组成部分，女职工的劳动保护不仅关乎女性自身身心健康，而且可能影响到胎儿、婴幼儿的生长发育，继而影响劳动力资源的可持续发展。

《女职工禁忌劳动范围》的宗旨是保护女职工免受职业病危害，尤其是保护女性特殊时期的健康，保证劳动力资源的可持续发展。《女职工禁忌劳动范围》的划定，须以我国国情为基础，充分考虑我国女职工的生理心理特点、经济社会发展水平、企业用工制度与社会保障方面等情况，权衡女性平等就业与健康保护的关系。《女职工禁忌劳动范围》作为附录列示，随着经济文化生活和社会生产环境的变化，需要进行与时俱进的调整。

此次禁忌劳动范围的修订重点是保护女职工的特殊生理时期，减少一般时期的保护性劳动限制。同时强化了用人单位的责任，要求单位履行告知义务，对女职工进行劳动安全卫生知识培训，依法开展职业卫生监测和职业健康监护，采取措施不断改善劳动安全卫生条件。

一、女职工禁忌从事的劳动范围：

（一）矿山井下作业；

（二）体力劳动强度分级标准中规定的第四级体力劳动强度的作业；

（三）每小时负重 6 次以上、每次负重超过 20 公斤的作业，或者间断负重、每次负重超过 25 公斤的作业。

【释义】

（一）矿山井下作业

是指包含煤矿、非煤矿各类矿山野外露天采矿、井下（地下）采矿、开凿隧道、修地铁、地下工程建筑等作业。禁忌的是工作环境差、安全健康隐患多的矿坑内及重体力劳动等作业。

国际劳工组织的《（妇女）井下作业公约（第45号）》（1935年）规定：任何妇女，不论其年龄如何，一概不得受雇从事矿山井下作业。同时，该公约指出，国家法律或条例可规定下列人员不受限制：任管理职务，而非从事体力劳动的妇女；从事社会及卫生服务工作的妇女；学习期间被允许在矿山井下接受职业培训的妇女；偶然进入矿山井下，从事非体力劳动的任何其他妇女。

我国采矿业处于逐步规范进程中，许多小型煤矿、非煤矿山以及各类矿山野外露天采矿、井下采矿、开凿隧道、修地铁、地下工程建筑等，作业环境条件差、职业健康安全管理不规范，存在多种影响安全健康的因素，如重体力劳动、长时间不良体位、接触某些化学毒物等，对作业人员带来严重的健康风险。同时，考虑到《劳动法》仍然禁止女职工从事矿山井下活动，这次修改仍将矿山井下作业列为禁忌劳动范围。

（二）第四级体力劳动强度的作业

我国体力劳动强度分级（GB3869）将体力劳动强度分为四级。其方法是按能量代谢率与劳动时间率计算劳动强度指数，按劳动强度指数分别为≤15、16～25、21～25、≥25，依次将体力劳动强度分为一级（轻）、二级（中）、三级（重）、四级（很重），级别越高表示体力劳动强度越大。

体力劳动强度是指体力劳动的紧张程度，也就是指同一时间内劳动力消耗的程度；能量代谢率是指某工种劳动日内各类活动和休息的能量消耗的平均值；劳动时间率是指工作日内纯劳动时间与工作日总时间之比。为了反映相同体力强度引起男女不同生理反应，计算体力劳动强度指数时，引用体力劳动性别系数，一般男性系数为1，女性系数为1.3。

四级劳动强度的劳动是“很重”的劳动，妇女长期从事很重强度的劳动，对女性生理机能会产生不良影响，包括月经失调，出现痛经、月经过多、月经不规则、闭经等。由于腹压增加，使子宫和阴道等器官被压向下，出现短时间的子宫下垂；如果长期持续从事重体力劳动，可使子宫倒后和轻度的子宫脱落。未成年的妇女长期从事重体力劳动，可影响骨盆的正常发育，造成骨盆狭窄或骨盆扁平。孕妇从事重体力劳动的，有发生自然流产或早产的危险。

（三）每小时负重6次以上、每次负重超过20公斤的作业，或者间断负重、每次负重超过25公斤的作业

国家体力搬运重量限制标准（GB12330－90），是对从事体力装卸、搬运工作，由于性别、负荷方式不同而作出的限值规定。在搬、扛、推/拉三种负重方式的情况下，女性单次负重限值依次为10公斤、20公斤、200公斤。

鉴于目前我国女性子宫下垂发病率及其相关妇科疾病发生率仍然较高，此次修订保留了这一项禁忌规定。

二、女职工在经期禁忌从事的劳动范围：

（一）冷水作业分级标准中规定的第二级、第三级、第四级冷水作业；

（二）低温作业分级标准中规定的第二级、第三级、第四级低温作业；

（三）体力劳动强度分级标准中规定的第三级、第四级体力劳动强度的作业；

（四）高处作业分级标准中规定的第三级、第四级高处作业。

【释义】

女性月经，是在人体丘脑下部－垂体－卵巢轴的神经与内分泌的调节作用下发生的一种周期性生理现象。在月经期间女性的末梢血液循环受影响、基础代谢降低，卵巢功能、子宫血液循环均会发生明显变化，女性表现为容易疲劳、腰酸背痛、腹痛、肢体怕冷，机体抵抗力下降。另外，女性在月经期间对某些职业性有害因素的反应比较敏感，健康容易受伤害。冷水、低温作业和强体力劳动容易引起内分泌失调，性激素分泌减少，导致月经不规则、经量不稳定、痛经、闭经、不孕或者乳腺增生等。因此，在经期进行适当保护，有利于保护女性机体健康与激素平衡。

（一）第二级、第三级、第四级冷水作业

国家冷水作业分级（GB/T14439）规定，操作人员接触冷水（属于身体

局部受冷作业）温度等于或小于12℃的作业，称为冷水作业。

水的导热系数比空气大20倍。同温度条件下，接触水较接触空气时的体热损失快，肢体容易受冷。女职工在月经期身体对寒冷反应较敏感，尤其是肢体末梢对寒冷的耐受力下降，感觉末梢有冷痛感或反射性引起全身冷感。女工在经期从事冷冻冷藏、销售冷冻食品等冷水作业，容易引起肢体末梢血管收缩，血液循环减少，致使关节部位、腹部受冷、子宫收缩，引起月经不调、痛经、白带增多等妇科疾病。

冷水作业按操作人员实际接触的冷水温度和冷水作业时间率分为四级，级别越高表示冷强度越大。

冷水作业时间率，是指在工作日内操作人员实际接触冷水作业的时间占工作日总时间的百分率。

冷水温度测量方法与要求：长年从事冷水作业的工种，应以最冷季节测量值为分级依据；季节性接触冷水作业的工种，应以季节内最冷月测量值为分级依据。同一测试点一个工作日应测定4次，即开始工作后第1，3，5，7小时，连测2～3天，取平均值表示该点温度；测量水温时应同时测量生产环境空气温度。

（二）第二级、第三级、第四级低温作业

按照国家低温作业分级（GB/T 14440）的规定，工作环境平均气温等于或低于5℃的作业，即属于低温作业。

低温作业按工作地点的温度和低温作业时间率，分为四级，级别越高冷强度越大。低温作业时间率是指一个劳动日在低温环境中净劳动时间占工作日总时间的百分率。

表1　低温作业分级

低温作业时间率，%	温度范围，℃					
	≤5～0	<0～－5	<－5～－10	<－10～－15	<－15～－20	<－20
≤25	Ⅰ	Ⅰ	Ⅰ	Ⅱ	Ⅱ	Ⅱ
>25～50	Ⅰ	Ⅰ	Ⅱ	Ⅱ	Ⅲ	Ⅲ
>50～75	Ⅰ	Ⅱ	Ⅱ	Ⅲ	Ⅲ	Ⅳ
≥75	Ⅱ	Ⅱ	Ⅲ	Ⅲ	Ⅳ	Ⅳ

低温作业时间率的计算方法：同一工种随机选择受测工人3名，并跟班记录一个劳动日实际低温作业时间，连续记录3天，取其平均值计算低温作业时间率。

由于女性本身物理的体温调节机能差，月经期间从事低温作业可引起子宫淤血或发生痛经。

（三）第三级、第四级体力劳动强度作业

月经期女性的身体抵抗力比较差，不宜参加剧烈运动和重体力劳动，以免引起经血过多，月经期延长。第三级和第四级体力劳动强度相当于重强度体力劳动，月经期间应避免。

（四）第三级、第四级高处作业

按照国家高处作业分级标准（GB3608－2008）规定，高处作业是指在距坠落高度基准面2米或2米以上有可能坠落的高处进行的作业。高处作业多见于建筑、桥梁等施工作业。

作业高度是指作业区各作业位置至相应坠落高度基准面的垂直距离中的最大者。高处作业分四段：2～5米、5～15米、15～30米、30米以上。

直接引起坠落的客观因素有11种：风力大于五级，高温作业二级以上，低温作业，冷水作业，作业场地有冰、雪、霜、水、油等易滑物，作业场所光线不足，能见度差，作业场所周围有危险电压带电体，摆动，立足处不是平面或平面太小，作业者无法维持正常姿态，体力劳动强度三级以上，存在有毒气体或空气中含氧量低于0.195，可能引起灾害事故的作业环境和抢救突然发生的各种灾害事故。

女性月经期间从事第三级、第四级高处作业时，不仅由于身体原因导致诸多不便，而且容易受以上因素的影响而发生危险，因而列为禁忌劳动范围。

三、女职工在孕期禁忌从事的劳动范围：

（一）作业场所空气中铅及其化合物、汞及其化合物、苯、镉、铍、砷、氰化物、氮氧化物、一氧化碳、二硫化碳、氯、己内酰胺、氯丁二烯、氯乙烯、环氧乙烷、苯胺、甲醛等有毒物质浓度超过国家职业卫生标准的作业；

（二）从事抗癌药物、己烯雌酚生产，接触麻醉剂气体等的作业；

（三）非密封源放射性物质的操作，核事故与放射事故的应急处置；

（四）高处作业分级标准中规定的高处作业；

（五）冷水作业分级标准中规定的冷水作业；

（六）低温作业分级标准中规定的低温作业；

（七）高温作业分级标准中规定的第三级、第四级的作业；

（八）噪声作业分级标准中规定的第三级、第四级的作业；

（九）体力劳动强度分级标准中规定的第三级、第四级体力劳动强度的作业；

（十）在密闭空间、高压室作业或者潜水作业，伴有强烈振动的作业，或者需要频繁弯腰、攀高、下蹲的作业。

【释义】

孕妇在工作场所接触某些职业危害因素，可能导致胎儿发育异常、死胎、早产、自然流产，因此孕期是需要重点保护的时期，避免孕妇接触职业危害因素是《女职工禁忌劳动范围》的重要内容。

2000 年修订的《国际劳工组织保护生育公约》（183 号公约）认为，保护生育不应成为就业歧视的理由，但也提到“属于对妇女和儿童有公认的或重大危险的工作”除外。1979 年联合国大会通过的《消除对妇女一切形式歧视公约》强调，妇女在享有相同就业机会的权利，也享有在工作条件中享有健康和安全保障，包括保障生育机能的权利。也就是说，女性不仅享有就业平等权利，也享有健康安全权利，当两者发生矛盾时，应充分尊重女性自身的选择。作为企业在女性就业安置时，应当充分考虑到工作岗位对女性健康（尤其是生育）带来的不良影响，避免职业危害因素对女性造成特殊的健康损害。

（一）作业场所空气中铅及其化合物、汞及其化合物、苯、镉、铍、砷、氰化物、氮氧化物、一氧化碳、二硫化碳、氯、己内酰胺、氯丁二

烯、氯乙烯、环氧乙烷、苯胺、甲醛等有毒物质浓度超过国家职业卫生标准的作业

本项延续了1990年的规定，所列毒物都是经过国内外研究证实对女性生殖健康有特异性损害的有毒化学物。随着新化学物的不断引进与使用，新的毒物逐渐引起了研究者的关注，本条未列举的对女性有特异性损害的毒物在条款中以“等有毒物质”表示，具体参照国家其他法律法规的规定执行。

毒物的毒性指标主要是指毒物引起机体损害的能力，一般来讲毒物的致死剂量越小，毒性越大，这与毒物的理化性质有关。毒物对人体的危害主要包括局部刺激反应、中毒反应、过敏反应、非特异性反应、致畸、致突变、致癌。常见的毒物主要来源于工业生产过程，包括生产原料、辅助剂、中间体、成品、副产品、杂质和废弃物处理等作业环节。

卫生部于2003年发布了《高毒物品目录》，列举了54种高毒物品，如甲基苯胺、异丙基苯胺、氨、苯、苯胺、丙烯酰胺、丙烯腈、对硝基苯胺、对硝基氯苯/二硝基氯苯、二苯胺、二甲基苯胺、二硫化碳、二氯代乙炔、二硝基苯、二硝基（甲）苯、二氧化（一）氮、氟化氢、镉、汞、铅、锰、砷、铊、甲醛、氰化物、一氧化碳等。

国家有毒作业分级（GB12331）规定：职工在存在生产性毒物的工作地点从事生产或劳动的作业，按毒物危害程度级别、有毒作业劳动时间、毒物浓度超标倍数三项指标计算有毒作业分级指数，指数越大有毒作业级别越高，共分为四级。一级（指数0~6，为轻度危害）、二级（指数6~24，为中度危害）、三级（指数24~96，为高度危害）、四级（指数>96，极度危害）。

《职业性接触毒物危害程度分级》（GB5400-85）按毒物的危害程度从高到低分四类四级：

一级（极度危害）化学毒物：苯、汞及其化合物、砷及其化合物、氯乙烯、铬酸盐、重铬酸盐、黄磷、铍及其化合物、对硫磷、羰基镍、氰化物、八氟异丁烯、氯甲醚、锰及其化合物等。

二级（高度危害）化学毒物：三硝基甲苯、铅及其化合物、二硫化碳、氯丙烯腈、四氯化碳、硫化氢、甲醛、苯胺、氟化氢、氯乙烯、五氯酚及其

钠盐、敌百虫、镉及其化合物、钒及其化合物、溴甲烷、硫酸二甲酯、金属镍、环氧氯丙烷、甲苯二异氰酸酯、砷化氢、敌敌畏、光气、氯丁二烯、一氧化碳、硝基苯等。

三级（中度危害）化学毒物：苯乙烯、甲醇、硝酸、硫酸、盐酸、甲苯、二甲苯　三氯乙烯、苯酚、二甲基甲酰胺、六氟丙烯、氮氧化物等。

四级（轻度危害）化学毒物：溶剂汽油、丙酮、氢氧化钠、四氟乙烯、氨等。

有毒有害物质不仅对母体本身有害，而且毒物可以通过胎盘血液进入胎儿体内，影响胎儿的生长发育。例如，铅是一种重金属毒物，可以损害人体多系统、多脏器，急性中毒可使红细胞膜破裂导致溶血，慢性中毒可影响血卟啉代谢，血红蛋白合成减少；还可以导致中毒性周围神经病，严重的可导致中毒性脑病。铅还可以导致女性内分泌紊乱、激素水平失调。孕妇接触铅及其化合物会导致胎儿发育迟缓，出现低出生体重儿，胎儿围产期死亡，流产及畸胎等。又如，苯是一种有特殊芳香味的无色液体，易挥发，可经呼吸道吸入或皮肤吸收进入人体。苯经皮肤接触短时间容许浓度为 $10mg/m^3$。在制鞋、箱包、橡胶、医药等行业中应用较多。短时间接触高浓度的苯可出现苯中毒，表现为中枢神经系统症状，可因呼吸循环衰竭而死亡；长时间低浓度接触者可出现神经衰弱综合症，植物神经功能紊乱等，可损害造血系统，导致白血病。女性接触苯可导致月经紊乱，经期延长，月经量过多。孕妇接触苯及其苯系化合物，可能会造成对孕妇本身的循环系统和神经系统的损害，还可以导致胎儿发育迟缓，出现低出生体重儿、死胎、自然流产等，还会使儿童患白血病的几率增高。

（二）从事抗癌药物、己烯雌酚生产，接触麻醉剂气体等的作业

孕妇从事接触抗癌药物生产，可能导致自然流产率增高。己烯雌酚是人类经胎盘的致癌原，容易导致儿童患癌。因而孕妇不宜从事抗癌药物、己烯雌酚生产的作业。

最常见的麻醉剂气体有甲醚、乙醚，职业接触多见于使用乙醚的实验室人员、医院手术麻醉室医护人员等。吸入高浓度麻醉剂气体可出现麻醉反应；长期接触较低浓度的麻醉剂气体，可出现头痛、头晕、疲倦、嗜睡、食

欲减退、恶心、呕吐、便秘、食欲不振、血液红细胞增多、蛋白尿等。孕妇接触麻醉剂气体，会影响胎儿的健康发育，导致自然流产，因而不宜从事接触麻醉剂气体的作业。

（三）非密封源放射性物质的操作，核事故与放射事故的应急处置

接触放射性物质易导致放射性疾病，如放射效应、辐射损伤、白血病、骨肿瘤、肝癌等。另外，核辐射可引起生殖细胞损伤或遗传基因突变，影响胚胎与子代健康发育。染色体畸变还可导致儿童先天畸形、流产、死产等。

非密封源放射性物质的操作，在工业生产方面主要见于核能、核燃料生产、使用与回收；在医药卫生方面主要见于核医学研究，放射性同位素治疗与科学实验室放射性同位素（如碳14）的使用等。

电离辐射对男性和女性的生殖系统都可造成损害。孕妇如果受电离辐射照射，将显著影响胎儿和新生儿的健康，发育中的胚胎或胎儿对电离辐射高度敏感。受精早期接触电离辐射可致受精卵或胚胎死亡；受精后第3～8周可致胎儿畸形、白内障和生长缓慢；妊娠第8～25周影响中枢神经系统发育，可致新生儿神经系统发育迟缓和严重的智力障碍。

核事故与放射事故现场接触核与放射物质的可能性极大，同时还存在职业紧张及不明原因的危害因素，对孕妇和胎儿带来极大危险，因此，孕妇不宜从事核事故与放射性事故处理工作。

国际放射防护委员会（ICRP）建议，妇女孕期过程中对下腹部照射应不超过2mSv，并限制放射性核素的摄入量，约控制在1/20年摄入量限值以下。

对第（四）、（五）、（六）、（九）项的解释，请见经期禁忌作业的相应解释。

（七）第三级、第四级高温作业

国家高温作业分级（GB/T4200－2008）规定，高温作业是指在生产劳动过程中，工作地点平均WBGT指数等于或大于25℃的作业。WBET也称“湿球黑球温度”，是综合评价人体接触作业环境热负荷的一个基本参量，它涵盖了温度、湿度、辐射热、风速等多种气象因素，这是目前国际劳工组织和世界卫生组织以及各国公认的衡量作业环境热强度大小的指标

之一。

接触高温作业时间，是指作业人员在一个工作日（8 小时）内实际接触高温作业的累计时间；允许持续接触热时间，是指允许工人在热环境中连续工作的时间。工作地点温度，是指在一个工作班内，工作地点距地面 1.5 米高处测得的最高气温。一般测量高度立位作业为 1.5 米，坐位作业为 1.1 米；如果实际受热不均匀，应测量踝部、腹和头部，立位时测量离地高度分别为 0.1 米、1.1 米、1.7 米，坐位时测量离地高度 0.1 米、0.6 米和 1.1 米。

高温作业按照工作地点 WBGT 指数和接触高温作业的时间分为四级，级别越高表示热强度越大（见表 1）。

表 1　高温作业分级

接触高温作业时间 /min	WBGT 指数/℃									
	25 – 26	27 – 28	29 – 30	31 – 32	33 – 34	35 – 36	37 – 38	39 – 40	41 – 42	≥43
≤120	Ⅰ	Ⅰ	Ⅰ	Ⅰ	Ⅱ	Ⅱ	Ⅱ	Ⅲ	Ⅲ	Ⅲ
≥121	Ⅰ	Ⅰ	Ⅱ	Ⅱ	Ⅲ	Ⅲ	Ⅳ	Ⅳ	—	—
≥241	Ⅱ	Ⅱ	Ⅲ	Ⅲ	Ⅳ	Ⅳ	—	—	—	—
≥361	Ⅲ	Ⅲ	Ⅳ	Ⅳ	—	—	—	—	—	—

在不同工作地点、不同劳动强度条件下允许持续接触热时间不同（见表 2）。

表 2　高温作业允许持续接触热时间限值　　单位为分钟

工作地点温度/℃	轻劳动	中等劳动	重劳动
30 ~ 32	80	70	60
> 32	70	60	50
> 34	60	50	40
> 36	50	40	30
> 38	40	30	20
> 40	30	20	15
> 42 ~ 44	20	10	10

注：轻劳动为Ⅰ级，中等劳动为Ⅱ级，重劳动为Ⅲ级和Ⅳ级。

持续接触热后必要休息时间不得少于15分钟。休息时应脱离高温作业环境。凡高温作业工作地点湿度大于75%，空气湿度每增加10%，允许持续接触热时间相应降低一个档次，即采用高于工作地点温度2度的时间限值。

按一个工作日实际接触高温作业时间4小时，WBGT指数分别为25℃～28℃、29℃～32℃、33℃～36℃、37℃～40℃；依次将高温作业分为一、二、三、四级，级别越高表示作业环境的热强度越大。高温作业三级的界定是：25℃～28℃温度下作业时间≥361分钟；29℃～32℃温度下作业时间241～360分钟；33℃～36℃温度下作业时间121～240分钟；39℃～42℃温度下作业120分钟以内。

高温作业容易导致体温调节功能紊乱，水、电解质失衡，发生中暑反应，严重时会引起心血管、神经系统、肝肾功能损害等，严重的中暑反应会影响孕妇及胎儿健康，或导致流产、早产。

（八）第三级、第四级噪声作业

噪声是指存在有损听力、有害健康或有其他危害的声音。工人每天8小时或每周40小时噪声暴露A等效声级≥80dB的作业称为噪声作业。

劳动部（LD80－1995）噪声分级标准是按照噪声强度与接触噪声时间计算指数，按指数大小将噪声强度分为0级——安全级；I级——轻度危害；II级——中度危害；III级——高度危害；IV级——极度危害五个级别。

国家职业卫生标准“工作场所职业病危害作业分级第4部分：噪声”（GBZ/T 229.4－2012）规定，8小时工作日内，工作环境等效A声级噪声强度不应超过85db。当工作环境噪声＜85db为安全作业；≥85～90db为轻度危害（I级）；≥90～94db为中度危害（II级）；≥95～100db为高度危害（III级）；≥100db以上为极度危害（IV级）。噪声作业分级是根据劳动者接触噪声水平和接触时间进行分级的。

轻度危害（I级）：可能对劳动者的听力产生不良影响。应改善工作环境，降低劳动者实际接触水平，设置噪声危害及防护标识，佩戴防护用品，对劳动者进行职业卫生培训，采取职业健康监护、定期作业场所监测等措施。

中度危害（II级）：很可能对劳动者的听力产生不良影响。针对企业特点，在采取上述措施的同时，采取纠正和管理行动，降低劳动者实际接触水平。

高度危害（III 级）：会对劳动者的健康产生不良影响。除了上述措施外，应尽可能采取工程技术措施，进行相应整改，整改完成后，需重新对作业场所进行职业卫生评价及噪声分级。

极度危害（IV 级）：会对劳动者的健康产生不良影响，除了上述措施外，及时采取相应的工程技术措施进行整改。整改完成后，对控制及防护效果进行卫生评价及噪声分级。

高强度噪声易损害女性的生殖功能。研究表明，孕妇长时间接触超过90db 的高强度噪声，可能导致母体自身烦躁不安，胎动增加，胎儿在母体发育迟缓，自然流产、早产率和低出生体重儿发生率增高。国外有研究认为，孕妇长时间在接触高强度噪声环境中作业，可以影响新生儿的听力发育、影响其心理健康与学习能力。因此孕妇不宜从事接触噪声作业分级第三级、第四级的作业。

（十）在密闭空间、高压室作业或者潜水作业，伴有强烈振动的作业，或者需要频繁弯腰、攀高、下蹲的作业

在密闭空间作业，是指在贮存罐、贮存塔、反应罐、反应池、下水管道、地下坑、贮藏窖、仓储等密闭、或半开放的空间内作业，多见于石油、化工、市政等行业。由于密闭空间系统处理不干净，残存有毒有害、易燃易爆物质，空间通风不良，氧气不足，加上周围环境存在复杂危险因素等，易发生中毒、窒息、火灾、爆炸等职业安全与职业病危害事故，对孕妇和胎儿造成严重伤害。

高气压作业环境条件使人的呼吸循环系统的功能受到影响，容易造成人体血管痉挛，血液循环不畅，部分组织缺血，或者局部淤血等不良反应。孕妇在高气压环境作业，可影响胎儿正常发育，严重时可导致死胎、自然流产。所以孕妇不宜沉箱、高压氧舱、加压治疗舱、高气压科学研究舱等环境条件的工作。

潜水作业属于特殊环境下的作业，也属于高气压作业，因为水的密度是空气的 800 倍，即每下潜 10 米就可增加 1 个大气压。另外，水的导热系数远大于空气，作业环境温度低，易造成体温过低症。所以孕妇不宜从事各类

潜水（包括水产养殖、水下探险、水下考古、休闲娱乐潜水等）的工作。

长期从事打风钻、捣固机、锻造等振动作业，可导致全身振动病和局部振动病。孕妇接触强烈振动作业，可引起自然流产率增加。频繁的弯腰、攀高、下蹲的作业，可导致局部肢体酸胀麻木，而其他部位供血不足。孕妇可能引起腹压增加，影响孕妇腹部血液循环功能，造成子宫供血不足，胎儿缺氧，影响胎儿发育，增加自然流产的危险性。所以孕妇不宜从事装卸、搬运、建筑等需要频繁弯腰、攀高、下蹲的作业。

四、女职工在哺乳期禁忌从事的劳动范围：

（一）孕期禁忌从事的劳动范围的第一项、第三项、第九项；

（二）作业场所空气中锰、氟、溴、甲醇、有机磷化合物、有机氯化合物等有毒物质浓度超过国家职业卫生标准的作业。

【释义】

哺乳期的保护重点是避免有毒物质通过乳汁输送给乳儿，对乳儿造成健康损害，所以哺乳期妇女应当避免接触职业危害因素。

（一）孕期禁忌从事的劳动范围的第一项、第三项、第九项

参见对孕期禁忌从事的劳动范围的第一项、第三项、第九项的解释。

（二）作业场所空气中锰、氟、溴、甲醇、有机磷化合物、有机氯化合物等有毒物质浓度超过国家职业卫生标准的作业

锰、氟、溴、甲醇、有机磷化合物、有机氯化合物等有毒有害物质，可以通过母乳传递给婴幼儿，损害婴幼儿的健康。因而哺乳期妇女不宜从事接触有毒有害物质浓度超标的作业。例如，氯广泛应用于石油、冶金、化工、制药、皮革、印染、造纸等行业，最常见的有机氯化合物有氯化氢（盐酸）、氯乙烯、聚氯乙烯、三氯乙烯、四氯化碳、漂白粉、敌百虫等。有机氯化合物主要通过呼吸道吸入，损害气管、支气管、肺部组织，可导致心律不齐、心肌损害、肝肾功能损害等。同时，有机氯化合物也可以通过母乳进入哺乳儿童体内，引起儿童发生中毒反应，因而需对哺乳期的妇女进行特别的保护。